人工智能背景下
教师教学能力提升策略研究

闫瑞雪　段春燕　续晶晶◎著

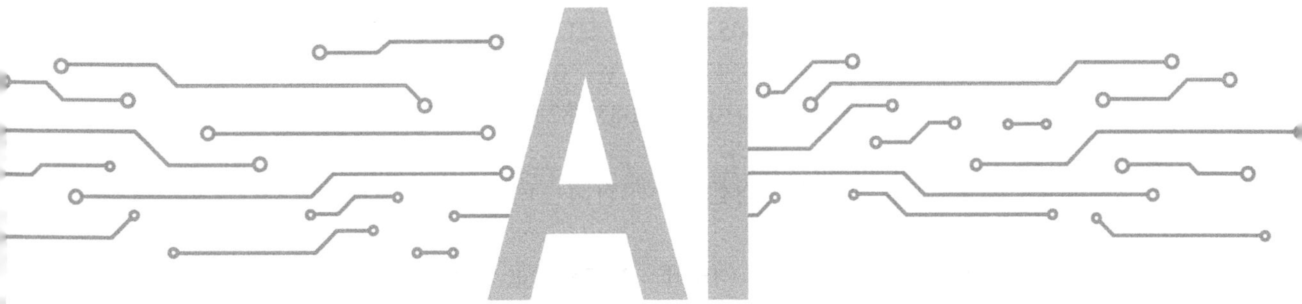

中国商业出版社

图书在版编目（CIP）数据

人工智能背景下教师教学能力提升策略研究 / 闫瑞雪，段春燕，续晶晶著. -- 北京 : 中国商业出版社，2025. 4. -- ISBN 978-7-5208-3380-6

I. G645.12

中国国家版本馆 CIP 数据核字第 2025HZ4139 号

责任编辑：葛　伟

中国商业出版社出版发行
（www.zgsycb.com 100053 北京广安门内报国寺 1 号）
总编室：010-63180647　编辑室：010-83118925
发行部：010-83120835/8286
新华书店经销
北京七彩京通数码快印有限公司印刷
*
710 毫米 ×1000 毫米　16 开　10.75 印张　210 千字
2025 年 4 月第 1 版　2025 年 4 月第 1 次印刷
定价：50.00 元
* * * *

前　言

随着人工智能纪元的曙光初现，云计算、大数据等人工智能核心技术已渗透教育领域，为高等教育革新开辟了广阔路径。在此背景下，教育资源版图显著扩容，教学模式迈向多元化；同时，教学成效评估与流程管理实现了高效化与多维度融合。然而，此变革亦对教师的执教技能带来了新的考验与期待。在人工智能赋能的教育新生态中，强化教师专业技能的培育，已成为高等教育转型升级的内在驱动力。这不仅是加强高等教育内涵建设的基石，更是确保教育质量稳步提高的关键战略支点。在当代教育体系中，移动互联技术、智能技术革新、海量数据处理与虚拟环境模拟等前沿信息技术深度融合于教育教学中，给高校教师的执教能力带来了前所未有的挑战。互联网时代的到来，使人们对高校教师的教育教学能力提升有了新的期待，特别是在教学技能层面。鉴于此，深入探讨在人工智能浪潮中，高等教育机构如何策略性地增强教师的教学能力，不仅是确保高校教育质量稳步提高的关键举措，更是促进高校内部发展动能转换的有效途径，最终驱动高等教育向更深层次、更高质量的内涵式发展迈进。

人工智能技术与教育领域的紧密交织，催生了人工智能教育应用的蓬勃发展，其在优化教学环境、强化个性化学习路径、缓解教师工作压力及增进教育管理效能方面体现出了显著价值。相较于过往，当前人工智能时代的显著特征包括深度学习能力的跃进、跨学科融合的创新模式、人机协同作业的高效性以及群体智能的广泛应用。这一技术进步的浪潮，为教育领域带来了前所未有的机遇，它不仅助力学生精准识别学习障碍，将学习过程可视化、评估体系科学化，而且为教师提供了精细化教学策略支持，促进了教学品质的全面提升。此外，人工智能还能够灵活适配多样化的学习需求，带来前所未有的教学体验，真正实现了教育的个性化与定制化。但在伴随而来的一系列挑战中，我们也目睹了教师角色的边缘化倾向、学生技术依赖性的加剧、教育过程趋于冷漠与机械化以及人文关怀的缺失与教育资源服务分配的不均衡。在此背景下，教师的核心地位在推动教育发展、提高教学质量的过程中显得尤为重要，其教学能力则是衡量其能否胜任此重任的关键标尺。人工智能的兴起，要求我们必须着力提升教师的教学能力，这不仅是顺应现代教育变革趋势的必然选择，也是满足学生个性化学习需求、加速智慧校园构建步伐的关键策略。因此，探索如何有效提升教师的教学能力，促进其实现最大化的专业发展，已成为当前亟待解决的重要课题，对于提高整体教学质量、促进高等教育的内涵式发展具有深远意义。

目　录

第一章　人工智能的概述

第一节　人工智能基本概念

一、人工智能的理论释义

（一）人工智能的概念

“智能”这一概念深刻蕴含了知识与智力的交融，其中，知识构筑了智能活动的基石，而智力则是驾驭知识、解决问题之舟的引擎。斯滕伯格将智能视为一种综合能力，它涵盖了从过往经验中汲取养分、进行缜密思考、铭记关键信息以及灵活应对日常挑战的认知艺术。反观拉斐尔的视角，他将人工智能视作一门探索边界的科学，旨在赋予机器以人类智慧方能驾驭的任务执行能力。定义“智能”，无疑是一项错综复杂的任务，其本质如同迷雾中的幽径，即使是深谙哲理的学者与洞悉脑海的科学家，亦难以全然洞悉其奥秘。正因界定智能及判断智能体资格之难，图灵匠心独运，创设了“图灵测试”这一里程碑式的评估框架，为智能的判定开启了新的篇章。

1950 年，图灵在其开创性著作《计算机与智能》中，设计了一项别开生面的实验，以此作为评估计算机能否展现人类智能的基准。该实验巧妙地将一个人与一台计算机置于不可见的背景之下，通过一系列提问挑战测试者的辨识能力。若测试者难以分辨两者，则视为计算机通过了这一里程碑式的“图灵测试”，标志着其具备了类人智能的特质。在人工智能学科的发展历程中，图灵所构想的理论计算模型被尊称为“图灵机”，而他提出的这一检验智能的范式，则被誉为“图灵测试”。图灵测试作为衡量机器智能是否达到人类水平的标尺，其核心在于评估机器在文本交互中的表现是否足以混淆视听，使人类难以辨别其真实身份。这两个核心概念——图灵机与图灵测试，均对后续人工智能领域的探索与进步产生了不可估量的深远影响，它们不仅为人工智能研究指明了方向，更在无形中树立了该领域追求卓越、逼近人类智能的宏伟目标。

1956 年夏，于美国新罕布什尔州的达特茅斯学院，一群卓越学者汇聚，共襄一场具有划时代意义的研讨盛会。此会不仅是人工智能学科萌芽的标志，更确立了其作为独立科研领域的正式地位。会上，与会者深入探讨了模拟人类智慧行为与认知机制的尖端构想与技术框架，为现代人工智能研究的根基铺设了坚实的基石。当前，人工智能技术的广泛应用正深刻重塑社会各界的面貌，其中教育领域尤为显著，正经历着前所未有的变革浪潮。明确界定人工智能的内涵，对于地方教育机构而言，不仅能够促进其人才培育策略与时俱进，适应时代变迁，还能推动其不断优化与革新教育规划，以培养出更加符合未来职场与社会需求的高素质人才。此外，这也有助于学生在未来的职业生涯中更好地立足，满足社会的多元化要求，进而激发其长远发展的无限潜能。

（二）人工智能研究的内容

人工智能，简言之，乃是通过人工手段在计算机等机器上模拟并实现的智能形态，亦常被称为机器智能。作为一门学科，它致力于探索构建智能机械（或智能计算机系统）及智能体系之道，旨在使这些实体能够模拟、深化乃至超越人类智能的边界。人工智能的最终愿景在于利用机器载体，部分地复现并实现人类的智慧能力。人工智能领域的核心探索聚焦于知识表征、机器感知能力、机械思维模拟、机器学习机制以及机器行为建模这五大支柱性议题。其研究范畴广泛，涵盖自动化逻辑验证、游戏策略分析、模式辨识技术、视觉感知系统、自然语言处理、智能信息检索机制、数据挖掘与知识发掘策略、专家系统构建、自动化程序设计、机器人技术、组合优化难题解决方案、人工神经网络设计、分布式智能与多智能体协作、智能控制技术、智能模拟环境、智能计算机辅助设计与计算机辅助教学、智能管理决策体系、智能多媒体融合系统、智能化操作系统设计、智能计算机体系架构、智能通信解决方案、智能网络构建以及人工生命科学探索等多个方面。对人工智能研究内容的深刻洞察，对于教育机构制定人才培养策略具有深远意义，不仅强化了学生的专业技能与知识架构，还激发了人才培养模式的革新动力，为学生的多元职业生涯铺设了坚实的基石，促进了其综合发展与适应未来社会的能力。

1. 学科视角

从学科架构的视角审视，人工智能不仅根植于计算机科学的核心，也与工程技术、智能科技、自动化及电子信息技术等多个领域紧密交织，构成了一门至关重要的综合性专业课程，其核心地位无可替代。此学科作为前沿交叉学科的典范，展现出广泛的覆盖面与强大的整合力，其特性鲜明，集创新性、实践应用性与探索挑战性于一体。人工智能跨越了计算机科学、信息科学、控制科学的基础领域，更触及生理学、心理学、语言学乃至哲学的深邃领域，形成了跨学科的知识融合体。其研究精髓在于探索如何利用智能装置及计算机平台，精准模拟并拓展人类思维的广度与深度，涵盖推理、演绎、验证、规划、设计、学习、自我反思及问题求解等全方位智能活动，旨在自动化处理传统上依赖人类智慧方能驾驭的复杂任务，特别是在预测分析、决策咨询、战略规划、故障诊断等高端决策领域展现非凡价值。人工智能的核心使命，是通过精密编程赋予机械以“拟人智慧”，从而使它们能够胜任人类难以或不宜直接参与的低风险或高危任务。当前，众多国际顶尖学府，诸如麻省理工与斯坦福大学，已率先设立专项的人工智能研究机构，其教育科研人员的研究视野不仅涵盖尖端的现代科技领域，还深入探索跨学科边缘地带的新兴技术理论与概念。同时，加州大学伯克利分校亦不甘落后，成立了专注于智能机械研究的实验室。在国内，面对技术的日新月异与广泛应用趋势，众多高校积极响应，纷纷加大力度推进人工智能课程体系的优化与创新发展，以期更好地适应技术进步带来的机遇与挑战。

2. 技术视角

从技术的维度剖析，人工智能作为一种先进技术路径，致力于模拟乃至超越人类智能，能够以拟人化的形式存在，替代人类执行大量机械化任务。其影响力已悄然渗透教育领域，对教学模式的演进带来了深远影响，乃至引发了一场革命性的变革。人工智能技术的研究领域广泛，囊括了图像识别、机器人技术、语音交互识别和自然语言处理等多个维度，旨在通过遵循并模拟人类智能的运作法则，构建智能化系统，以执行以往仅限于人类智能范畴的任务。一般来说，任何利用智能设备模拟人类脑力劳动，完成复杂思维活动的尝试，均可视为人工智能技术的实践应用。在 21 世纪的技术浪潮中，人工智能技术崭露头角，以其高度拟人化、深度信息化与极致智能化的特性独树一帜。面对我国教育改革所呈现出的社会需求多元化、终身学习普及化、教育对象多样化的趋势，社会对于借助新一代人工智能技术破解教育改革瓶颈的渴望越发迫切。在教育领域内，诸多难题仍悬而未决，成为教育工作者亟待攻克的难关。在此背景下，人工智能技术的快速发展与广泛渗透，无疑将成为教育领域的一剂强效催化剂，可助力打破既有束缚，为人才培养模式的革新、教育公平与质量的提高贡献非凡力量。

二、人工智能的发展及特点

（一）人工智能的发展历程

1. 萌芽期（1956 年以前）

追溯历史的深邃长河，我们可窥见“仿人智能”机械的早期形态。古人早已萌生以机械辅助人类脑力劳动的构想，旨在增强人类驾驭与变革自然的能力。文献记载，我国早在公元前 900 余年前便出现了表演歌舞的机器人雏形。其他如精妙绝伦的“机巧人”能定时击鼓报晓，“钟馗”木制雕像可展现捕鼠智巧，更有“木僧人”游走四方化缘，此皆为我国历史上人工智能思想萌芽的珍贵见证。与此同时，公元前 850 年的古希腊亦不乏劳动辅助机器人的身影。“Robot”（机器人）一词的根源可追溯至斯洛伐克语，意指古典戏剧里扮演“机械侍从”角色的存在，这映射出古人憧憬借助此类“机械侍从”来模拟并执行人类的服务与劳作活动。众多科学家的不懈努力，如同基石般稳固地铺设了人工智能发展的理论根基与物质基础。回溯至公元前 4 世纪，亚里士多德所开创的演绎推理体系，更是为形式逻辑学奠定了坚不可摧的基石，对人工智能理论体系的构建产生了深远的影响。1642 年，帕斯卡以加法器的诞生为机械计算领域拉开了序幕，标志着计算工具化时代的开启。随后，莱布尼茨的万能符号构想与推理计算理念的提出，孕育了现代机器智能设计思维的雏形。布尔则通过创立布尔代数，创新性地运用符号体系来阐述思维过程的基本逻辑规律。时间推移至 1936 年，图灵提出的图灵模型，作为理想化计算机的数学框架，为电子计算机的问世奠定了坚实的理论基础。紧接着，在 1937—1941 年，电子计算机领域的先驱“阿塔那索夫-贝瑞计算机”的研制为人工智能的后续研究奠定了坚实的物质基础。进入 20 世纪中叶，1943 年，麦克洛奇与皮兹联手提出的 M-P 神经网络模型，带来了神经计算新时代的曙光。与此同时，冯·诺依曼于 1945 年提出存储程序理念，香农在 1948 年发表《通信的数学理论》标志着信息论的正式诞生，而维纳则在同年创立了控制论，进一步丰富了信息技术与控制理论的内涵。至 1950 年，图灵深刻探讨了“机器思考”的可能性，不仅赋予人工智能明确定义，还详尽论证了其实现的合理性。这一系列里程碑事件共同铸就了人工智能的基本形态，预示着其诞生条件的成熟。综上所述，人工智能的兴起与演进，实为科技进步水到渠成的必然结果，而非偶然之作。

2. 第一次浪潮（1956—1970 年）

1956 年，一场汇聚了数学、神经科学、心理学及计算机科学等领域顶尖专家的学术盛会在美国达特茅斯学院召开，为期 2 个月，聚焦于“机械模拟人类智慧之道”的深入探索。在此次会议中，“人工智能”这一术语首次获得官方认可，标志着该新兴学科的正式诞生。会议期间，人工智能在逻辑验证、难题解答、专家系统构建等多个维度均实现了显著飞跃。同年，纽厄尔与西蒙携手推出了首个符号处理系统——“逻辑理论器”，开创了机械证明数学定理的先河。随后，塞缪尔创造的“跳棋智能程序”，以其自适应与自我优化能力，实现了对人类学习与智能模拟的突破性进展。进入 20 世纪 60 年代，人工智能的进展更为迅猛。纽厄尔与西蒙再度合作，开发出“通用难题求解器”，能够应对包括不定积分、三角函数在内的多类型复杂问题。同年，麦卡锡贡献出“LISP 语言”，这一数据与符号并重的编程工具，成为人工智能程序设计史上的重要里程碑。1965 年，斯坦福大学发起的 DENDRAL 化学专家系统研究项目，对人工智能领域的深化与发展产生了深远且持久的正面效应。至 1969 年，国际人工智能联合会议创立，标志着这一新兴学科在全球范围内获得了广泛的认可与支持。然而，伴随此时期技术的飞速跃进，公众对人工智能的期望亦随之膨胀，催生了首次人工智能发展热潮。遗憾的是，受限于当时计算机的算力局限、程序设计技术的滞后以及算法理论的不足，自 1971 年起，人工智能领域遭遇了发展的低谷，社会对其热情逐渐降温。

3. 低潮期（1971—1979 年）

人工智能的演进历程与其他新兴学科的兴起路径相类似，其发展轨迹同样充斥着曲折与挑战。在这一低潮期，尽管遭遇了机器翻译、问题求解、神经网络及博弈等多个分支领域的瓶颈，专家系统领域却在众多应用场景中实现了突破性成就。具体而言，机器翻译技术的实践远比预期复杂，其输出的文本往往夹杂着令人啼笑皆非的错误，凸显了该项技术的局限性。而在问题求解领域内，传统程序在处理庞大搜索空间时显得力不从心，暴露出技术上的短板。神经网络研究则因技术壁垒的束缚与单层感知器模型本身的极大不足，一度陷入了发展的低谷。此外，博弈领域的探索也遭遇了重大挑战。塞缪尔所开发的棋类对战程序，在与世界冠军的交锋中仅取得了 1 胜 4 负的战绩，体现了该领域发展的严峻现状。人工智能的发展历程虽历经重大挑战与挫折，但科学家们并未因此停滞不前，他们深刻反思过往，积极探寻创新路径。专家系统的诞生，恰如一股清新的风，为人工智能领域带来了新的生机与转机，促使其从纯粹的理论探索逐步迈向了实践应用的广阔天地。在此背景下，两大标志性专家系统脱颖而出：一个是由费根鲍姆匠心独运打造的 MYCIN 系统，专为细菌感染性血液病的诊断与治疗提供智能咨询；另一个是杜达精心研制的 PROSPECTOR 系统，其在矿产勘探领域展现出了卓越的智慧与能力。尤为值得一提的是，1977 年，费根鲍姆提出的“知识工程”这一革命性概念，犹如为基于知识的专家系统发展注入了强大动力，不仅深化了人们对专家系统内在机制的理解，更促进了该领域技术的持续进步与革新。

4. 第二次浪潮（1980—2005 年）

随着知识工程理论的兴起与演进，众多专家系统已广泛应用于多元领域，并取得了显著成就。然而，在广泛应用的同时，一系列挑战亦逐渐浮出水面。具体而言，传统专家系统擅长模拟人类深思熟虑的决策过程，却在处理人与环境间复杂交互时显得力不从心，其应用范围往往局限于特定且狭小的领域，难以拓展至更广泛、多变的场景之中。这一局限性导致了基于知识工程的专家系统发展遭遇了瓶颈期，引发了部分学者对人工智能未来发展前景的悲观情绪。然而，这一时期的降温现象并未预示人工智能的终结，相反，它激发了部分科学家的创新思维。他们将目光转向了联结主义与行为主义的新视角，从而推动了人工神经网络与智能代理研究的蓬勃兴起。这一转型不仅为人工智能领域注入了新的活力，也预示着该领域将迎来更加多元化与开放化的发展路径。1982 年，霍普菲尔德引入了神经网络模型，预示着神经计算研究进入了一个繁荣期。1986 年，并行分布式处理理论的诞生，为多层神经网络的学习难题提供了有效解决方案。随着网络技术与通信技术的飞速发展，基于行为学原理的智能体研究逐渐成为学界关注的焦点。博弈领域亦见证了一系列里程碑事件：1991年，IBM的深思计算机系统与象棋大师约翰森战成平手；而到了1996年，IBM的深蓝计算机虽以2：4惜败于国际象棋特级大师卡斯帕罗夫，但随后在1997年以3.5：2.5逆转获胜，深蓝的辉煌战绩彰显了人工智能领域的重大突破。这一时期，公众对人工智能的热情再次被点燃，迎来了人工智能的第二次蓬勃发展浪潮。然而，尽管技术取得了显著进步，但仍未能全面满足人类对智能机器的高期待，此次浪潮更多地沉浸在学术探索与实验验证之中，尚未实现与商业应用、市场需求的有效融合，呈现出鲜明的学术研究与实验探索特征。

5. 第三次浪潮（2006年至今）

步入21世纪，人工智能迎来了前所未有的发展契机，其生态环境经历了深刻变革：大数据为人工智能铺设了海量数据基石，深度学习构建了高效的学习范式，而云计算则构筑了强大的算力支撑体系。在此背景下，机器学习尤其是深度学习，成为人工智能发展的核心驱动力。2012年，辛顿研究团队创新性地应用神经网络技术，在基于ImageNet图像数据库的图像识别竞赛中大放异彩。至2014年，计算机图像识别的精确度已超越人类平均水平，标志着机器视觉技术的重大飞跃，随后深度学习在语音识别、数据挖掘、自然语言理解等多个领域迅速崛起。2016年，AlphaGo连续以4：0和3：0的比分击败围棋顶尖高手李世石与柯洁，这一壮举不仅激发了全球对人工智能的浓厚兴趣，更推动了该领域的持续升温。同年，美国发布《迎接人工智能未来》白皮书，将人工智能置于国家发展战略的核心位置，并随后推出《国家人工智能研发战略规划》，明确了长远愿景与具体行动路线。我国自2015年起即将人工智能纳入“互联网+”行动计划的国家战略框架内。2016年，国家发展改革委等多部门联合发布了《机器人产业中长期发展规划（2016—2020）》，为机器人及人工智能产业的发展指明了方向。次年，又颁布了《新一代人工智能发展规划》，站在战略高度对未来人工智能的发展路径进行了系统性布局，确立了分阶段的“三步走”发展战略。

人工智能的每一轮浪潮均承载着人类对理想未来的深切期盼，激荡起层层创新与热情的浪花。然而，遗憾的是，前两度热潮在历经数十载喧嚣后终归沉寂，不禁引人深思：此番第三波浪潮，又将如何改写历史？它是否会重蹈覆辙，短暂辉煌后便黯然失色？本书深入剖析后，认为得益于前两次浪潮的深厚积淀与不断优化，当前的人工智能正迈向一个更加繁荣、稳固且有序的新纪元，将开启一条截然不同、充满希望的复兴征途。

（二）人工智能的分类

1. 按照学派的不同分类

第一，符号处理论，以纽厄尔与西蒙为代表。该学派秉持人类本质为物理符号系统的观点，将符号视为认知的基本单位，认为认知活动即符号处理的动态流程，智能表现则是此过程之果。相应地，计算机同样被视为物理符号系统的实例，其潜力在于通过模拟人脑机制来实现人工智能，特别是通过符号运算来重构人类的认知路径。在符号主义框架下的人工智能研究，已在定理验证、对弈策略、自然语言解析及专家系统开发等领域取得了卓越成就。然而，面对自然语言处理的复杂性与多样性挑战，符号主义方法遭遇了瓶颈。当处理的问题规模庞大且结构复杂时，该方法的效率显著下降，甚至可能因计算资源的过度消耗而难以为继。这一困境凸显了符号主义在处理特定类型任务时的局限性，促使研究者们探索更加高效、灵活的智能模拟方法。

第二，联结主义，代表人物麦卡洛克。此学派主张，思维的基本单元应归于神经元，而非符号，强调大脑是智能活动的基石。若要揭示人类智能的深层机理，首要任务是深入探索大脑的结构特性及其信息处理的精妙机制。基于此洞察，他们构建了联结主义视角下的大脑运作模型。在此框架下，人工智能领域的神经网络展现出了在模式辨识、学习算法以及图像分析等多方面的显著优势。

第三，行为主义，代表人物布鲁克斯。此学派主张，智能行为的展现源于现实世界与周遭环境的动态交互，他们正是通过模拟人类在控制流程中所展现的智能化行动与能力，诸如自我适应与自主学习等，来达成人工智能的目标。行为主义在智能调控、机器人技术等领域取得了瞩目的成就。

三大学派虽各自侧重不同维度剖析智能本质，却共同勾勒出人工智能纷繁复杂的面貌。自 21 世纪初始，三派之间从最初的鼎足而立逐渐迈向交流融合的新阶段，这一跨学派的融合趋势已成为人工智能领域发展的主流，预示着更为全面与深入的智能探索时代的到来。

2. 按照发展层次的不同分类

第一，弱智能系统，特指那些聚焦于并仅限于解决特定领域内问题的人工智能形态。当前，我们所接触到的所有人工智能算法与应用实例，均归属于这一范畴。以 AlphaGo 为例，它在围棋领域独步天下，但若将其置于其他任务之中，则可能面临重重困难，难以施展拳脚。鉴于弱智能系统的这种局限性，多数人群倾向于将其视为一种辅助工具加以利用，而非视为潜在的威胁。尽管有少数声音担忧弱智能系统的应用可能潜藏致命风险与隐患，但我们必须认识到，任何技术的运用均伴随着一定的风险性，弱智能系统亦不例外，其本质与其他技术形态并无根本性差异。

第二，通用智能体，亦称完全智能或强人工智能，其设计初衷在于全面模拟并执行人类所有工作任务。当前，强人工智能的界定宽泛而模糊，缺乏明确的量化基准来界定何种计算机程序能达标。图灵试验虽从观测视角揭示了机器行为与人类行为间的难以辨识性，却未深入阐明实现此境界所需的具体机器特性。关于强人工智能定义的另一争议焦点，在于其是否需要具备意识能力，这一议题触发了广泛的社会忧虑。强人工智能若能全面接管人类职责，本身并不足以引发恐慌；然而，一旦其拥有了类似于人类的意识体验，则可能引发深层次的伦理与安全考量。我们不禁忧虑，这样的智能体是否会继续忠诚于人类的利益？抑或可能形成联盟，对人类的统治地位构成挑战？届时，人类与人工智能的关系将远远超越传统意义上的工具与被工具化，步入一个更为复杂且充满不确定性的新时代。

第三，超级智能实体，系指智力超越人类范畴的人工智能系统。当前，对于此类超级智能的确切界定尚处于模糊状态，原因在于我们既未能明确界定超越人类智慧的具体形态，亦缺乏有效手段去预判超级智能的潜在存在性。这一现状使得超级智能的概念仍笼罩在未知与猜测的迷雾之中。

3. 按照发展方向的不同分类

第一，计算效能。其作为人工智能领域的核心要素之一，涵盖了计算速度与数据存储容量的双重维度。此类智能系统具备海量信息的存储潜力，并能以惊人的速度对数据实施高效处理。在日常生活中，无论是人际互动、人物交互还是物物相连，均会产生庞大的数据流。面对这一趋势，传统信息存储方式已显捉襟见肘，而计算效能的卓越性能则为解决这一难题提供了有力支撑，确保了信息存储的无限扩容与数据处理的即时响应，满足了社会对于高效信息处理的迫切需求。

第二，感知智能。其旨在赋予机器以人类般的感官能力，实现深度的人机交互体验。诸如图像辨识与手写识别等技术，可视为“机器之眼”，它们的应用已蔚然成风，逼近乃至在某些场景下超越人类的视觉精准度，且其识别准确率正持续飙升。同时，“机器之耳”即语音识别系统，亦展现出强大的适应力，即便置身于嘈杂环境之中，亦能准确无误地捕捉并理解声音指令，彰显了感知智能技术的非凡进步。

第三，认知智能。其作为人工智能领域的前沿探索，旨在使机器在听觉感知的基础上，进一步实现深度理解与自主思考的能力。它不仅能够捕捉并解析交互对象的言语信息，还能根据对方的认知层次与特性，灵活调整交流策略，以提供定制化的服务体验。当前，认知智能已成为人工智能技术研发的焦点，多国已启动专项研究计划以推动其发展。例如，我国科大讯飞正致力于“超脑”项目的研发，旨在让机器能够参与高考挑战；而美国的图灵中心，则设定了让计算机通过生物学考试的目标，以此展现认知智能在跨学科应用中的潜力。

（三）人工智能的特点

1. 万物互联，跨界结合

在互联网全面渗透的背景下，“智联万物”的序曲已轰鸣而至，深刻重塑着人类社会的生存范式。物联网作为万物互联的另一种诠释，构建起一个将所有独立可识别的物理实体通过网络桥梁紧密相连的生态系统。此系统不仅限于联结，更致力于提供一套全面的智能化服务体系，涵盖识别、定位、追踪、监控乃至管理等多维度功能。依托多样化的设备与尖端技术，如信息传感装置、射频识别、全球定位系统、红外感知器、激光扫描装置等，物联网能够即时捕捉并整合声学、光学、热学、力学、电学、化学、生物及地理等广泛维度的信息。随后，这些信息被高效地编织进各类网络之中，促成了对物理世界与工艺流程的深刻洞察、精准识别与智能化管理的全新图景。

在人工智能赋能的新时代，万物互联相较于传统互联网，其根本区别植根于互联对象的根本性转变。初代互联网架构本质上构建了机器间于固定位置的通信桥梁，起初仅限于远程终端与超级计算核心的联结，后扩展至服务器与独立个人计算机（PC）的串联矩阵，用户身份则需依赖账户与 IP 地址加以界定，充当了人际沟通的基本媒介。进阶至第二代互联网，其核心特征在于实现了人与人之间跨越物理位置的即时连通。这一变革的核心驱动力在于接入设备的更迭，由 PC 端迁移至智能手机，赋予了个体在任何时间、任何地点进行社交互动的能力。人们扫描微信二维码的行为，实则是为了与特定个体建立更直接的联系，而非仅针对其所持设备。而今，步入第三代互联网纪元，其核心愿景在于实现万物间的无缝互联，构建一个全面融合、相互依存的智能生态体系，其中每一物体皆能成为网络中的活跃节点，共同编织出一幅前所未有的智能互联图景。

从战略视角审视，物联网技术不仅渗透于电力、原油、金融等关乎国家安全的关键领域，亦广泛惠及农林、交通运输等国民经济命脉部门。2013 年，美国布法罗大学率先踏上深海互联网的探索之旅。他们创新性地部署了特制传感器于海底深处，以实现对海洋环境的即时监控，旨在强化海洋污染防控、促进海底资源勘探，并有效预警海啸等自然灾害。该项目的先驱性试验已在湖泊环境中成功验证其效能，为后续大规模应用铺设了稳固基石。

转向日常生活层面，物联网技术的普及尤为显著地体现在智慧停车系统上。该系统依托云计算的强大支撑，深度融合物联网与移动支付前沿技术，旨在优化停车场资源配置，显著提升民众出行便利度。该系统与智能手机平台紧密对接，用户可通过专属应用实时掌握车位动态、提前预约车位并便捷完成支付流程，从而有效纾解了“停车困境”，极大地提高了城市停车管理的智能化与人性化水平。物联网的深度融合促使社会诸要素间的结合日益紧密，人类、物体、数据流及多样化场景交织共生，共同构筑起社会发展的强劲引擎。在此情境下，数据信息与先进科技的融合转化机制广泛渗透于各行业领域，展现出非凡的效能。数字化与智能化的双重引擎正携手并进，加速构建一个万物紧密相连、无界交融的未来世界。需要注意的是，无论是人际互动、物物相连，还是人物间的桥梁搭建，其根基均深植于人类思维与推理的沃土之中，人的核心地位无可撼动。此等联结超越了单纯物质功能的范畴，升华为一种承载思想交流与文化碰撞的媒介，其常态化的趋势日益显著，预示着社会结构的深刻变革与智慧生态的蓬勃发展。

2. 数据庞杂，强大算力

目前业内普遍认同的对大数据的描述，是 IBM 最先提出的“4V”理论，即大数据应该具备的四个特性，从而将其与常规数据的概念区分开来。

（1）海量性（Extensiveness）。作为大数据的首要特征，海量性直观体现了其庞大的体积与无限的容量边界。以搜索引擎巨头 Google 为例，其索引网页总数已突破 550 亿大关，这一数字背后，是对至少 550TB 存储空间的需求。进一步而言，Google 每日处理的数据洪流，其规模远超美国全国图书馆藏书信息量的千倍，触及惊人的 2000TB 量级。与此同时，社交网络领域的 Facebook 与 Twitter，鉴于图像、视频等多媒体资料的广泛积累，其数据处理规模已昂首步入 PB 量级的新纪元，且增长势头依然强劲，预示着数据海洋的无限扩张。

（2）即时性（Rapidity）。作为大数据的显著特性，即时性体现了数据生成与更迭的高速化进程。各类传感器广泛部署于多元场景之中，执行着不间断的实时监测任务，高效捕捉并频繁记录数据动态。与此同时，智能手机的普及如同催化剂，极大地加速了数据的生产速率。以新浪微博为例，其每日信息更新量高达 7500 万次，换算为秒级单位，则意味着每秒钟有 800 余条新微博诞生于移动端，彰显了大数据时代下信息流动的速度与活力。

（3）多元化（Diversification）。多元化构成了大数据的鲜明特征，体现在其数据类型的广泛性与丰富性上。传统数据库所侧重的数值型结构化数据，其单一性在数据应用层面施加了显著限制。大数据之所以能够区别于过往，关键之一在于其结构的复杂多变与数据类型的多样化，这样的特性往往蕴含着丰富多样的信息宝藏。以微博发布为例，一条微博信息即可同时融合文字叙述、图像展示、视频记录以及地理位置等多重数据类型，充分展示了大数据在内容表达上的全面性与综合性。

（4）实用性（Utility）。实用性是衡量数据意义的标尺，仅当数据蕴含实际价值时，方能转化为有效信息。在特定需求的语境下，有效信息往往凤毛麟角，相较于无用数据的海量存在，其价值密度自然显得稀薄。鉴于这一特性，大数据的提炼与加工过程显得尤为关键，其重要性在大数据的定义与实践中被反复强调，旨在从庞大的数据海洋中萃取出珍贵的价值之珠。

3. 深度学习，模仿大脑

深度学习作为一种根植于数据的机器学习范式，旨在模拟大脑神经网络的复杂运作模式。提及深度学习，便自然而然地引向了“人工神经网络”这一核心概念。该网络以人脑信息处理机制为灵感源泉，通过对神经元网络的抽象化模拟，构建出一系列简化的模型，并依据特定逻辑相互联结，形成所谓的神经网络或类脑神经网络结构。回溯至二三十年前，神经网络领域在机器学习界占据了显赫地位，与依赖预设规则的专家系统相比，基于统计学的机器学习技术凭借其展现出的多方面卓越性能，赢得了广泛的认可与青睐。简言之，深度学习可视为传统神经网络领域的一次深刻演进，其中"深度"的引入，是对过往浅层机器学习模型的一次超越。两者均遵循神经网络式的层级构建原则，该架构涵盖输入层、隐层序列（单层至多层不等）及输出层，且仅相邻层级间节点实现互连，同层及跨越层级间则保持独立。这种层级分明的构造深刻映射了人脑神经网络的复杂架构。"深度"概念具体体现在从输入至输出跨越的隐层数量上，问题复杂度的提升往往伴随着所需跨越层级的增加，进而促使模型"深度"加深及神经元总数量的攀升。以 AlphaGo 为例，其策略网络精妙地设计了 13 层架构，每层均精细部署了 192 个神经元单元，彰显了深度学习在处理复杂决策任务时的强大能力。

深度学习在机制上与人类的认知过程存在显著相似性。1981 年诺贝尔生理学或医学奖得主 David Hubel 等人的开创性研究深刻揭示了人类视觉系统信息处理的层次性架构：始于视网膜，历经初级层次捕捉边缘细节，进阶至中层解析局部特征或初步轮廓，最终在高层次整合形成复杂概念（如面部识别），并传递至前额叶皮层进行高级分类与决策。这一过程体现了低层次特征逐步构建高层次特征的递进关系，同时也是信息从具体到抽象、从表象到概念的深刻转化，即实现了意义与意图的高效表达。此发现不仅深化了我们对神经系统运作机制的理解，还启示我们人脑功能的实现可能是一个持续迭代、概念不断抽象化的动态过程。

4. 人机协作，劳动解放

劳动作为人类生存与发展的基石，深刻影响着生产生活的各个方面，同时亦构成了对个体自由与解放的潜在限制。为缓解劳动强度，人类不懈探索工具创新与技术革新之路。原始时期，人们巧妙利用自然界现成的资源，如树枝、石块等，辅助劳动过程。这一行为，即制造与使用劳动工具，构成了人类与动物界分化的标志性特征。人们怀揣着将自身能力外化为工具的梦想，以期减轻体力负担，然而，无论是简陋的石器、骨器、铁具，还是精密的仪器设备，均仅为劳动的辅助手段，它们无法脱离人的操作而独立运作，唯有与劳动者的智慧和力量相结合，方能发挥其效用。审视人工智能与劳动演变的交织图景，虽然工具与机械的广泛应用极大地减轻了人类的体力负担，促使生产效率飞跃，赋予人类身体前所未有的自由度，但核心事实依旧是：唯有人类担任劳动的核心角色，牲畜与器械皆沦为辅助之工具。缺乏人类作为劳动主体的介入，任何技术装置，即使是高度智能的机器，亦无法自发启动生产流程，它们仅是执行预设代码与程序的傀儡，严格遵循人类的指令与意愿运作。此外，随着机械化进程的深化，劳动模式逐渐剥离了自然节奏的束缚，如农耕时代遵循的日夜轮转、季节更替，劳动者转而融入机械体系，情感淡出工作场景，取而代之的是无尽的、机械化的任务循环，这一变迁深刻重塑了劳动的本质与人类在工作中的定位。

人工智能旨在模拟人类心智与思维活动，将其作为技术拓展的终极目标，旨在使机器具备类似人类的思考能力。昔日，智能为人类所独有；如今，人工智能技术的飞跃已将人类的智慧与智能精髓融入机器之中，赋予其前所未有的力量，成为人类能力的重要延伸与增强。因此，从本质上讲，人工智能可视为人类认知功能的一种高级扩展或映射，而智能机器则代表着更为进阶的思维处理能力。在这一进程中，电子芯片担当了类似大脑的角色，通过编程来模拟思维过程，而数据则扮演着类似实践经验的关键角色，为机器的学习与决策提供了坚实的基础。智能机械正逐步展现出与人类相媲美的领导力、组织协调效能、协调本领、决策智慧以及掌控能力。这些机器不仅“融合了人类的劳动特质，实现了劳动主体与工具的深度融合”，还逐渐从单纯执行重复性任务的“外部机械辅助”向具备认知能力、思考能力与判断能力的劳动者角色转变。回溯历史，人类一直是劳动进程中的主导者，而各类工具则作为劳动实现的媒介。然而，当前的智能机械正经历从辅助工具到劳动核心角色的蜕变，能够在无人工监控的情境下自主执行工作任务，标志着劳动形态的一次深刻变革。

第二节　人工智能与教育教学

一、人工智能与高等教育变革缘起

（一）“人工智能+教育”构想

1. 人工智能与教育的结合

以 CNKI 数据库为观察窗口，国内首篇聚焦于“人工智能与教育领域融合”的学术探讨可追溯至 1984 年由吉林大学的王正旋撰写的《论教育领域内人工智能技术的实践应用》。自此之后，该领域的研究产出呈现出逐年稳步增长的态势。综合审视国内外关于人工智能技术在教育应用中的研究脉络，其核心议题可提炼为以下几个关键方面进行深入探讨。

首先，诸多学者系统梳理了多国政府关于人工智能与教育深度融合的政策举措及官方文献，尤以美国、德国、日本、英国及中国为代表。深入分析这些政策文本与咨询报告后不难发现，新一代人工智能正以前所未有的态势席卷全球，成为推动经济社会转型升级的关键力量，其深远影响已渗透人类生产生活的每一个角落。各国政府正积极响应这一变革趋势，将教育视为关键领域，致力于探索教育模式的新路径，旨在强化公民的数字技能，并加速教育公平的进程。在此过程中，传统的面对面授课模式的局限性逐渐被识别并力求克服，取而代之的是更加智能化、面向未来且即时响应的教育体系构想。这一系列宏观环境与政策导向，不仅为教育领域的革新提供了明确的方向指引，更激发了社会各界对于教育未来形态的热切期许与实践动力。

其次，众多高等教育机构正积极构建以人工智能为核心的专业体系，并加速构建其技术产业链条的完整布局。以国际视角观之，美国顶尖学府如麻省理工学院、斯坦福大学、卡内基梅隆大学、华盛顿大学、加州大学伯克利分校、哥伦比亚大学、布朗大学、耶鲁大学等，均在这一领域占据显著地位。反观国内，人工智能的研发重镇不仅仅限于高等院校，亦涵盖了如中国科学院自动化研究所这样的科研机构及一批领先企业，特别是科大讯飞等企业更是成为产学研深度融合的典范。而作为学术与产业创新的先锋，研究型高校正以前所未有的速度推进新技术的研发与应用，引领着人工智能领域的学术潮流与行业进步。

如今，智慧化校园的浪潮正悄然渗透高等教育与日常教学之中。基于本书的调研访谈反馈，当前已有若干教育先驱者采用前沿的人工智能技术，特别是面部识别技术，来革新课堂管理模式。这种创新的签到方式，相较于传统的人工点名，通过智慧化的精准识别，能够准确无误地掌握每位学生的出勤情况，不仅优化了教学流程，还显著提升了教学效果的可靠性。尤为重要的是，它有效规避了在大型课堂中可能出现的代签现象，确保了教学管理的严肃性与公正性。

2. 人工智能教学的主要特征

（1）智能化。人工智能教学的核心特质在于其高度的智能化。首要的是，在高等教育领域，人工智能技术尤为注重教师授课与智能工具间的互动机制，这预示着在人工智能浪潮的推动下，智能工具的应用将显著增强。尤为关键的变革体现在智能导师系统的兴起，该系统依托计算机技术，复刻教学专家的智慧与策略，以辅助教育活动的顺利进行。高等教育工作者可借助这一平台，为学生提供更为迅捷、个性化的学习引导与评估。与基础教育相异，高等教育赋予学生更为宽泛的学习自主权与灵活性，其教育宗旨更侧重于激发学生的创新思维与提升其实践操作能力。智能指导平台深度融入人工智能技术，旨在为高等教育阶段的学生量身打造个性化学习路径，满足不同学习需求的知识传递。在高等教育体系内，教师可依托该平台执行包括教学过程规划、知识体系表征与逻辑推演、学生画像构建及教学策略设计等关键环节。此外，该系统巧妙整合 Web 技术、分布式架构、超媒体交互、智能代理（Agent）、本体论（Ontology）构建以及数据挖掘等多维度技术手段，提升学生在自适应学习模式中的深度学习成效。以高等数学为例，学生能够借助智能指导平台自动生成解题策略，该平台同步捕获并分析学习过程中的知识构建轨迹，细致描绘学生模型，从而为教师提供直观的学生学习进展洞察，辅助其优化教学策略。

（2）信息化。信息化构成了人工智能教学不可或缺的基础特性。人工智能技术的效用实现，紧密依赖互联网与物联网的深度融合与支撑。展望未来，教育内容的个性化定制将是大势所趋，在此背景下，高校教师得以借助智能设备实施高效信息处理，进而设计出更具针对性的教学策略与方法。同时，教师借助大数据与人工智能技术的深度整合，对学生学习成效实施全方位监测与精准评估，为教育资源的优化配置提供坚实的数据支撑。此外，将复杂数据转化为直观易懂的信息表达，可有效助力教师对学生群体的精细化管理。教师在处理教育行为数据与管理数据的过程中，能够清晰地把握教育教学动态及学生学习进展，实现教学管理的精细化与决策的科学化。教师在有效利用教育数据资源的基础上，积极响应“简政放权、强化监管、优化服务”的学习管理新导向，旨在实现教育效益的最大化。教师亦能借助智能化技术装备，如摄像头与电脑终端，对学生的学习过程实施远程监控与数据分析，而学生则可随时随地访问教学视频资源，进行个性化的自主学习。在深入处理多源媒体数据的过程中，教师不仅深化了对多媒体内容的理解，更在跨媒体认知、学习模式及推理能力上实现了新的跨越，开启了教育教学的新境界。

（3）自动化。自动化构成人工智能教学不可或缺的基石特性。人工智能技术在教育场景中的深度应用，极大地推动了知识实践流程的自动化进程。以知识数据的搜集环节为例，借助人工智能技术，高校学生能够高效地对学习资料进行智能预处理，涵盖分类、筛选、过滤、对象识别、轨迹追踪乃至通过语音识别与手势识别等手段自动提取信息知识。进入知识分析与理解的阶段，如在计算机学科的教学实践中，代码的解析、对比、归类、解读、评价及理论化构建等复杂任务，均可通过机器自动化完成，显著提高了知识分析的效率与深度。进一步地，人工智能技术还促进了数据集中处理中的数据发现能力，包括但不限于利用人工神经网络进行训练及技术应用过程中的自动化知识搜集与分析。此外，在高等教育领域，人工智能技术还催生了特定学科教学设计的自动化、新闻稿件的自动撰写、机器翻译的即时实现以及智能教学系统对适应性知识传播的有效支持，共同构筑了教育自主化与自动化的全新图景。

（4）协同化。人工智能教学的一个标志性特点是其协同性，该特性凸显了教学过程中人脑智慧与机器智能深度融合的潜力，共同驱动教育事业的进步。在人工智能的视角下，高校教师不仅能够实现教育资源与先进教学设备的无缝对接，还能促进人力资源与智能技术设备的协同运作。步入智能时代，创新教育模式与传统教学路径相得益彰，学生得以与智能工具实现深层次的互动与协作。当前，高等教育评价体系正逐步转型，不仅关注学生的学习量度与成果的准确性，还致力于减轻教师负担并提升评价精度。传统纸笔考试虽然经典，却面临教师工作繁重及主观误差的挑战。相比之下，电子化评估体系能够显著减少数据遗漏，并利用技术精准分析学生的答题态度，为后续筛查不诚实作答行为提供有力支持，从而保障了评价的公正性与科学性。

(5) 虚拟化。虚拟化作为人工智能教学领域的核心特质，正引领教育步入虚拟化课堂的新纪元。展望未来教育生态，5G 与增强现实（AR）等先进技术的融合将构筑起全方位、沉浸式的学习环境，为师生提供前所未有的高效教学互动平台。在虚拟现实（VR）构建的教育空间里，学生将能够深度沉浸于模拟的教学场景中，自由穿梭于各种环境，与虚构的生物进行亲密互动，并安全体验那些因现实条件限制而难以触及的危险或复杂情境。设想一下，学生能够漫步于火星的荒凉地表、深入探索人体的微观奥秘，乃至直观观察肉眼难以捕捉的原子结构，这样的学习旅程无疑将充满无尽的惊奇与启迪。人工智能技术的介入，不仅赋予了学生超越传统教材范畴的沉浸式学习体验，还显著提高了知识的吸收与保留效率，从根本上革新了学生的学习模式，促使教育场景向高度虚拟化、互动化的方向迈进。

（二）人工智能与教育变革理论基础

1. 数据科学理论

数据科学作为探索网络空间（Cyberspace）内数据领域深邃奥秘的综合性学科，其范畴涵盖了探索、解析与利用数据的理论框架、方法论及技术手段。2001 年，美国知名统计学家威廉·S. 克利夫兰在其著作《数据科学：推动统计学技术边界的行动蓝图》中，率先将数据科学独立成篇，视其为统计学向数据密集型计算范式拓展的标志性成果，为数据科学奠定了坚实的理论基础。该学科的核心要义可归结为两大方面：其一，聚焦于数据本体的深入研究，涵盖数据的多样性、状态变迁、固有属性及其动态演变规律；其二，为自然科学与社会科学领域开辟了新的研究路径——数据驱动的科学探究法，旨在通过数据分析与挖掘，揭示自然界运行法则与人类行为模式的深层规律。

数据科学的研究范畴广泛，涵盖了基础理论框架的构建、实验设计与逻辑推理机制的探索、领域特化的数据学应用以及数据资源的高效开发与利用技术的研发。具体而言，领域数据学作为关键分支，致力于将数据科学的原理与技术深度融入多元领域，催生出如脑认知数据学、行为分析数据学、生物信息数据学、气象预测数据学、金融分析数据学及地理信息数据学等专项学科，这些专项学科均为数据科学在各领域具体应用的生动体现。将数据科学的理论精髓与技术创新引入人工智能与高等教育转型的研究领域，不仅拓宽了数据科学的实践边界，更为推动高等教育模式的智能化革新与持续优化提供了强有力的理论支撑和技术驱动，其重要性与价值不言而喻。

2. 教育变革理论

教育变革理论界普遍认同，教育领域处于持续的变革状态之中，变革构成了教育持续演进的内在驱动力。哈维洛克与古德两位教育变革领域的权威学者，将教育变革细化为两大维度：预设性教育变革与自发性教育变革。预设性教育变革是指基于明确方案而有意为之的教育革新活动，涵盖了教育改革、教育革新乃至教育革命的范畴；而自发性教育变革则与预设性变革形成鲜明对比，指的是缺乏预先规划与外界干预的自然发生的变革现象。教育变革理论深刻揭示了变革过程的非线性特质与系统的复杂性。非线性特性体现在教育变革的启动与实施并非遵循简单的线性轨迹，即使是自组织结构的顶层推动，也未必能确保变革达到预期成效。而复杂性则源于教育系统自身的非线性、动态性以及其自然属性与社会属性的交织，这使得对教育系统未来走向的精准预测变得尤为困难。正是这些非线性和复杂性的特性，赋予了教育变革的不确定性，使得变革结果呈现出多样性——既有可能是促进教育发展的"正向效应"，也有可能带来挑战与困境的"逆向反馈"。因此，在教育变革的探索与实践中，需谨慎评估、灵活应对，以确保变革方向的正确性与成效的积极性。

3. 教育机会均等理论

依循通行的界定原则，教育机会均等强调的是，社会各界成员在面对自然、社会及文化等不利因素时，均有权在教育领域内获得相应的补偿性支持。美国知名学者詹姆斯·S.科尔曼在其呈交国会的《教育机会平等议题报告》中，深刻阐述了教育机会均等的三元构成框架：首先是教育资源分配的均衡性；其次是教育资源有效转化为学业成就的能力均等；最后是教育成果的普遍平等性。他进一步阐明，教育机会均等作为一种理想状态，仅可趋近而无法全然达成，体现了其追求过程中的相对性与持续性。

教育机会均等理论对于本章探讨的议题具有举足轻重的指导意义。首先，随着人工智能技术与高等教育的深度融合和成熟应用，教育资源的均衡配置将迎来前所未有的机遇。得益于互联网与物联网技术的飞速进步，知识获取的边界被极大拓宽，学习资源得以跨越时空限制，广泛共享于线上平台。在此背景下，管理者可充分利用技术手段，将精心录制的教学视频等优质资源上传至公共访问空间，供广大学生按需取用。此举不仅标志着教育资源形态的时代性变革，更预示着教育资源分配迈向更加均衡、开放的新纪元。

其次，在影响学生成效的维度上达成均衡状态。智慧教育的教学模式与学习范式革新，使得同一教育资源能够循环播放，并允许学生根据个人节奏调整播放速率，从而针对理解薄弱点进行精准强化，进而在学生成效层面实现均衡。

教育成果的均等性是指教育结果的一种相对平衡状态，它建立在教育起点与过程均等的基石之上，旨在确保每位学生在完成教育历程后，均能达到预设的基本能力标准，进而促进学业成功机会的进一步均衡化。在人工智能技术的赋能下，每位学生均有可能最大限度地挖掘学业潜力，拓宽学习策略的路径选择，促进个人能力的全面发展。

尤为关键的是，人工智能技术的运用将深刻影响对每位学生的学习特征包括能力、潜力及水平的精准把握。基于此，教育将步入个性化与差异化的新时代，实现真正意义上的因材施教，确保每位学生都能在最适合自己的学习轨道上充分发展，从而推动机会均等与教育公平理念的深入实践。

4. 教育大数据理论

近年来，大数据已悄然成为驱动教育革新的坚实基石。从宏观视野审视，大数据构建起物理世界、信息疆域与人类社会三者间不可或缺的联通桥梁；置于信息产业脉络中，大数据则扮演着新一代信息技术产业蓬勃发展的核心驱动力角色。从价值创造的维度考量，大数据正引领着科学实践路径的革新与科学研究范式的重塑。展望未来，人工智能无疑将成为人类社会接下来 30 年间发展的核心驱动力，国家间的竞争焦点将深刻转变为数据资产的争夺，预示着“数据即权力”的新时代到来。与此同时，教育大数据作为大数据浪潮中的一股重要力量，几乎与大数据同步兴起，其分析技术为教育领域的进步铺设了坚实的支撑平台。教育大数据理论全面覆盖了教育活动的各个环节，汇聚了教育时空内多样化的全量数据集，这些数据集广泛涵盖了教学行为、教学资源、教学评估、教学管理等多个维度的丰富信息，共同构成了教育生态的全方位镜像。教育大数据理论倡导将大数据作为课堂实践与理论探索的联结纽带，旨在促进教育模式的多元化演进，促使教师超越传统的教学框架与思维模式，展现出层次性、规模化、多元化、预见性及阶段性等鲜明特性。在传统教育模式下，教师依赖经验运用“观察、倾听、询问、诊断”的教学提升策略，其成效颇为有限。为加速教育模式转型、重塑教学评价机制、强化高校教师的教学效能，教育工作者需深刻领悟教育大数据理论在驱动教学革新中的核心价值。面对浩瀚的教学数据海洋，教师应着力提升数据甄别与筛选的敏锐度，通过系统地收集、深度分析、精细加工及有效处理教学过程中的各类大数据资源，深入剖析教学现象与行为模式，进而优化教学策略与方法论，总结出教学的普遍规律与精髓。同时，教师应积极利用这些数据洞察学生需求与特性，实现更加精准的个性化教学，确保每位学生都能在最适合自己的路径上茁壮成长。

5. 教师专业成长理论

教师专业成长理论对教师职业进阶具有深远影响，它详尽规划了教师专业成长的阶段性蓝图与行进路线，为教师个人职业旅程中的每一步提供了明确导向。此理论强调，教师作为职业生涯中的持续学习者，必须主动投身于知识的内化、整合与前沿探索之中，不断深化专业理解，拓宽专业视野，精进专业技能，以期最终达到专业上的高度成熟与自我实现。从教师主体视角审视，其专业发展可拆解为两大核心维度：内在深化与外在契合。内在深化聚焦于教师个体层面，涵盖知识体系的拓展、能力结构的优化、情感态度的升华以及价值观的专业化塑造，这一过程深植于教师的教育愿景与追求之中。而外在契合则侧重于教师如何灵活调整以适应外部环境的变化，包括满足社会对于教育质量的期待、顺应教育背景的动态变迁、遵循专业伦理的规范要求以及融入主流价值观念的导向，从而在更广阔的社会与教育体系中找到自己的位置与价值。教师专业成长理论对于增强高校教师的教学效能具有不可小觑的价值，它不仅清晰勾勒出教师在职业进阶道路上必经的若干阶段，还促使教师依据自身所处的发展阶段，量身定制成长目标。这一理论不仅赋能教师个体，也助力国家及高校依据教师发展的特性，营造促进教学能力跃升的有利环境与支持机制。就本书而言，教师专业成长理论的意义深远：其一，它构建的教师成长要素模型，为本书搭建了一个系统性的分类与归纳框架，有效指导了高校教师教学效能提升要素的细致剖析与构建；其二，该理论为本书奠定了坚实的理论基础，并提供了方法论上的指引，确保了研究路径的科学性与实效性。

（三）"智慧教育"形成过程解读

2008 年，IBM 的首席执行长官 S. J. Palmisano 在其标志性报告《引领未来：智慧星球的构想》中，初次构想并阐述了"智慧星球"这一前沿理念。得益于新一代信息技术的迅猛发展，地球上的万物正逐步迈入可感知、高度互联与智能化的全新纪元。

随着"智慧地球"理念的广泛渗透，社会各界涌现出智慧医疗、智慧养老、智慧交通等一系列新兴概念，共同绘制了未来社会的智慧蓝图。2009 年 9 月，位于美国中西部爱荷华州的迪比克市携手 IBM，宣布了一项开创性举措——打造全美首个"智慧城市"典范，标志着智慧化进程在城市治理中的深入实践。在此背景下，智慧教育作为一股新兴力量，应运而生，成为教育领域的重要变革趋势。IBM 随后提出了智慧教育的五大核心导向，旨在重塑教育生态：一是深化学生的技术融入体验，促进其数字素养的全面提升；二是构建个性化、多样化的学习路径，满足学生多元化发展需求；三是强化服务型经济所需的知识与技能培养，确保教育与经济社会的紧密对接；四是推动教育系统、文化及资源的全球一体化整合，拓宽教育视野与边界；五是强调教育在 21 世纪经济中的核心驱动力作用，为社会的可持续发展奠定坚实的人才基础。

智慧教育的兴起在我国可追溯至钱学森所倡导的"大成智慧"哲学，其核心理念强调创造力往往孕育于学科交叉的沃土之中。钱学森指出，大成智慧学的精髓在于"启迪心智，激发创新与创造能力"。据此，"智慧"一词在此语境下，核心聚焦于"创新与创造"的潜能激发。综上所述，智慧教育的本质在于构建一个技术深度融合的学习生态系统，旨在赋能教师采用高效的教学策略，为学习者提供量身定制的个性化学习服务与丰富的发展体验。这一过程促使学习者从未知迈向已知，从初识浅尝至精通掌握，最终培育出具备正确价值观导向、强大实践能力、卓越思维品质及深厚创新潜力的时代新人。

智慧教育作为一种革新性的教育理念，其实现途径依托信息技术的深度运用，以构建出充满智慧的学习生态（技术革新为基）。在智慧型学习环境中，核心在于开发并实施智慧型教学法及智能化评估体系（方法论创新为要），以此激励并引导学习者投身于智慧化的学习实践（实践创新为魂），旨在孕育出具备卓越智慧潜能的新时代人才：他们应展现出卓越的自主学习能力、高效的团队协作能力、流畅的沟通表达能力、精准的判断分析能力、无限的创意构思能力以及复杂问题的卓越解决能力。

在大数据、人工智能、数据挖掘、生物神经科学及机器人学等学科的交融驱动下，智慧教育的核心理念已发生深刻变革。其技术层面显著标志为数字化基础、网络化联结、智能化驱动及多媒体融合，而基本属性则表现为开放性、共享性、互动性、协作性及普适性。通过“教育信息化”这一关键途径，我们加速推进了教育现代化的进程，有效运用信息技术对传统教育模式进行革新与重塑。

二、人工智能背景下的教育变革

（一）个性发展和多元化的教学理念

“教育”这一自古以来旨在塑造人性的活动，在实践中时常囿于多种因素，偏向于培养个体的理性思维。然而，在人工智能时代的浪潮中，学习与教育的本质目的悄然转变，它们不再是终点，而是通往更高境界——人的价值实现与自由追求的桥梁。在这一框架下，技术的赋能成为关键，旨在促进个体达到前所未有的解放与发展，让每个人在追求个人潜能最大化的同时，体验幸福之真谛。故而，智能时代的教育格局宛若一座精心布局的百货殿堂，其中各类教育资源与机会如同琳琅满目的商品，被精准置于各自的展区之内。每个展区既彰显独特魅力，又与其他展区和谐共生，形成了一幅多元共存、各展所长的壮丽图景。每一位学习者在这一广阔舞台上都能找到属于自己的位置，实现个人价值，共同编织着智能时代教育的新篇章。

当前教育体系在很大程度上偏向于结果导向，而非聚焦于过程优化，这主要归咎于传统班级授课模式与学生个性化发展需求之间的固有冲突，持续阻碍了学生个性在教育历程中的自由而全面的成长。然而，人工智能技术的涌现为打破此僵局带来了转机。其构建的知识获取便捷性与学习边界的消融，不仅有效应对了个性化教育中个体对学习资源差异化需求的挑战，还克服了时空限制对个体教育需求的束缚，为教育资源的灵活配置与个体学习路径的个性化定制开辟了新的路径。

首要而言，人工智能凭借其对海量数据的深度挖掘，成功地将原本隐匿于无形教育与细腻情感中的行为习惯提炼并可视化展现，为学习者构建了一个直观而个性化的学习选择空间。进而，鉴于每个学习个体的独特性，人工智能依托其卓越的信息处理机能，能够细致入微地捕捉并记录教育全过程中的学生行为，深刻剖析并精准洞悉其对个性化教学的深切渴求。这一技术革新促使“定制化教学”成为现实，超越了传统教学的知识局限，使得大数据与智能系统能够针对学生个体差异，实施量身定制的教学策略。需要注意的是，该进程的目的绝非打造统一僵化、标准化的教学模式，而是秉持“以学生为中心”的理念，利用信息技术精确捕捉并满足每位学生的个性化需求，旨在为他们的学习旅程铺设更加顺畅、高效的道路。换言之，这一系统本质上是对教育流程中学生数据的深度解读与智慧分析，旨在揭示学生的学习偏好与真实需求，进而为实施高度精准的个性化教学策略奠定坚实的数据基础与理论支撑。

（二）易于获得和井喷式的知识信息

教育转型的肇始与核心，在于知识观念的深刻变迁。人工智能作为新兴媒介，不仅极大地拓宽了知识传播的边界，还深刻地重塑了知识的本质属性、显著特征及其生成的内在逻辑。回溯历史，先于文字萌生之前，人类依赖口传心授于日常实践之中传承智慧，而文字与书籍的诞生，不仅标志着知识符号化表达的飞跃，更孕育了教育的专门化空间——学校。然而，这一过程亦伴随着知识抽象化的壁垒，促使知识生产的控制权逐步向少数精英与权威阶层集中。此后，知识不仅需历经实践的千锤百炼，更需经由特定群体的系统化整理与加工，方能由专业教师群体广泛传播。这一现象，实则加剧了知识领域的特权化倾向，割裂了实践者与知识精英之间的天然联系。随着时间的推移，实践经验的独特价值渐被边缘化，知识的生产与传布过程日益呈现分离态势。对此，我们不禁陷入深思：知识的本质是否依然如故？究竟何谓“知识”？在浩瀚的教育论域内，“知识”无疑占据了举足轻重的地位。尽管“知识的本质”这一谜题尚未有公认的解答，我们仍可从联合国教科文组织于2017年发布的《教育反思：迈向“全球共同利益”的范式转换?》一文中汲取灵感。该报告将知识诠释为“个人与社会诠释经验的途径”，进而将知识的范畴拓宽至学习所得的信息、理解力、技能、价值观及态度的综合体。知识的诞生、繁衍与其背后的文化、社会、环境及制度架构紧密相连，密不可分。由此观之，知识信息的萌生与人类同外部世界的交互作用息息相关，时间的流逝与人的主观能动性均在其塑造与固化过程中扮演了关键角色。知识的结构展现出其丰富性与多元性，犹如万花筒般绚烂多彩，而各种知识体系的存在亦彰显出其不可或缺的价值与意义。因此，我们有必要超越主流知识的界限，积极探索并认可那些边缘化的知识模式，为它们找到恰当的位置与归属。

在智能时代，个体皆具媒介潜能，与过往知识生产与传播模式的显著割裂不同，在当前互联网环境下，知识的创造与流通展现出高度融合的一体化趋势。此现象不仅根植于生产场景与环境的深刻变革，更离不开“万物互联”这一综合性平台的强力支撑。具体而言，物联网的广泛渗透极大地增强了个人连接的广度与深度，使得学习者能够跨越时空界限，轻松触及全球资源，即使身处家中亦能坐拥信息海洋。同时，随着物联网、区块链、教育智能化等技术的蓬勃发展，知识获取的壁垒被逐一瓦解，人们的思维观念得以空前解放，促使更多个体积极投身于网络空间，自发地贡献其独特的经验与洞见，共同编织着知识共享的新篇章。散布于学科体系边缘的多元化初始经验，广泛充斥于视觉范畴内，它们作为尚处于雏形、动态演变且未臻稳定的知识雏形而存在。这些经验的持有者或非传统定义的“知识精英”，其经验亦未经专门机构的精细化编码处理，却以直接、质朴的方式被分享，实现了知识与经验的传递。此过程中，知识的获取者正是广泛网络群体的成员，这表明传统知识生产与传播的界限在当下网络环境中已被悄然瓦解，知识在生成中传播，于传播中持续生成。网络百科作为知识传播领域的标志性工具，其内容创作机制尤为显著地映射了上述现象：有别于传统百科全书以专业编辑为核心的编纂模式，网络百科采取了“知识共创与编写革新”的范式，倡导人人参与的自由与开放原则，词条内容亦保持开放状态。此新型模式不仅重构了知识的传播路径，更促进了知识的普及化与便捷获取，成为智能时代有效缩小知识鸿沟、促进知识民主化的重要途径。

（三）多边交互和无边界的学习格局

原始的孩童学习，是潜意识中对成人日常琐碎的朴素效仿，此过程无形中延缓了原始社会生产力的渐进步伐，因其本质乃是一种浅层的循环复制，组织形态松垮且成效有限。步入农业文明，随着纸张的创制与印刷术的飞跃，依托书籍媒介，知识创造与扩散的疆域骤然拓宽，学习形态进而蜕变为对典籍的研读与记忆，问题解决往往诉诸经史子集的长篇论述。至工业革命时期，商品经济的浪潮推动了工厂化生产对专业技能人才的迫切需求，促成了资源集约、效率至上的现代学校体系兴起。学习过程犹如生产线上的标准化作业，充斥着题海战术与机械记忆，形成了以“教室、教师、教科书”为核心的体系，学生的主体性在这一进程中渐趋边缘化。而今，在互联网与人工智能技术的双重驱动下，科技与社会进步的加速度催生了学习模式的深刻变革，学习的本质内涵与组织形态再度成为社会各界关注的焦点议题，预示着学习生态正迈向一个全新的纪元。

一方面，社会成员与学生间的互动日益凸显其重要性，学习被赋予了群体协作的新维度。在此学习生态系统中，不仅涵盖了学生与教师，还广泛联结了多样化的个体、复杂的智能体系以及基于网络的认知辅助工具。在这一视角下，学习并非独立于现实世界之外的孤立行为，亦非局限于特定空间的封闭式活动，而是以一种内在逻辑深刻嵌入广泛的社会关系网络之中。个体能够通过其个性化的学习网络，跨越界限与任意个体或群体建立联系，进行协同探索，此过程中知识得以共享，从而共同塑造出一种深层次的社交学习体验。学校教育以其严密的课程规划与严谨的教学组织，往往限制了学生自由交流的广度与深度，在交互时间与对象上均表现出明显的界限。然而，随着万物互联时代的到来，跨时空的社会联结力量空前增强，使得联通学习成为可能。在此情境下，个体能够围绕共同的学习追求与兴趣焦点，汇聚于一个灵活协同的学习场域之中，他们不仅能够实现即时异地的交流，更能跨越时间界限进行非实时的互动。在这一过程中，拥有共同愿景与兴趣的个体相互激发，学习模式由传统的被动接受知识转向主动的知识生成与团体间的互育共进，展现了学习方式的深刻变革。

另一方面，学习场景的革新跨越了时空的阈限，使得学习主体能够借助物联网技术实现全球联通的协同参与，并灵活规划个人学习时间表。这一转变显著区别于传统学习模式中固定时空框架下的面授方式，人工智能的赋能使得学习对时空的依赖性大幅减弱，允许个体跨越多样学习环境自由探索。在此背景下，学习者、环境、技术及学习形式的深度融合，促进了非结构化与结构化学习模式的无缝对接。需要注意的是，人工智能时代“教育”的内涵已超越“预设性、意图明确、目标导向且系统组织的学习”范畴，日常生活中“非正式教育”与“泛在学习”的价值日益凸显。越来越多的个体利用零散的夜晚时光、周末休闲间隙，乃至排队等候、通勤途中的碎片化时段，依托智能设备开展阅读与学习，这种无所不在的非正式学习形态，正逐步成为社会经验积累不可或缺的一环。

技术的革新引领了学习生态的全面转型，个体利用智能终端设备轻松享有即时学习体验，实现跨国界的交流与互动。在人工智能的赋能下，学习成为全人类福祉的关键议题，强调个体学习机会的均等化与价值实现的重要性。在此背景下，人工智能被寄予厚望，旨在平衡教育资源分配、缩减教育成本开支、提高教育质量，并力促教育公平的实现。随着智能技术的广泛普及与深入发展，未来的学习范式势必超越既有框架，朝着更加灵活多元、贯穿终身、跨国界协作及无界限的学习景观迈进，构建一个全球共享的、无限延展的知识获取与交流空间。

（四）数据驱动和多路径的研究范式

相较于其他学科领域，教育领域展现出人文科学、社会科学与自然科学的三重交融特性。在历史上，教育研究常被局限于人文社科视角，然而，当前全球教育学发展的趋势揭示出其自然科学属性的显著增强，促使该领域的发展获得更多关注与重视。在教育界内，自然科学的应用已成为一个至关重要的议题，这不仅是科学与教育深度融合的必然趋势，也标志着一种新型教育范式的崛起。自然科学方法为解决长期困扰教育界的传统教学理论难题提供了强有力的工具，预示着教育实践与理论探索的新篇章。现今，无论是线上互动教学、融合多领域的STEAM教育模式，还是策略性的教育政策制定，均显著体现出自然科学深度渗透的趋势。大数据驱动下的实证研究方法，根植于自然科学原理，为计算机科学、脑科学、社会学、心理学及认知科学等复杂系统研究领域构筑了坚实且高效的科学理论基石与技术框架，极大地拓宽了教育科学研究的方法论边界。相较之下，传统教育研究往往囿于简化思维与统计分析的局限，其路径单一、理论滞后、模型简化、数据匮乏、解释力不足以及探索性发现难以量化等问题，削弱了其对教育实践教学改革应有的支持力度与引领效能。

新一代信息技术全面渗透社会各领域，催生了海量大数据资源，其不仅赋能科研活动，推动其走向更高层次的科学化，还成为洞察社会现象、揭示社会变迁规律的坚实数据基石。鉴于大数据时代的汹涌而至及其对教育研究的深远影响，积极探索教育科研与大数据技术的深度融合，既是顺应时代潮流的必然之举，也是满足教育创新需求的迫切要求。教育大数据技术的崛起，为深度剖析教育教学内在规律开辟了前所未有的研究路径，构建了一个全新的研究范式框架。这一范式的转变，不仅重构了研究流程，更促进了研究成果的颠覆性革新。当前，大数据技术的迅猛进展正引领着研究范式向教育大数据模式深刻转型，这一转型标志着由单一的经验与理论导向向数据驱动、多元路径交织的新研究范式的变迁。从另一维度审视，以数据为核心的研究范式将激励长期以来聚焦于脑科学、神经科学及学习科学等领域的传统认知探索路径发生方向性调整。依托大数据构建的多元化研究框架，研究者能够跨越时空界限，深度剖析学习过程中累积的海量数据，进而精细解析基础学习认知规律的复杂面向，为教育科学研究开辟更广阔的视野，向更深层次迈进。

第二章　人工智能背景下教师教育发展

第一节　人工智能对教育及教师的影响

人工智能不仅是一场单纯的技术革新，其深远影响已渗透人类社会的各个维度，对社会经济架构、教育体系乃至思维形态均产生了不可估量的变革力量。

一、人工智能对教育的影响

人工智能的演进与教育的发展步伐紧密相连，其应用历程可追溯至20世纪50年代计算机辅助教学的萌芽阶段。随着近年来人工智能技术的迅猛突破及国家层面战略规划的强化推动，教育领域迎来了人工智能技术的全面繁荣，展现出前所未有的发展活力与广阔前景。

（一）人工智能给教育领域带来的机遇

1. 人才培养

教育作为一种蕴含明确目标导向的活动，其核心关切始终聚焦于“塑造何种人才”这一根本命题。鉴于人工智能对个体未来轨迹的潜在影响与赋能潜力，教育目标的再审视变得尤为迫切。人工智能以其卓越的自我学习机制而著称，不仅能迅速吸纳海量信息，更能依托深度学习机制创新知识边界。在此背景下，人类穷其一生之所学，尤其是传统知识体系中的固化内容，或将面临迅速贬值的风险。此贬值趋势初期或显著表现为工作岗位的替代现象，人工智能将渗透并接管一系列简单、重复、标准化的任务，促使部分传统职业逐渐消逝，而新兴职业则如雨后春笋般涌现，对就业市场的结构与稳定性构成显著挑战，同时也对人的自我价值定位提出全新考问。顺应现代大规模生产与精细分工的趋势，现代教育体系致力于培育掌握专门技能的生产型人才，这一过程强调对既定知识体系与实用能力的深度锤炼，以满足社会对高效能、专业化劳动力的迫切需求。然而，面对人工智能时代的洪流，如何重新定位教育的核心价值，确保教育成果不仅限于技能的传授，更能激发学生的创造力、批判性思维及终身学习的能力，以应对未来职场的快速变迁与不确定性，成为当前教育领域亟待深思的课题。随着人工智能技术的持续演进，机械智能日益渗透并部分替代人类心智在职业领域的功能，引发广泛的工作替代现象，这一趋势不可避免地促使教育体系经历深刻的重构与转型。诚然，有观点认为机器仅限于取代部分工种，保留了人类专属职业的余地，并预见了人工智能可能催生全新职业由人类主导的未来愿景。然而，一个不容忽视的现实是，当人工智能逐步释放人类于繁重劳动之外，传统教育聚焦于生产技能型人才培养的导向渐显失色。伴随大量个体从职场束缚中解脱，社会将见证人们越发倾向于将宝贵的时间与精力倾注于个人兴趣与自我实现的追求上，从而促使教育目标向促进个体全面成长与身心和谐发展的方向深刻转型。人工智能的广泛应用，不仅是工作领域的革新力量，也是驱动教育范式变革的关键因素。面对这一技术浪潮对教育本质的深刻挑战，我们亟须重新审视教育目标，即如何定义并塑造适应未来社会需求的个体——那些能在人工智能环境下自如生存、创新发展的“原住民”。这一转型要求教育领域不仅关注知识的传授，更需强化对学生创新思维、批判性思考、情感智能及社会责任感等综合能力的培养，以确保他们能在人机共生的新纪元中，成为推动社会进步与文明发展的核心力量。

2. 学习环境

在人工智能的赋能下，教育环境正逐步由传统多媒体教学向智能泛在学习生态系统演变，学校的界限被淡化，不再作为教育的唯一殿堂。这一转型彻底颠覆了传统课堂受限于时间与空间的模式，人工智能技术的融入有效消除了教育资源在学校与教室间的隔阂，赋予学习者前所未有的灵活性，使他们能够依照个人学习节奏与偏好，在任何地点、任何时间开展学习活动。通过融合 MOOC、CCtalk 及移动教育平台等多样化技术手段构建的广袤学习疆域，不仅拓宽了知识获取的渠道，更为学生量身定制了个性化的学习路径，满足了其多元化、深层次的学习需求，促进了教育的全面普及与深度个性化发展。

人工智能给学习环境带来的机遇主要表现在两方面。

（1）一种融合了虚拟与现实元素的教学组织框架正引领教育创新潮流。虚拟现实与增强现实技术的崛起，为教育领域带来了前所未有的机遇，它们共同构建了一个高度沉浸的三维虚拟教育场景，使学习者能够在直观的环境中观察对象，通过多维度信息的动态交互，形成对事物深刻而客观的理解，进而激发学习热情，促进创造力的发展。特别是，虚拟教师系统作为这一领域的杰出应用，有效弥补了传统学习环境的局限，实现了混合教学模式的深化。虚拟教师作为传统教师角色的技术延伸，其根基可追溯至计算机辅助教学（CAI）的早期探索。自 20 世纪中叶以来，虚拟教师概念历经多阶段演化，每一阶段均展现出独特的技术特色与教育价值。初始阶段的 CAI，依赖预设程序呈现教学内容，缺乏灵活性，仅能机械地展示知识。进入 60 年代，随着分支程序理念的融入，学习者开始能够依据自身需求选择学习路径，虚拟教师初步展现出了互动能力。70 年代，人工智能技术的突破性应用，催生了智能 CAI 系统（ICAI）与智能导师系统（ITS），这些系统不仅能为学习者提供学习指导与即时反馈，还促进了自适应学习模式的兴起，赋予了虚拟教师以智慧之光。至90年代，多媒体与网络技术的飞速发展，进一步强化了智能导师系统的功能，使之能在长时段内持续、高效地辅助学生学习，成为人类导师的重要补充，以技术之力优化学习环境。步入21世纪，随着虚拟技术的飞跃，三维立体、逼真度极高的虚拟教师应运而生，极大地提高了在线教育的质量与体验，使学习过程更加生动、高效。在此背景下，混合式学习模式日益受到青睐，通过将重复性、耗时的工作交由虚拟教师承担，教师得以专注于更具挑战性与创新性的教学任务，实现教育资源的优化配置与高效利用。

（2）精准且个性的学习评价。首先，电子化测试的采用显著减少了数据遗漏，提升了工作精确度，并有效减轻了教师的工作负担。以美国教育考试服务中心为例，其机器自动评分机制包含两大策略。一是精准匹配。当学生的回答与标准答案完全一致时，系统即自动赋分，无须教师复核。二是模型评估。针对开放性问题，系统根据学生答案与标准答案的相似度进行判定。若遇不确定情况，则由教师裁定，此后系统能基于教师的标准自动处理类似情况。在口语测评领域，大规模应用语音识别技术。如科大讯飞、沪江英语、流利说等平台，借助英语口语识别引擎，实现了口语评分的自动化，不仅减轻了人力成本，还显著提高了教学质量与效率。其次，鉴于社会对人才评价多元化需求的日益增长，传统单一维度的评价方式已显不足。人工智能技术的引入，使我们能够基于丰富的多维度数据，对学生的学习过程进行全面而深入的评价。例如，在线学习平台通过分析学生在平台上的学习行为数据，包括登录时长、提问活跃度、练习完成频率等，构建个性化学习档案，从而更加精准地评估学生的学习状态与成效，为因材施教提供坚实的数据支持。

3. 教育管理

人工智能给教育管理带来的机遇首先是，运用大数据及其深度解析成果，为教育治理的精准化管理与决策奠定坚实基础。例如，在浦东地区，教育大数据的广泛应用助力管理者即时洞悉区域教育发展的全貌，既赋能于教师教学成效的精准评估，又助力于区域教育未来战略规划的精确制定。而在石家庄某中学，人工智能人脸识别技术的巧妙运用，不仅可追踪学生的餐饮行为模式，还可依据其用餐偏好量身定制营养均衡的膳食建议，并实时共享给教师与家长，促进家校共育。

其次，人工智能学习分析技术成为提高教学质量的关键驱动力。该技术贯穿整个教学流程，通过全面采集、深度剖析与即时反馈教学数据，实现对每位学生的个性化学习状况深度剖析，进而提供定制化、精准化的教学服务。以北京师范大学的“数镜”智能平台为例，该平台凭借对学习者特征的精细描绘，生成个性化发展报告，并智能规划最优学习路径，有效促进了整体教学质量的跃升。

（二）人工智能给教育领域带来的挑战

当我们为人工智能给教育带来的机遇欢欣鼓舞时，也不要忘了正视其给我们带来的挑战。目前，人工智能给教育领域带来的挑战主要包括以下四方面。

1. 数据安全和师生隐私

教育领域内人工智能深度融合的核心在于大数据的深度应用。该领域的数据构成多元化，涵盖公共数据（源于国家及各级政府教育服务累积的综合性资料）、个体学习数据（学习者在求知历程中自然生成的信息）、研究导向数据（源自针对性教学研究所产生的详尽记录）以及跨界融合数据（源自教育边界外相关领域的互补性资料）。这些数据详尽地刻画了个人信息偏好、能力层级、健康状况等多维度特征。随着教育数据的广泛采集、深入挖掘、有效整合与跨平台共享，教育环境日益趋向精准量化，教师与学生的教育体验趋于“透明化”。此变革固然极大地提升了教育的效率与效果，然而，伴随而来的是数据安全与个人隐私保护的严峻挑战。一旦发生数据泄露事件，不仅可能对学生的心理造成重创，更可能深远地干扰其学业进展与成长轨迹。教育数据泄露的风险源自多方面，包括但不限于服务器管理失当、个体安全意识薄弱、教育行业服务数据管理漏洞以及非法入侵与数据挖掘活动。在教育范畴内，无论是数据采集、存储阶段还是处理阶段，均可能因人为疏忽或技术缺陷导致信息不当外泄。近年来，针对学习者隐私数据的恶意搜索软件呈现激增态势，部分个体或企业出于经济利益考量，非法贩卖教育数据，严重侵犯了学习者的数据隐私权。

此外，在人工智能与教育的深度融合背景下，数据安全面临的另一重大挑战是网络威胁。教育大数据的广泛采集与分析高度依赖互联网设备与云计算技术，这使得网络环境中的任何设备都成为潜在的风险点。一旦某台服务器遭受网络攻击，整个网络生态中的相关设备均将置于危险之中，教育大数据的完整性与安全性面临严峻考验，极易被非法访问、窃取甚至篡改。鉴于此，在推进教育与人工智能深度融合的进程中，如何构建坚实的数据安全防护体系，确保师生数据安全无虞、隐私得到有效保护，成为亟待深入思考与解决的重大课题。

2. 知识产权保护

知识产权体系作为科技与产业进步的伴生物与加速器，其演进必然伴随着人工智能技术的蓬勃发展而面临新的挑战。随着人工智能技术的日新月异，机器生成物与人类创意成果的界限日益模糊，引发人们深思：在教育领域内，人工智能的创造性输出是否应纳入知识产权保护框架？当智力创造的疆域跨越人类界限，既有的、以人类为核心构建的知识产权架构能否有效应对人工智能时代的新浪潮？首要探讨的是权利归属的主体维度。初期，人工智能在预设程序框架内运作，作为辅助工具协助人类创作，故创作成果本质上仍归属于人类智慧的结晶。然而，随着深度学习技术的飞跃，人工智能已能模拟人脑神经网络活动，依托海量数据自我学习并创造内容，如撰写文章、谱写音乐、创作诗歌等，其角色已远非单纯辅助所能概括。尽管表象上人工智能似已成为创意活动的主导者，但根据《中华人民共和国著作权法》《中华人民共和国专利法》规定，作者与发明人须为直接贡献于作品创作或发明实质创新的自然人。据此，即便人工智能的创造性产物符合知识产权保护标准，其权利主体亦不能简单归结为承载人工智能的机器人本身。鉴于当前态势，多国正酝酿赋予机器人以法律主体资格，欧盟亦发出倡议，欲将人工智能机器人定位为“电子人”。其次，在主体资格的探讨上，人工智能之所以展现出非凡能力，核心在于深度学习的推进，这一过程依赖对庞大数据集的汲取，以不断提升其学习与分析效能。然而，在学习进程中，机器或会无意识地复制受知识产权保护的数据，此举若未经授权，则构成侵权。遗憾的是，当前知识产权体系尚未将人工智能视为法律主体，故即使侵权行为发生，亦无法追究其法律责任。最后，鉴于人工智能是基于深度学习自主完成创作，其侵权行为系自主决策之结果，与背后的开发者及使用者无直接关联。这导致了一个悖论：即使机器实际实施了侵权行为，却无明确的责任主体来承担相应后果。

3. 教育伦理问题

在人工智能的迅猛发展中，其技术深度融入人类生活的各个层面，却因伦理道德考量不足，催生了诸如学术诚信危机、隐私安全受侵及机器人身份认同等复杂议题，促使学术界广泛探讨如何在人工智能时代构建人、社会、自然与机器间的和谐共生关系。首要聚焦的是技术滥用导致的学术失范现象。正如 Ikanth 与 Asmatulu 所揭示，约七成学生在学业评估的各个环节，包括但不限于考试、作业、报告撰写及论文创作，均不同程度地借助智能手机、平板电脑等高科技工具实施作弊行为，严重侵蚀了学术诚信的基石。在开发人工智能教育产品之际，设计者虽难以精确预见其潜在危害，但在实际应用阶段，必须审慎考量其可能触发的伦理议题。进而，隐私泄露成为不容忽视的隐患。基于大数据的人工智能技术，对师生的隐私权构成了挑战，各种数据采集与分析装置无孔不入地记录着师生的行为细节，这些看似无序的数据碎片，在经过算法处理后，能勾勒出个体鲜明的画像，包括性格轮廓、生理弱点、行为习惯等敏感信息。一旦此类数据遭到泄露，对学生隐私的侵害程度难以估量。再者，智能教学机器人的功能持续进化，实现了对学生的一对一辅导，这引发了关于机器身份定位的新伦理探讨。长期与机器人相伴学习，是否会削弱教师角色的不可或缺性？学生是否会因此遭遇社交隔离的风险？欧盟提出的赋予机器人“电子人”法律地位之议，更是将问题推向了高潮：若机器人享有与人类相仿的法律身份，那么其权利与义务的界定何在？又如何确保其对自身行为负起相应责任？针对人工智能教育应用所引发的这一系列伦理挑战，全球范围内的国家、组织、高校及个人均积极投身于探索之中，力求寻找妥善的解决方案，以促进技术与伦理的和谐共生。

4. 数字鸿沟问题

数字分裂原先聚焦于在信息技术应用中掌握信息资源的精英与信息贫乏群体间的鸿

沟，具体反映在教育领域即为偏远或资源匮乏地区因未能充分挖掘信息技术潜力而在信息社会进程中滞后。人工智能融入教育体系，其潜力不仅在于提高教育质量，更旨在跨越地域与经济界限，为偏远及贫困区域的学生带去高质量的教育资源，以加速教育公平的实现。然而，在实践中，人工智能教育的“普及原则”并未充分兑现，技术进步虽迅猛，却未能确保每位学生均等受益，地域间、城乡间乃至贫富差距成为阻碍人们公平获取人工智能教育资源的重大障碍，进而导致“智能教育洼地”与“智能教育边缘群体”的出现。在教育信息化迈向 2.0 的新阶段，人工智能作为前沿科技在教育领域的推广，无疑构筑起一道“智能分化界限”，需引起广泛关注与积极应对。首要探讨技术领域。当前人工智能教育尚处于萌芽阶段，实际应用中诸多技术瓶颈亟待突破，尤为突出的是，资源匮乏地区教师面临的人工智能教育知识与技能培训缺失，加之基础设施的低效利用，进一步加剧了与发达地区学校间的技术断层。转至平台层面，人工智能的核心支撑架构涵盖五大平台及细分至 25 项功能模块，然而，区域与学校间的发展步调与标准差异，导致了数据流通壁垒，即平台间鸿沟的形成。最后，聚焦思维范式。工具性逻辑与创新性视角构成认知的双轨，前者聚焦于技术应用的直接性，后者则倡导跨界联结与全新视角的探索。人工智能教育的深化，亟须教师群体从工具性思维的桎梏中蜕变，迈向创新性思维的广阔天地。在此过程中，每位教师跨越思维门槛的时点各异。面对上述多维挑战，我们当如何策划策略，以确保人工智能教育普及之路的公正与均衡？

二、人工智能对教师的影响

人工智能对教育领域的变革作用显著，其深远影响不可小觑。在学校这一教育核心场域中，教师作为主导力量，其角色与地位亦不可避免地受到波及。深入剖析人工智能为教师群体所创造的机遇与带来的挑战，对于教师自我认知的重塑及角色定位的重构具有重大意义，有助于教师在新时代教育背景下找准定位，创造更大价值。

（一）人工智能给教师带来的机遇

1. 提高教学效率

人工智能以其卓越的计算速度与海量的存储能力而著称，相比之下，教师的精力与体力则显得有限。尽管教师能展现出高度的敬业精神，但在面对持续性高强度、重复性任务时，其效率与耐力往往受限，易陷入疲惫状态。反之，人工智能则能持续高效地运作，不受疲劳影响，特别适用于处理重复性高、数据密集型的工作。已有研究指出，那些涉及重复性操作、海量信息整合与分析以及精确执行的任务，或将逐步被人工智能替代。当教育领域内引入低成本且高效的人工智能技术，用以承担教师日常中烦琐、创新性较低的任务时，教育的标准化趋势日益显著。在传统教育模式中，教师需兼顾备课、授课、作业批改、学生辅导及班级管理等多重职责，特别是在面对大班额学生时，作业批改等重复性劳动占据了大量时间。而人工智能技术的介入，则为在线教育场景带来了革新，通过促进学习者与系统间的深度互动，实现数据的精准采集、分析与即时反馈，进而为每位学生量身定制更加高效、个性化的教学服务，有效减轻了教师的负担，让教育更加聚焦于培养学生的创新思维与综合能力。

2. 促进个性化教学

教育，这一从理念孕育至行为实践的历程，经由人工智能的赋能，使得那些抽象难以捉摸的教育体验与感悟，在行为模式的映射下变得可视化，为学习者构建了一个充满个性化的智能学习场域。随着时代对人才多样化需求的日益增长，个性化教育已成为时代之需。人工智能技术凭借其强大的数据分析能力，精准捕捉学习过程中的每一细微数据变化，为每位学习者量身定制个性化学习方案。针对学习者在概念理解上的困惑，学者们创新性地设计出算法工具，助力学习者依据自身知识短板，自主挑选适宜的学习资源。在幼儿教育的广阔天地里，智能教育机器人正蓬勃发展。例如，科大讯飞的阿尔法蛋这款机器人集成了语文、音乐、英语等多领域教育资源，不仅能够与儿童进行自然流畅的互动，解答疑惑，还能在中英文翻译间架起桥梁，为英语启蒙教育铺设基石。通过生动的课文朗读、字词听写等互动环节，阿尔法蛋寓教于乐，让学前儿童在玩乐中汲取知识，启迪探索未知的好奇心，推动其个性化学习路径的形成与发展。

3. 培养学生全面发展

在未来社会蓝图中，核心愿景聚焦于人类个体的全面而自由的发展，这一理想状态体现为个体能够自如地驾驭并有效利用其自由时间与精力，进而在职业选择上享有充分的自主权，让个人的兴趣、偏好与天赋得以淋漓尽致地展现。唯有当社会生产力跃升至崭新高度，物质基础实现前所未有的丰盈之时，这一人类发展的理想图景方能逐步转化为现实。同时，社会经济发展的阶段性特征亦深刻影响着对人才技能需求的多样化格局，从而使得人的全面自由发展这一目标，不可避免地烙上了时代的鲜明印记。随着智能机器人及人工智能技术应用的日益广泛，这些先进工具正逐步将人类从繁重且高风险的重复性任务中解放出来，促使个体不断精进其生存与职场技能，进而推动就业市场向更高品质转变。通过显著提高生产效率，人工智能为个体创造了充裕的闲暇时光，为自我提升与创造性劳动开辟了更为广阔的空间。与此同时，技术的飞速进步促使脑力与智力劳动的比重持续攀升，悄然改变着劳动力结构的面貌，而人工智能对人类的“置换”与“协同”效应也日趋显著，深刻影响着劳动力市场的格局与未来走向。

（二）人工智能给教师带来的挑战

当我们为人工智能给教师带来的机遇欢欣鼓舞时，也不要忘了正视其给教师带来的挑战。目前，人工智能给教师带来的挑战主要包括以下几方面。

1. 人工智能消解了教学参考书曾经赋予教师掌控知识的特权

知识与教师之间相辅相成，教师不仅是知识的承载者，更是沟通学生与知识世界的桥梁。在知识的演变与传承历程中，教师扮演着至关重要的角色，推动着知识的传播、继承与创新，是人类社会文明进步不可或缺的力量。工业革命的浪潮催生了社会分工的细化与大机器生产的兴起，这一转变促使人才培养体系逐渐趋于标准化，教师职业亦随之发展，成为需经过系统化训练并由专门人员担任的岗位。学校教育以其明确的目标性与周密的规划性，赋予了教师无可争辩的核心地位，在知识传递的舞台上发挥着不可替代的作用。

然而，当前人类知识的积累与更新速度正以前所未有的态势加速前进，计算机技术的飞跃尤为显著，致使旧有知识体系在短短一年内便可能面临淘汰的威胁。互联网的普及更是打破了知识传播的界限，使得信息的流通无远弗届，知识的垄断成为过去式，无论是个人、群体还是国家，都难以再独享知识的宝库。这一变革不仅拓宽了知识获取的渠道，也对教师提出了更高的要求，促使教育领域不断探索适应新时代需求的教学模式与方法。教师传统权威的基石——对知识的独占，正随着现代社会知识迭代速度的飙升而瓦解。人工智能的迅猛发展，极大地促进了教育资源的融合与动态交互，构建了一个人人皆可创作、传播并共享学习资源的生态。在此情境下，教师的角色已从知识的绝对权威转变为引导者与伙伴，学生获取知识的路径亦不再局限于教师，而是跨越了时空的界限，自由探索心仪的学习内容。然而，知识的爆炸性增长虽丰富了信息海洋，却也无形中设置了筛选有效信息的重重障碍。知识在无序状态中累积，其总量的激增直接提升了精准提取所需信息的难度。鉴于学生时间宝贵且信息处理能力有限，如何借助智能技术优化学习路径，成为适应当前信息环境的关键。随着互联网日益渗透教育领域，与传统课堂形成竞争态势，有效信息的筛选问题越发凸显，这对教师传统角色的定位与功能提出了新的挑战，要求教师不仅传授知识，更需引导学生学会在信息洪流中导航，培养高效学习的能力。

2. 人工智能部分替代了教师职能

在人工智能浪潮下，教师角色的存续性问题引发了广泛争议。悲观视角指出，人工智能正悄然渗透并重塑教育的多个维度，包括教学模式、目标设定、资源分配、内容编排、教学策略乃至教师身份与职能，预示着一个“学校转型论”下的未来，其中传统教师角色或将淡化。相反，乐观视角则强调教育本质的双轨并行：“教”作为技术性与外在形式的展现，或可部分被人工智能替代，而“育”作为触及价值内核与意义建构的过程，则是人工智能难以企及的教育高地。若将教育简化为知识传授，人工智能或能逼近教师功能，但若视教育为塑造人性、启迪智慧的伟业，则人工智能仅能作为辅助教师的工具存在。进一步地，部分学者断言，技术无法全然取代教师，因人类独有的道德情操、哲学思辨、审美鉴赏、批判性思维及创新能力，构成了教育不可或缺的灵魂。当教师以其独特的人类智慧与情感投入教育实践，人工智能便难以在教育领域占据主导地位。另有学者从教育本质的稳定性出发，认为无论技术如何演进，教育的核心使命与价值追求始终如一，即促进人的全面发展与自我实现。在这一过程中，教师的角色与价值不可被轻易替代。随着教育载体的多元化变迁，如学校、学习中心与社区的转型，教育的本质与存在恒久不变。学生与教师作为教育生态的基石，其共生关系牢不可破。教育的真谛，正如叶澜所阐述，“启迪心智，培育生命自觉”，其核心在于人的全面发展，技术革新虽猛，却难以撼动这一根本。在学生利用人工智能技术实现自主学习的新常态下，教师指导对于能力培养的关键作用依然无可替代。有观点指出，机器擅长解决既定问题，却难以洞察问题的根源与社会的复杂情感，更缺乏心理层面的敏锐洞察，因此，在育人层面，人工智能无法全面取代人类教师。乐观主义者认为，无论技术如何飞跃，人类独有的同情心、想象力以及社会交往能力等，均是机器难以企及的高地，教师职业因此而保持其不可替代性。然而，人工智能亦能发挥其独特优势，助力教师从冗杂、重复性工作中抽身，分担部分职责，从而开启人机共融、协同发展的新纪元。故言之，人工智能可优化而非替代教师的智能作用，未来教育将是人机和谐共生的崭新图景。

3. 人工智能对育人角色的诉求

首先，现代化进程中的职业分化与生产效率追求，促使教育目标趋于功利导向，偏离其初衷，教师的职责亦随之发生偏移。借助人工智能的强大能力，教师能解脱于烦琐的教学任务，超越时空限制，为个体量身定制成长路径，从而促进其个性化发展。这一转变促使教师角色亟须重塑，强调回归教育本质，即致力于培养全面发展的人，教师角色应深化为纯粹的教育引路人与塑造者。其次，关于生命价值与伦理道德的关怀，传统教育模式侧重于人际互动，教师凭借个人魅力与行为示范，对学生实施深切的生命关怀与伦理引导。但在人工智能融入教育的今天，尽管人机互动日益频繁，占据学生更多学习时光，但必须认识到，技术虽能高效处理信息，却缺乏情感的温度与生命的感知，无法替代教师对学生的深切关怀。因此，即使在智能技术辅助下，教师作为人类情感的传递者与伦理道德的守护者的角色，依然不可或缺。尽管科研人员正致力于人工智能情感能力的进步，但其本质仍难以全面模拟人类存在，故而在人工智能日益渗透的教育环境中，教师需主动担当，加强对学生的生命情感关怀与伦理道德引导。最后，不容忽视的是，教育还承载着促进学生个体社会化的关键任务。在传统教学框架内，知识传授与人际交往共同助力学生社会属性的塑造。然而，在人工智能技术的催化下，混合式学习模式尤其是人机交互，逐渐成为主流学习形态，学生周遭的学习伴侣更多转化为机器。此变化不仅重塑了学习时空的边界，还深刻影响了知识获取的方式，同时也伴随着师生、生生间直接互动的减少，对学生的社会性发展提出了新的挑战。因此，在人工智能背景下，教师务必深刻洞悉这一转型所带来的学生社会化教育的困境，并主动回归教育的本质，即强化其作为学生成长引路人与社会化进程促进者的角色。

第二节 人工智能背景下教育的发展

一、人工智能在教育发展中的应用

近年来，生成式人工智能技术的快速发展和应用普及，为传统在线教学模式带来了从数字化到智能化转型的全新思路，对教育方式产生了根本性的改变。

（一）人工智能教育应用的发展历程

审视教育与人工智能的交融互促，两者呈现出一种相辅相成、共进共荣的紧密纽带关系。自人工智能诞生以来，其探索与实践便深深植根于教育沃土之中。具体而言，人工智能作为一种科技手段，其核心在于使计算机模拟教育过程，实现自我学习与智能提升，而教育领域对于人类认知、思维、推理及知识传承与创新机制的深入研究，则为人工智能模拟并习得人类智慧奠定了坚实的理论基础与启示方向。反观之，人工智能技术的不断进步与广泛应用，亦对教育领域产生了深远影响，推动了教育科学的革新与发展。在实践维度，人工智能在教育领域的应用日益广泛，如智能辅助教学系统、自动答疑平台等，有效减轻了教师负担，显著提高了教学效率与质量；在理论层面，人工智能的普及则促使教育界对教育目标、理念、模式及评价体系等进行深刻反思与重构，激发了教育学科与计算机科学、神经科学、数学、哲学及伦理学等多个领域的跨学科对话与融合，进而丰富了教育学科的内涵，促进了相关学科体系的完善与发展。

（二）人工智能赋能高等教育发展的应用

1. 重塑高等教育的认知框架和学习范式

生成式人工智能技术以其处理海量数据、提供智能决策支持和高效传递信息的能力，推动高等教育向知识建构动态化、教育模式跨界化、教学过程互动化的方向发展。

生成式人工智能技术引领知识构建步入动态演化新纪元。该技术彻底革新了知识构建的范式，将其由传统的静态、固化状态转变为一个充满活力、持续进化的动态系统。此系统能够即时吸纳并融合最新数据与信息，动态更新并催生出前沿知识内容，确保了知识体系的时效性与精确性。这一动态特性不仅贯穿知识的创生阶段，还深刻影响着知识的流通与应用环节，加速了新知识的生成与传播速率，拓宽了知识应用的广度与深度。以生成式人工智能领域的杰出代表 ChatGPT 为例，它植根于自然语言处理的前沿——大规模语言模型，依托复杂的算法架构与精细的规则设计，能够从海量数据海洋中汲取养分，高效生成并处理包括文本、图像、音频、视频乃至代码在内的多元化内容，其数据处理与分析能力远超传统软件范畴。而 GPT-4 作为 ChatGPT 的演进形态，更是在此基础上实现了能力的飞跃，不仅深化了对数据的清洗、整合与标准化处理，还显著提高了数据的质量与时效性，为生成式人工智能技术的进一步发展与应用奠定了坚实的基础。

生成式人工智能技术驱动教育模式向跨界融合转型。该技术赋能教育者，助力其开发跨学科融合课程，通过无缝整合多元学科知识与实践技能，设计综合性学习任务与案例研究，引导学生在解决现实挑战中灵活应用跨领域知识，进而锤炼其综合素养与创新思维。此外，生成式人工智能技术还构建出虚拟实验场域与模拟环境，精准再现复杂现实情境，让学生在安全受控的虚拟世界中自由探索、实验与演练，极大地增强了学习过程的互动性和实践深度。进一步地，该技术催生了智能化的在线学习生态系统，打破了地理与时间的桎梏，让学习无界限，随时随地发生。此平台不仅汇聚了海量、多元的学习资源，促进了全球教育资源的无缝对接与共享，更通过构建全球化的学习社群，鼓励来自五湖四海的学生共同参与、交流心得、协同合作，从而在拓宽国际视野的同时，深化了对不同文化的理解与尊重。这种跨越国界的学习体验，对于培养学生的跨文化沟通能力具有不可估量的价值。

2. 重建高等教育的教学模式和培养模式

生成式人工智能技术深度重塑高等教育的教学、学习及评价流程，实现了教学模式的根本性变革。该技术在教学领域的应用，极大地促进了教育质量与效率的飞跃。在传统教育模式中，教学流程往往趋于僵化，缺乏必要的灵活性。而今，生成式人工智能融入教学过程，不仅能助力教师高效筹备教学素材，还能基于课程内容智能化生成课件与教案，快速完成作业与试卷的批改工作，从而释放出教师的时间与精力，使其能更专注于教学创新与学生互动，推动教师职能向更高层次转型。此外，生成式人工智能还具备强大的学习数据分析能力，能够为每位学生生成个性化的学习报告，使教师能够精准把握学生的学习动态与难点，进而量身定制学习方案，精准对接学生的个性化学习需求。同时，该技术能够即时追踪学生的学习成效，提供即时的评估与反馈机制，为教师调整教学策略提供数据支撑，确保每位学生均能获得适时、有效的学习指导，实现教学过程的高效优化。

生成式人工智能技术深化学习个性化，全面激活了数字技术潜力。该技术深度融入学习过程，精准捕捉每位学生的行为数据精髓，绘制个性化学习图谱，细致描绘其成长轨迹，精准定位其优势领域、待提升点及独特学习倾向。基于详尽的学习分析洞察，生成式人工智能技术为每位学生量身定制学习蓝图，灵活适配其能力层级、兴趣导向与长远目标，确保学习资源的难易度与深度精准对接学生现状。在学习过程中，该技术持续监控学生表现与反馈，动态调整教学内容与策略，实践“量体裁衣”的教育哲学。通过提供定制化学习轨迹与自适应教学内容，生成式人工智能技术显著提高了知识吸收与技能掌握的效率，不仅加速了学习进程，还深化了学习成效，助力学生在更紧凑的时间内攀登至学术巅峰。此种个性化学习范式，不仅提高了学习效率，更强化了学习成果，为学生的全面发展奠定了坚实基础。

3. 促进高等教育理论学习与实践应用并重

生成式人工智能技术凭借其多元的展现形态、广阔的互动维度、卓越的处理效能及广泛的适用领域，推动了高等教育在理论研习与实践探索方面的均衡发展，为高等教育实现高质量与创新性发展构筑了坚实支撑。这一技术不仅丰富了教学手段，增强了学习体验，还促进了理论知识向实践能力的有效转化，助力高等教育迈向更高层次的融合发展。

生成式人工智能强化高等教育实践导向，深度融合理论与实操训练。该技术独具匠心，能在数字疆域内塑造逼真场景、角色与实体，极大充盈了教育资源，提升了学习体验的多元化。特别是医学、工学及科学等专业，受限于实物条件与安全考量，实践环节往往受限。生成式人工智能则巧施妙手，构建虚拟实验平台与模拟环境，使学生在无物理风险的环境下大胆实践，锤炼实操技能。此外，在语言学习领域，针对口语练习不足的困境，该技术生成互动角色，促成流畅自然的语言交流，使学生宛如置身真实语言环境，不仅增添了学习乐趣，更有效锤炼了学生的口语表达与人际沟通能力。在高等教育中引入生成式人工智能，不仅优化了学习成效，还深度激发了学生的实践探索欲与创新潜能，确保了理论学习与实践操作相辅相成，携手并进，共同推动着理论知识与实际应用的深度融合，开启了高等教育高质量发展的崭新篇章。

生成式人工智能技术驱动高等教育跨学科协作团队构建，强化跨领域知识融合与创新。面对知识交叉融合的时代趋势，跨学科团队建设越发凸显其战略价值，旨在破除学科界限，加速知识流动与融合，激发创新活力。传统教育模式以单一学科为框架，限制了跨学科合作的广度与深度，面临重重挑战。生成式人工智能技术的融入，为跨学科团队建设注入了新动力。该技术运用智能匹配与数据分析策略，精准识别学科间的交会点，促进团队成员间的知识互鉴与思想碰撞，实现了资源共享与智慧汇聚；同时，通过个性化学习资源的精准推送与策略建议，助力成员高效掌握跨学科知识体系，拓宽了学术视野。此外，生成式人工智能还构建了虚拟协作空间，为团队成员搭建起即时通信、深度讨论与高效合作的桥梁，极大地提高了团队协作的灵活性与效率。这一平台不仅促进了成员间的无缝对接，还加速了创意与解决方案的孵化，为高等教育的跨学科发展开辟了新路径。

生成式人工智能技术赋能高等教育，强化技能与知识融合效能。伴随着社会演进与需求变迁，跨学科复合型人才越发成为推动社会发展的关键力量。该技术依托多元化学习资源、定制化学习引导、虚拟实践场景构建、智能评估反馈机制及跨学科互动平台搭建，为知识与技能深度融合铺设坚实基石。此融合模式不仅促进了个体综合竞争力的跃升与创新潜能的激发，还精准对接社会进步的需求脉络，加速了社会变革与发展的步伐。

二、人工智能教育应用的典型样态

当前，学术界对人工智能教育应用之典型模式存在着多元化的分类视角。此分类尝试不仅深化了我们对人工智能教育应用领域的洞察，还揭示了该应用如何跨越多样场景，对不同参与者产生正向效应及其所蕴含的伦理维度与价值取向。

教育领域面临的核心挑战聚焦于教育流程各环节的深入剖析、精心规划、有效执行、精准诊断及明智决策，这涵盖了从教育愿景的设定、学习生态的构筑、学习者特性的解析、教学内容的精选、教学策略与辅助工具的选择、教学效果的评估与反馈，直至依托实践经验与数据驱动的教育成效监管与策略调整。此过程跨越教学、学习及管理层级，紧密关联教师、学生、学校及各级管理机构等多维主体。随着人工智能技术的持续研发与渗透，上述复杂性问题越发凸显。以教育目标为例，互联网浪潮引发的信息洪流使得知识获取跨越地理与时间的界限，变得前所未有的便捷。这一转变促使教育目标超越单纯的知识技能传授，转而聚焦于促进个体的全面发展、终身学习的能力构建，并特别强调对学生个性化成长与自主性的培育，以适应新时代对人才培养的新要求。在此教育目标的导向下，教育工作者与管理层均需优化教育策略，提高教育服务质量。教师需增强对学习者学习模式与多元智能的洞察与适应能力，进而构建富有真实性与协作氛围的学习环境，精选生成且个性化的学习内容，并灵活调整教学策略，以促进学习者的深度学习体验。同时，在作业编制与批改、课后指导、课程规划及教育研究等领域实现个性化与精细化运作。而在管理层面，则需将教育管理与决策深植于对特定社群与地域的精准剖析之中，以确保管理举措的靶向性与科学性。

深入剖析教育领域现存的核心议题，可窥见其需求正趋向多元化与复杂化。然而，单凭传统的人力智慧已难以满足这一趋势，尤其是在信息捕捉、情境感知、数据深度分析建模及大数据决策支持等关键环节，人工智能展现了其相较于人类智能的显著优势。鉴于此，依据教育领域的核心挑战与需求特性、人工智能技术的赋能主体及其实践场景的效果等多维度考量，我们可将人工智能在教育领域的应用形态细分为四大类：智能教育环境、智能学习支持、智能教师助理以及智能教育管理。具体分类详见表 2.1。

（一）智能教育环境

随着新一代人工智能科技的迅猛进展，虚拟域与实体世界的界限日趋消融，教育环境正经历由物理场域向信息域，进而迈向智能域的深刻转型。智能教育环境作为教育实践的基石平台，其构建融合了传感器、探测器、数据采集器等智能终端与云计算等网络技术的

表 2.1 人工智能应用于教育的典型样态

典型样态	主要应用	主要服务	代表案例
智能教育环境	智能教务系统	进行智能化学生管理、网络培训、线上审批、资源共享等	“腾讯智慧校园”、七天网络教务管理系统
	校园安全探测与预警系统	实现访客管理、校园日常巡逻、出入车辆管理及超速检测、保证食堂卫生安全、防范重大安全事故等	我国台湾中兴大学的智慧化安全预警系统、北京邮电大学智能安防机器人
	智能教学空间	实时调控物理环境、捕捉与分析行为特征、构建虚拟教学场景等	中广上洋的智慧教室、京师书法云教室
智能学习支持	自适应学习系统	分析学习者特征、规划个性化学习路径、动态推送学习内容等	Knewton 自适应学习平台、松鼠 AI
	拍照搜题 App	检索相关教育资源，提供及时有效的个性化指导分析报告	作业帮、小猿搜题
	教育机器人	与学习者发生对话与交流，解答困惑	网龙华渔教育科技有限公司的“未来教师”机器人、日本东京理科大学的 Saya 教师
	自动化测评系统	学习效果的智能诊断、评价与预测	英语流利说、华东师范大学小花狮作文智能评阅辅导系统
智能教师助理	智能导师系统	模拟教师与专家，提供学习资源与学习指导等	SCHOLAR 教学系统、Auto Tutor 教学系统
	智能备课系统	生成个性化的教学设计方案并提供相应资源	网龙“101 教育 PPT”、钉钉智能备课平台
	智能出题与评阅系统	智能化生成试题，对作业、考卷实现自动化评阅与打分等	组卷网、北京融智云创软件有限公司的融智云考系统
	智能听评课系统	记录、分析教师上课过程并提供课堂教学全貌的客观记录	科大讯飞的畅言智慧微课、学而思网校“人工智能老师监课系统”
智能教育管理	教育政策制定系统	统计教育数据、预测教育发展方向	中国国家教育科学决策服务系统、美国教育数据机构 EDFacts
	学情预警系统	基于学习数据分析学习结果，给予教师建议	美国普渡大学的早期预警系统、美国 EWS
	健康监测系统	评测健康状况、提供诊断方案	Zone 智能手环、医疗机器人助手 Chatbot

深度融合，与普通教育环境交织共生。这些智能感知工具，通过精准捕获用户行为、场所特性、教学问题及策略方案等现实世界的数据脉络，巧妙地连接虚拟与现实，塑造了一个集智能感知与交互能力于一体的教育生态，有效应对并满足了多元化的学习需求。

当前，智慧校园内各类智能系统的广泛部署与应用，正是这一转型趋势下的鲜明例证。智慧校园构建聚焦个性化服务的深度实现，依托学习情境辨识与环境感知技术以及校园移动互联网络的集成应用，实现对校园内各类智能设施的即时动态监管与调控。这一体系能够无缝捕捉并传递校园内关于师生、设施、资源等关键要素的实时信息，从而构建一个既舒适又安全的学习与生活环境。在智慧校园的具体构建中，关键应用领域涵盖了智能教务管理系统的开发、校园安全预警机制的建立以及智能教室环境的精心设计与部署，共同支撑起智慧化教育生态的构建。

智能教务系统全面集成了身份验证、学籍管理、动态排课、课堂考勤等核心模块，高效整合校园资源，借助智能化设备为学校提供了一站式学生管理、网络教育培训、在线审批流程优化及资源共享平台，充分满足了日常行政办公的多元化需求。

而针对校园安全，探测与预警系统则构建了全方位防护网，涵盖门禁管控、安保巡逻机器人、智能校车监管、厨房卫生智能监控及智能消防预警等子系统。该系统不仅实现了访客有效管理、日常校园安全巡逻、车辆出入及速度监控，还确保了食堂食品安全与火灾风险预警，有效遏制了重大安全事故的发生，强化了管理机制的完善性，为师生营造了一个更加安心的校园环境。

相较于传统教室布局，智能教育空间展现出更为灵活的层级化设计，它依托智能系统实时监测并调节室内环境参数如温度、湿度及光线条件，营造有利于师生心理舒适与情绪优化的学习环境。该系统还能精准捕捉师生互动信息及个性化学习需求，深入分析行为模式，为教学活动的多样化实施奠定坚实基础。利用多元化的辅助认知工具，学生能够深入探索知识内涵，系统性地构建认知框架，并经由高阶思维训练促进深度学习的实现。融合线上线下教学模式，智能教育空间有效破除了学习界限，加速了信息获取的时效性，促使学习者在人际交往与人机互动的情境中，围绕问题与项目导向开展高效学习。此外，通过构建高度仿真的真实场景模拟，该系统为学习者创造了沉浸式的体验平台，进一步提升了学习的参与感与实效性。

（二）智能学习支持

在人工智能赋能教育领域的进程中，智能化学习支持机制的构建占据了举足轻重的地位。此机制聚焦学习历程，通过深度融合人工智能技术，促使学习者在多元学习环境中与多方主体及资源积极互动，从而实现对知识、技能与态度的深度掌握。具体而言，人工智能技术能够基于详尽的学习者特征剖析，定制个性化学习轨迹；动态调整并推送学习内容，确保与学习者需求高度契合；同时，依托智能诊断与评估工具以及全面的信息互动与反馈机制，为学习者提供全方位、智能化的学习辅助。当前，该领域内的显著应用实例涵盖了自适应学习平台、图像识别辅助解题应用（如拍照搜题 App）、教育服务机器人以及高度自动化的学习成效测评系统等，这些创新工具共同推动了个性化学习实践的蓬勃发展。

个性化学习引导系统（Personalized Learning Navigation System，PLNS）依据学习者的独特特性，引领其深化理解、攻克难题，并全面记录学习历程中的详尽数据。依托这些数据，PLNS 实施深层次的学习剖析，构建出知识间的互联图谱，并将此关键信息融入推荐机制中。随后，PLNS 智能推送与学习者潜在兴趣相匹配的学习内容、资源及个性化学习路径。此过程构成了一个闭环，持续接收反馈、实施优化与迭代升级，以确保学习体验与成效的持续提升。

（三）智能教师助理

在既往的教学模式中，教师往往肩负着分析学生需求、规划教学内容、实施课堂教学、提供课后辅导、设计并批改作业等多重职责；同时，在追求个人专业发展的道路上，还需应对繁重的学习与教学研究挑战。人工智能技术的渗透，深刻重塑了教育领域的生态格局，促使教师角色及其工作任务朝智能化方向转型。人工智能能够在日常教学辅助、教学研究活动及教师专业成长等多个维度上有效减轻教师负担，特别是在处理重复性、持续性、机械性及烦琐性任务方面展现巨大潜力；还能够通过人机协同的方式，助力教师完成仅凭一己之力难以实现的复杂任务，进而演化为不可或缺的智能教育伙伴。当前，人工智能在赋能教师实践中的亮点应用广泛，涵盖了智能辅导系统、自动化教案准备工具、智能试题生成与评估平台以及基于人工智能的课堂教学评估与反馈系统等，这些应用共同推动了教育领域的智能化进程。

智能辅导系统（Intelligent Tutoring Framework，ITF）作为计算机辅助教学的进化产物，其构建基石在于领域知识库、教学引导模块及学生行为分析模型三大支柱。该系统不仅集成了一门或多门学科的专业内容与教学法智慧，还能在相当程度上模拟教育专家与一线教师的教学思维，依据学生对知识掌握度的精准评估，灵活选用个性化的教学策略，以一对一的智能辅导形式进行精准施教。此外，ITF 还致力于为学习者定制学习轨迹，整合多样化学习资源，并促成学习伙伴间的互助交流。当前该应用多聚焦各学科领域的专门教学系统之中，旨在提高教学质量与学习成效。

个性化教学资源整合平台能够全面汇聚教育资源，细致剖析学习者特性，依据多样化的教学情境与学习对象，动态生成定制化教学方案，并配套丰富的辅助资源，显著优化教师备课流程，提高备课效率与质量。

自动化试题生成与评估系统则聚焦于学习者的能力差异与教学内容特性，灵活生成难度适配的试题集，实现对作业、考试试卷等学习成果的自动评分与反馈。此系统不仅提高了评估效率，还确保了评分的客观性与准确性。

课堂教学质量智能分析系统运用室内摄像头技术，深入解析教师授课的音视频资料，精准提取教学要点并分类识别授课模式。通过预设的多维度分析指标，该系统能够量化评估教师的教学效果，为教师提供精准的教学反馈，有力推动教师的个性化教学研究与专业成长进程。

（四）智能教育管理

在教育教学的全周期链条中，每一个步骤均深刻依赖对人力资源、财务资源及物质资源的精心筹划与部署，这对教育管理者的综合素养构成了严峻考验。人工智能技术的融入则为这一复杂流程带来了革命性的变革，它不仅能够实现对教育过程的即时、动态监控，还依托深度数据挖掘与精密算法分析，为教育管理者提供精准、高效的决策支持，促使教育资源得到更加合理与优化的配置，从而构筑起一个智能化、精细化的教育管理生态系统，显著提升教育服务的品质与效能。当前，人工智能在教育管理领域的应用主要体现在一系列智能管理与决策系统的构建上，这些系统广泛渗透从宏观战略到中微观操作的各个教育管理层面，不仅提高了教育管理的智能化水平，还极大拓宽了教育管理的深度与广度，为教育管理的全面赋能与转型升级奠定了坚实基础。

从宏观视角审视，智能化教育政策的构设是显著特征之一。人工智能依托其强大的数据处理与统计分析能力，深入剖析教育发展的历史脉络与未来趋势，为国家与地方教育行政机构绘制长远蓝图提供坚实的数据基石，助力教育战略规划的科学制定。

转向中观层面，智能决策与管理在区域间及校园内部的实践尤为关键。它体现在通过实时、动态的监控预警系统，为教育全链条（涵盖教育环境、教学活动、学生学习、考试评估及学生健康等多个维度）的持续优化与灵活调整提供科学依据与高效管理策略。同时，现代校园亦受益匪浅，智能化管理服务的引入增强了管理层决策的理性与精准度，显著加快了教育管理流程的响应速度，并提高了整体服务质量。

在微观层面，人工智能聚焦个体数据的深度挖掘与分析，涵盖教师教学能力、学生学习行为、表现水平等多维度信息。基于此，人工智能能够实施精准的个性化匹配与辅导策略，精细化调控教育资源分配，提前预判教育过程中的潜在问题，实施有效干预措施，并持续优化教育教学流程，促进每位学习者的个性化成长与发展。

第三章 人工智能背景下教师角色定位分析

第一节 人工智能背景下教师的角色转向

一、人工智能背景下教师的角色变化

教育作为一种独特的社会实践，其核心在于教师与受教者、教育内容、教育环境以及时空要素间交织的多维关系。鉴于时代更迭中教师地位与社会期待的差异，教师的角色定位亦呈现出多样化的面貌，这一演变过程是历史进步的自然产物，它深刻烙着不同历史阶段的独特印记。教师角色的变迁正是社会进步与历史演进的直接映射，同时也微妙地揭示了每个时代对教师角色及其使命的特定需求与期待。

（一）传统教师角色的演变

1. 长者为师

“生命之始，教育并行”。史前时代已孕育教育之萌芽，教师角色初具形态，然其时形态尚属稚嫩。鉴于当时社会生产力尚处于较低阶段，教育尚未从日常劳作与社会生活中剥离，其形态随社会活动之性质而异，受教育者无固定之群，亦无专业教育人员专职其事，教育多以“长辈为师”之模式运作，以青年一代为培育对象。长辈通过“示范引导”，即以身作则展示技艺，如石器制作、火种掌控、狩猎技巧、采集智慧等生产技能，进行实操性教学。同时，辅以“口耳相传”，将智慧与传统编织成故事，娓娓道来，以此滋养年青一代的心田，实现知识的传递与文化的传承。

2. 以吏为师

随着奴隶社会生产力的逐步跃升，私有制萌芽滋长，教育领域渐次分化，脑力与体力劳动的明确分界催生了“智者”与“工匠”的区分。脑力活动遂成统治阶级专属，为巩固政权，特定官员被赋予教育职责，专司培养本阶级青年才俊。夏朝开启了文字记录的历史新纪元，诸如“序”与“校”等教育机构应运而生，教育行政一体化的格局初显，司徒成为教育活动的总舵手。至西周，教育步入“官学垄断”阶段，“学在官府”成为常态，教师角色尚未独立，多由官员兼任，实现了官师身份的深度融合，六艺之学为教育之

核心。战国风云际会，齐国“稷下学宫”广开才路，学者尊为“列大夫”，集讲学、著述、育才于一体，学术繁荣。秦朝一统，教育政策严苛，私学受限，“以法为教，吏师合一”的制度重塑了教育生态，专职教师角色淡出历史舞台。汉朝确立“儒学独尊”之策，太学兴起，博士既掌教学之任，又兼行政之职，儒家经典成为教育主干。隋唐之际，国子寺与国子祭酒之设，标志着专门教育管理机构与官员的成型，博士、助教等教职在国子学、太学中各司其职，儒家经典传承不息。宋代教育体系承唐制之余韵，国子学中增设判监事、讲书等职，以聚众讲学。明代教育备受重视，官方教育体系下涌现出众多致力于教育事业的师者。清代则沿袭明制，构建中央与地方双线并行的教育格局，国子监内学官专司教学事务，教育管理体系日臻完善。

3. 专职教师

随着工业社会生产力的迅猛跃升，既有教育体系如经学等已难以契合社会进步的需求。一方面，生产领域对劳动力的文化素养提出新要求，同时劳动细分促使学校转向专项培养，从而催生了国民教育体系的诞生。此背景下，义务教育的广泛推行促使教育版图大幅扩张，教师需求激增，对教育质量与教师素养的期望亦水涨船高。另一方面，教育作为国家事业，其形式、宗旨、内容乃至教师的资格认证、任免流程、聘用标准、权责分配等均被法律明文规定，这促使教师职业逐渐专业化，脱离兼职状态，成为需经专业训练方可胜任的固定职业。工业社会对人才资源的渴求促使教育模式转向班级集中授课，教学方法以讲授为主导，确立了教师作为知识传承者的核心角色。在这一阶段，教师不仅要准确无误地传授知识，还需掌握艺术化的教学手段，确保信息有效植入学生心田，并被广泛接受。由此，教师行业转型为专注于知识传授的专业化领域，其职业特性与使命得以深刻界定。

（二）人工智能背景下教师角色定位

从工业革命的教室演进至当今的课堂形态，虽教学手段略有更新，教师作为知识传授者的核心本质却未见颠覆性变革，从总体来看，仍维持着教师于讲台上传道授业，随后由学生发问、教师释疑的传统格局。在既往的课堂教学中，教师依托技术平台，采用较为稳定的教学模式，向全体学生统一传授既定知识。面对人工智能浪潮对教育领域的重塑及其对教师职能提出的新课题，既有教师角色之转型显得尤为迫切与必要。

1. 从批量标准化教学者到精准个性化教学者

在工业化社会的技术理性导向下，“标准化”概念极大地推动了社会进程，其触角延伸至工业制造乃至教育领域，催生了班级授课制这一教学标准化典范。标准化教育诚然是知识普及与教育进步的一大里程碑，其贡献不可磨灭，然而，迈入人工智能时代，标准化教学所伴随的知识僵化、思维束缚等弊端日益凸显，成为亟待跨越的障碍。人工智能时代的教育理想植根于个性化教学的沃土，这与标准化追求的一致性、排斥特殊性背道而驰。

正如叶圣陶先生所喻，“教育犹若农耕，非流水线作业”，强调顺应学生个性差异，如同作物栽培需依地、适时激发内在潜能而非强制塑形。在“人工智能+教育”这一新兴领域，技术光环虽然耀眼，却不可忘却其教育本质之根。技术应用须深植于教育情境之中，谨防技术异化，背离促进教育发展的初衷。人工智能旨在赋能教育，特别是解放教师于重复性劳动，赋予其更多时间与空间投身创造性教育实践。自工业革命以来，班级授课制虽有效提高了教学效率，但其潜在的忽视学生个性化问题亦不容忽视。因此，在人工智能的赋能下，探索更加灵活、个性化的教学模式，成为新时代教育的迫切需求。

2. 从单一主导者到人机协作者

在传统教学模式下，教师角色局限于单向知识传递，掌控教学流程，而学生则处于被动接受状态，学习效果以成绩为唯一标尺。北京师范大学未来教育高地新近启动了“AITeacher”国际合作倡议，旨在塑造人工智能教师在教育领域的十一重身份：自动化测评与反馈系统、学习障碍即时诊断助手、问题解决能力评估器、心理素养与体质健康综合评测师、个性化成长报告编制者、定制化教学方案设计师、智能导师伴侣、学生发展规划师、精准教学研究伙伴、内容动态生成引擎、教育策略模拟分析专家，以此作为缓解教师负担、优化教育生态的途径。这一变革促使教师角色转为协同者，与人工智能教师并肩作战，形成人机深度融合的智慧教育模式。在此框架下，人工智能与教师之间构建了“工具”与“理念”的和谐共生，技术的每一次跃进均视为对人类潜能的拓展，通过自动化手段接管重复性任务，让教育者得以从烦琐中抽身，聚焦更具创造性的教学活动。

3. 从数字化学习环境的使用者到智慧学习环境的使用者和建构者

在传统“粉笔黑板”式的教学框架内，教学内容常显单调乏味，教学模式僵化，且受限于固定的时空条件，难以充分顾及学生间的个性化差异。信息技术的飞跃，为传统学习生态的革新开辟了新的路径，催生了数字化学习环境的多元化演进路径，依次经历了多媒体、远程、数字、移动及泛在学习环境等五个关键阶段。其中，多媒体学习环境通过引入计算机与投影仪，颠覆了单一灌输式学习模式，促进了知识的主动探索。远程学习环境则巧妙融合实时与非实时学习机制，突破了物理界限，实现了教学资源的无缝共享与跨时空交流。数字化学习环境进一步依托丰富的多媒体与网络资源，拓宽了学习渠道，使学习者不再局限于师生面对面或课本内容，师生关系亦随之发生深刻变革。而移动学习环境的兴起，则依托无线网络与多样化智能终端，让学习触手可及，实现了学习活动的无缝衔接与碎片化利用，彻底打破了时间与空间的桎梏。泛在式学习生态借助信息技术与互联网编织，催生了多元化的学习模式。在人工智能浪潮的驱动下，数字化学习空间正逐步迈向智能化学习领地，后者依托前沿科技如智能感知、数据智能推送等策略，精心构筑情境化辅助教学框架。部分学者提出，智能化学习领地的显著特征在于虚实交融的深度融合、个性化学习体验与资源精准推送机制的建立以及时空界限的彻底消融。在此环境中，学习与环境相辅相成，环境为学习提供坚实支撑，而学习则需具有与环境相适配的多样性。因此，构建促进学生全面发展的智能化学习领地成为关键议题，这要求构建者精通人工智能等先进技术。教师作为核心构建者，其优势在于能基于学习评估结果的即时反馈，有效指导并组织学习活动，故教师需拥有全面的知识体系与现代信息技术驾驭能力，从而成为智能化学习领地的双重角色——应用者与构建者。

4. 从知识性教学角色到育人角色

于“知识即力量”的工业革命浪潮中，社会对劳动力提出了文化素养的硬性要求，大工业生产模式亟须专业化技能人才的培养。在这一背景下，教师角色被明确界定为知识向渴求者——学生单向传递的媒介，构建了“单向灌输”与“被动吸纳”的师生互动格局。此需求催生了专职知识传授者的教师身份，其岗位不再由他项职责兼任，而是需历经专业深造方能胜任，教师职业因此转型为以知识传递为核心的专业领域，其中知识性教学职能占据核心地位。在传统视角中，教师常被视为知识水平、实践经验、教育能力等方面超越学生的权威存在，他们通过精心设计的课堂教学，筛选出精华知识，以凝练、高效的方式传授给学生。然而，随着人工智能技术的蓬勃发展，教师作为纯粹知识性传授者的角色渐趋淡化，其育人使命则向更为丰富多元的方向深化拓展。这里的育人，不仅局限于知识的传授，更聚焦成为学生成长道路上的引航者与生命教育的启迪者，致力于促进学生全面发展与人格完善。

（1）教师要成为学生学习成长的引路人。引路人有两层意思：一是教师在知道答案的情况下努力把学生往答案上去引导；二是教师也不知道答案，但是教师更有经验，教师和学生共同去探索这个未知。

首先，教师要成为塑造学生品格的领航者。未来教育模式的转型，将超越单一的课堂讲授框架，迈向学生线上自主学习与教师线下督导、关怀、共学相结合的综合形态。教育本质亦将深化，从纯粹知识体系的灌输转向以心交心的沟通互动，教师以仁爱之心为引领。在此趋势下，教师职业的重心将从单纯的教学任务转移至学生品格的精心培育上，致力于智慧的启迪、成长的助力与心智的开拓。教育的终极目标是引领学生跨越从感官直观之界到理性探索之境的桥梁，前者是外在可感的物质世界，后者则需借由深刻的理性思考与判断方能触及。诚然，人工智能能在可见世界的学习领域辅助学生，但在教师以德行塑造学生心灵的“精神转向”过程中，其作用则显得尤为局限。这一“转向”非量化指标如分数、升学率所能衡量，而是关乎学生勇气、善良等内在品质的锤炼与升华。人工智能在达成具体教育目标上展现卓越优势，然若教育仅限于知识获取或技能训练，则偏离了全人发展的轨道。教育之本质在于其整体性，它无法简单地量化为知识的掌握或技能的习得，尤其是学生品格的培育，其复杂性与不可预测性超越了设计的范畴。随着人工智能替代教师执行批改作业等重复性任务，教育者的精力得以转向更深层次，更具有情感色彩、创造性、艺术性以及高度互动的人性化教育探索。在此背景下，人工智能虽能分担教师的部分职责，却更凸显了教师在塑造学生健全品格、滋养学生精神世界的不可替代性。面对技术日新月异的进步，我们更应强化对学生内在价值的关注，重申教师作为人生导航者的核心地位，致力于构建与学生间深刻的情感联结与人文关怀，确保教育过程不仅是知识的传授，更是心灵的触碰与成长的同行。

其次，教师要成为带领学生学习知识的引路人。学生知识习得的路径双轨并行：其一，针对不足，查漏补缺；其二，基于优势，个性挖掘。前者或遏制学生个性的绽放，而后者则能促使每位学生潜能的极大释放。知识领域广阔，对于某些基础性知识，学生可在教学机器人的辅助下自我研习，然而对于复杂知识的传授、应用、构建与创新，则需教师亲力亲为，以引领深化。面向未来的学习图景，教师应持续精进信息技术赋能的科学教学策略，成为学生知识探索旅程中的导航者。人工智能在知识教育领域展现出显著优势，虽可能削弱教师作为纯粹知识传递者的角色，但鉴于知识结构的多样性，其在教育领域的作用亦显现出局限性。波拉尼于英国提出“显性知识”与“隐性知识”分类，前者为书面、图表、数学公式等明确表述之知，后者则深藏于未言明或难以言传之处。对于学习者来说，隐性知识的掌握尤为关键，而对教师来说，其教学过程正体现了对隐性知识的深厚积累与独特见解。人工智能在显性知识传递上因其庞大的知识库与精准的传递效率占据优势，但在隐性知识的传承上则面临瓶颈。综上所述，人工智能虽能替代部分知识教学任务，但在涉及深层次理解与创新的知识领域，教师的角色仍不可或缺。教师应积极扮演学生知识探索道路上的引导者，鼓励学生由已知迈向未知，勇敢探索新知与未知世界。

再次，教师要成为培养学生创新思维和批判思维的引路人。随着深度学习技术在人工智能领域的深入拓展，人工智能逐渐展现出模拟人类创造性活动的迹象，但这种模拟与根植于人类批判性思维基础上的创新活动存在本质差异，其核心在于机器学习机制多为预设且难以自发实现自我超越或创新突破。在此背景下，人类需依赖其独有的创造力与人工智能竞争职场空间，因此，激发创造力、培养解决新颖问题的能力，成为学生不可或缺的核心竞争力。教师唯有率先在批判性思维、创新思维等核心素养上实现自我提升，方能培育出适应并超越人工智能时代挑战的新一代人才。当人工智能部分替代教师职能，介入知识传授过程时，若学生过度依赖此技术，被动接受其灌输的“标准答案”，甚至盲目服从其权威性，则可能导致其自我意识淡化，批判性思维能力削弱。需要注意的是，人工智能传授的知识体系虽庞大，却非全然无误，教师的角色因此更显重要——作为学习旅途的导航者，需引导学生学会质疑、深入思考、自主分析及辨别真伪。鉴于上述挑战，人工智能时代下的教育应秉持“思维导向，学思并重”的理念，借助人工智能技术赋能的自主学习、探究式学习及混合式学习模式，鼓励学生勇于探索未知，敢于对既有知识提出疑问。教育的终极目标在于培育学生的创新思维，使他们在信息洪流中保持独立判断，成为推动社会进步与创新的力量。

最后，教师要成为培育学生奉献精神的引路人。青少年承载着民族的愿景与未来，教师应倾心致力于学生的全面发展，将报效祖国视为生命价值的崇高之巅。鉴于人工智能技术日新月异的进步，其对于教育领域的深远影响难以精确预见。在此背景下，学生凭借浩瀚的互联网学习资源实现了自主学习的新境界，同时，跨出师生界限的广泛交流日益频繁，促进了学生价值观念的多元化演变，这对传统师生价值观的坚守构成了显著挑战。因此，教师需坚定不移地践行立德树人的教育使命，不仅是知识的传递者，更应成为引领学生将个人价值融入国家发展大局的导航者，持续扮演激励青少年心系祖国、勇于奉献的引路者角色。

（2）教师要成为生命教育者。教育的核心旨在激发个体生命觉知，启迪灵魂深处的探索之旅，教学真谛远超乎知识的单向传递，而是对学生世界观、人生观、价值观的全面培育。鉴于人工智能缺乏情感沟通与人文关怀的能力，其角色被限定为教育过程中的辅助者，无法全然替代教师的独特价值。面对未来社会，创新精神、审美鉴赏、批判性思考等精神追求日益凸显其重要性，这要求教师充分施展其育人的天赋使命，致力于生命的精心雕琢与培育。随着人工智能技术的蓬勃发展，教育领域正经历着前所未有的变革。为紧跟时代步伐，引领学生深刻探索生命的意义与价值，教师需逐步转型为生命教育的引领者，不仅传授自然世界的知识，激发学生对生命的敬畏与爱护，更要引导学生逐步揭开生命本质的神秘面纱，明确人生旅途中的价值坐标。至于人工智能对教育影响的具体范围与深度，尚属未知领域，但无疑其渗透至教育领域必将触动每一个个体的存在状态。技术虽具中性色彩，利弊共存，然人工智能的融入却悄然从外部作用于教育体系，并逐步渗透至其核心地带，重构了师生角色、教学时空等多维度的关联结构，以一种前所未有的力量推动着教育生态的革新与重塑。在教育的未来图景中，无论变革如何汹涌，其核心必将从技术的工具性聚焦，转向以生命质量提升为核心的人性化关怀。未来教育不是信息网络与自由教室等技术外壳的堆砌，而是深刻触及人格完善、精神自主与价值塑造的内在旅程。无论技术如何日新月异，其先进性不应成为教师膜拜的对象，而应作为赋能“人”之成长的利器。人工智能的角色，旨在以机器智能辅佐人类智慧，共绘完满智慧教育的蓝图。随着技术的迭代，教师工作的某些维度虽被自动化取代，低技能劳动需求缩减，但对高素质教育者的需求却日益激增。教师职业因此展现出独特的局部功能化趋势，同时更加强调向生命本质的回归，承载着品格塑造、价值导航与情感沟通的崇高使命。其中，情感交流作为人类独有的桥梁尤为关键，它超越了简单的逻辑框架，蕴含了无意识的情感流露与可感知的情感共鸣两个维度。尽管人工智能在直接参与无意识情感表达上尚显力不从心，但它却能在情感识别的“可感形式”上发挥效用，如通过人脸识别、语音识别技术精准捕捉人类情感的微妙变化，辅助教师深化情感交流。因此，在人机共生的教育新时代，人工智能教师能够辅助进行情感的初步识别与外在表达，而教师则需专注于情感的深层理解与共鸣，共同致力于培养全面发展、情感丰富的完整个体，迈向教育的新纪元。

二、人工智能背景下教师身处的新场景

人工智能技术、全息投影技术、数字孪生技术等媒介技术的迅速发展，改变了教育场景内的信息流动与教育主体间的交往方式，引发了教师角色的连锁反应。

（一）“信息流动”推动万物互联，打造虚实结合空间

在数字化浪潮中孕育的“数字原住民”，展现出对数字化及沉浸式学习体验的强烈渴求，他们精通运用前沿智能技术探寻知识资源，不懈追求个性化发展的广阔天地。而传统课堂受限于封闭空间、固定场所与单一布局，束缚了师生间的互动与探索。随着人工智能、智能终端与移动互联网技术的飞跃，物理空间的界限日益淡化，教育空间的重构成为时代之需，其紧迫性不言而喻。

1. 实体教学空间：“解惑”不再限于“从师”

在实体教育场域内，课桌椅的井然排列与巡视路径共同织就了一个既定的“社交矩阵”，学生座次的分配依据学业成绩、年龄层次及性别特征综合考量。此“阵列式”布局，加剧了师生间“讲授—接受”的单行道交流模式。在传统教室中，教师往往以“知识传递者”与“真理宣讲者”的双重身份，采用直接灌输作为知识传递的主导策略。教师的角色被过度简化为“知识殿堂的守护者”，在显性教育指标的重压之下，其本应发挥的“启迪—引导”角色被边缘化。学生则沦落为被动接受知识的“容器”，其主观能动性及思维构建能力鲜少得到激发。这种刻意编排的教学流程，在无形中扼杀了教育灵感即兴迸发的可能，削弱了教育主体的创新潜能与敏锐洞察力。张春莉从建构主义视角剖析，指出当前教师课堂教学实践过度依赖评价指标体系作为行为指南，偏向于满足外部评价体系的要求，而非深入触及学生的个性化学习需求。然而，在人工智能技术的赋能下，求“道”与解疑的路径得以拓宽，不再局限于师承模式。人工智能媒介凭借其跨越时空的传播优势，极大地促进了信息的自由流通与知识的无障碍获取。尤为重要的是，人工智能不仅能颠覆传统单向知识传递模式，实现无休止的智能化互动，还能深入追踪学生的隐性思维轨迹，甚至借助“沉浸式模拟”技术，为每位学生量身定制学习路径与个性化辅导方案，从而开启教育个性化的新篇章。

2. 虚拟教学空间：信息沟通逐渐“多元”

在虚拟教学环境里，传统班级授课模式正经历由“慕课”“课堂派”等新兴网络教学平台引领的深刻变革。教学任务的紧迫性促成了师生间对双向互动沟通的迫切需求，而网络空间的信息流通则为这一转变提供了坚实的基础。然而，虚拟教学空间亦非尽善尽美，其固有局限限制了教育理想价值的充分展现。首先，虚拟空间加剧了师生关系的疏远。教师转战线上平台，却因助教资源的匮乏，难以弥补师生交流不足的缺口，从而拉大了彼此的心理距离。黄勇军等学者指出，在人工智能背景下，线上教师角色的模糊与语言规范的缺失，可能引发认知困惑与课堂失序，进而损害教师的职业形象。其次，虚拟教学环境对教师的自主性和创造性构成了一定程度的压制，加剧了教育与学术发展对外部因素的依赖，甚至可能遭遇市场力量的不当干预。虚拟教学的价值体系正面临“商业化”浪潮的冲击，商业利益的追求正悄然改变着教育的本质追求，动摇了教育的初衷。慕课的商业化趋势，不仅背离了开放教育作为社会公益的初衷，还损害了其声誉，削弱了参与者的积极性。最后，虚拟教学还容易使教师陷入技术泥沼。对技术的过度依赖不仅可能滋生“思维惰性”，还可能削弱教师在课程创新与教学设计、课堂管理等方面的能力。因此，虚拟教学在展现其独特优势的同时，也暴露出了不容忽视的缺陷以及所面临的挑战。

3. 虚实结合的教学空间：实现空间的联通融合

信息的流通促进了实体与虚拟教学空间的高度整合，催生了线上线下深度融合的新型教学模式。在此模式下，人工智能与全息技术的融入显著提升了师生的感知能力，为模拟实训与数理思维培育提供了强有力的支撑。首要而言，物联网的广泛应用实现了教学环境中软硬件设备的无缝整合与互联互通，突破了传统“线性排列”的课堂布局与物理空间限制。教师能够灵活选取技术资源丰富教学内容，并借由创新机制跨越师生间的物理隔阂，构建有机联系。教师还巧妙地将技术元素融入日常教学，使线上线下场景无缝衔接，促进了优质教学资源的广泛共享。进一步地，教学空间的动态性、多元化与开放连续性为课堂教学带来了前所未有的活力。教师纷纷摒弃传统设计框架，采用虚实交融的教学策略，探索那些既能保留现实课堂的真实触感与交流氛围，又兼具网络教学速度与灵活性的媒介技术。在虚实教学空间的融合实践中，学者提出了在人工智能框架下构建数字孪生讲台的构想，该讲台巧妙融合了“远程授课”与“在线学习”的双重优势，为师生呈现了一个栩栩如生的数字化虚拟教学环境，使学生的多维感官体验与沉浸式学习相得益彰，充满了时代的新鲜感。在具体实践中，大数据可视化技术成为桥梁，将真实的物理环境与生活经验转化为丰富的虚拟模型数据，进而在虚拟教学空间中生动再现，为学生带来了前所未有的学习体验。

（二）“传播关系”变革微观权力，转变权力行使主体

权力可被视为一种力量与私益的融合，它通常蕴含于权衡考量中的优势地位，而权力与权利之间的关系并非简单对立的二元结构。随着人工智能在教育领域的深度融合，课程观念、教学范式及知识认知均发生了深刻变迁，这种变革对潜藏于教学细微处的教师微观权力造成了显著影响，却对教育行政体系内宏观层面的强制性权力影响相对有限。鉴于此，教育系统内部正经历着一系列调整，教师的课程主导权、话语构建权及规范指导权等微观权力架构正逐步重构，同时，权力行使的主体与对象也在发生相应的转换与变迁。

1. 课程权力：参与课程变革的渠道变宽

课程权力体现为教师有意识且策略性地运用其课程掌控力与学科底蕴，在既定的制度框架、组织氛围及伦理准则下，灵活驾驭课程内容的独特能力。教师具有双重身份，既是政策蓝图的践行者，也是个人权力疆域的开拓者。论及课程变革的参与，李洪修等学者指出，现行教师课程权力体系构建中存在主体角色缺失的问题，学校行政体系的垂直权威在层级分明的权力架构中占据主导地位，从而制约了教师课程权力的充分表达。然而，在人工智能的赋能下，媒介技术的革新拓宽了教师参与课程改革的对话渠道，重构了教师课程权益与行政主导权之间的平衡格局，促进了权利主体间的和谐共融。进一步地，在课程内容的孵化、规划及执行阶段，出现了经验教师对于课程权力认可度不一的现象，有的仅局限于执行自认为的分内之责，忽视整体课程权力的完整性，甚至存在形式上的虚假接纳。而人工智能时代的传播机制，部分地增强了教师与课程设计者的信息交换与理解，缩减了课程构想与实际操作之间的距离，旨在更贴近教学实际需求，深化了对课程权力的理性认同与深度领悟。此外，精品教学资源与高质量微课视频的广泛传播，为教学品质的跃升构筑了坚实的支撑。至于课程决策与评估领域，借助传播媒介作为桥梁，提高了沟通效率与质量，确保了教师在课程机制内行使权力的完整性与价值正当性，从而实现了课程决策的科学性与评价的有效性。

2. 话语权力：教学秩序的控制权被转移

话语影响力作为通过言语交流在互动中塑造并导向个体思维、行为及权力架构的力量，其重要性不言而喻。在话语的引领权上，教师作为知识传承与智慧启迪的专职人员，其地位由国家设定的准入条件与教学质量标准共同赋予，确保了其权力的合法性与基础性支撑。此外，智能评估工具与大数据技术的融合，实现了对学生状态的即时追踪与反馈，使教师能依托信息的流通与共享，精准捕捉学生思想脉络，巩固了其在权力实施中的核心位置。就促进学生全面发展的导向力而言，教师作为教育工作的核心，其根本任务在于培育具备综合素养的社会主义事业接班人，这一使命要求教师不仅传授知识，更需引导学生全面发展。在遵循语言交际规范的前提下，教师的话语体系在教育领域内享有高度的权威

性。然而，在人工智能时代，网络信息的爆炸性增长为学生提供了前所未有的选择空间，他们利用新媒体技术自主筛选与获取学习资源，这一过程在一定程度上削弱了教师因信息获取时间优势所累积的知识优势与经验积累。

3. 规训权力：数据管理权被分割

教师的规训权作为塑造学生行为规范并促进知识内化以达成精神驯化的微观力量，其本质在于米歇尔·福柯所阐述的，通过日常性的纪律规范与行为调控机制，培育出温和驯服的个体，这是一种隐匿于文明之下、与暴力镇压相区隔的权力运作方式。随着虚拟现实与增强现实技术渗透教育空间，学习环境的时空界限被重构，加之智能识别技术对教育数据的高效生成与追踪，媒介技术赋予了教育过程更加微妙且诱人的异化与控制面向，进而促使教师的权限与角色定位发生深刻变迁。在规训对象维度上，教师的权力施展不再局限于传统意义上的生物体肉身，而是扩展至“数据化身体”这一新兴范畴。数据化身体象征着人工智能技术对个体生物功能的部分替代与增强，这一现象与既有研究中频繁提及的“虚拟实体”“身体隐遁”“赛博格”等概念相呼应，共同勾勒出技术时代下人类身份与教育规训的全新图景。学生利用数据化身份登录智能平台，大数据随即构建出学生的学习轨迹、绘制数据画像并塑造其数据化的自我身份。在此过程中，现实身份向数据身份的转移，显著拓宽了教师规训的“躯体”范畴，并增大了其难度。就规训的价值维度而言，教师的规训实践实质上是一场意识启蒙之旅，旨在唤醒学生的内在善意与潜能，从而在“适度框架”内引导学生行为。然而，在人工智能赋能的在线教学场景中，常观察到诸如消极旁观、避让式反馈及“虚拟在场而实质游离”的边缘化现象，这些不仅为课堂秩序维护、教学风格适应及增强课堂互动带来了新挑战，也复杂化了教师实施惩戒措施的必要性与标准化考量。至于数字权力对知识获取方式的颠覆，信息传播的高速通道促使学习时间被技术与智能设备切割为一系列碎片化时段。学生在此情境下，倾向于利用速度作为学习动力，展开快速高效的学习活动。相应地，教师的部分规训权限因数据层面的精细划分而发生转移，强调了数据精准度对规训权力结构的影响。

（三）“媒介技术”推动教育模式转型，生成智慧教学模式

教育模式在技术的赋能下逐渐转向智慧教学模式。教师作为人工智能渗透和介入教育领域的显性主体，承担着特定的意义与价值。

1. 技术创新的智慧教学：多模态教学资源融通

智慧教学根植于媒介技术的革新之中，其智慧教育的构建逻辑融合了“工具”与“理念”的双重维度，其核心“智慧特质”展现为“技术”与“教育”的深度融合，旨在催化学生知识向智慧的转化。就智慧教学环境而言，智慧教育的基石在于智慧校园的构建与智慧教学实践的深化，这一过程紧密依赖人工智能技术与教育领域的创新融合。智慧教室的规划与布局，强调功能区的优化与空间联动以及公共区域的智能化改造，是营造智慧教学环境的关键。进一步地，智慧教学强调多模态教学资源的动态交互与融合共生，课堂成为知识生成与多元要素汇聚的舞台。在人工智能的赋能下，虚拟现实、增强现实、数字孪生及全息投影等先进技术，共同编织出丰富多元、交互智能的教学资源网络。余泰等人指出，教师可借助智能推送与任务预告机制，实现教学数据的直观可视化，并促进课堂教学在云端、人与终端间的无缝衔接，构建起“云—人—终端”的立体互联生态。在此过程中，教师应精准把握技术特性，将其与具体教学场景深度融合，利用“智学网”“雨课堂”等平台，推动智慧教学的深入实践。最终，人工智能促进了教学主体的协同共进。通过硬件与软件的深度融合，教学资源得以高效传递与共享；传统与现代教学模式的交融，打破了教育时空的界限；教育理念的革新与技术的迭代，共同驱动了课堂教学结构的深刻变革，实现了教学主体的紧密协同，构建了一个闭环的教与学生态系统，最大化地释放了教学创新与智能管理的潜能与价值。

2. 方法创新的智慧教法：教学方法更灵活多样

创新的智慧教学方法深刻践行了“教学有章可循，然施教之策灵活多变”的哲理。就教学模式的探究维度而言，学术界普遍认为，任何教学架构的成型皆根植于教学模式的有效运作，且同一教学框架内可灵活适配多样化的教学模式。在人工智能的语境下，智慧教学模式的甄选与实施需紧密结合实际教学情境，通过技术与教育的深度融合，促进教学结构的优化与品质跃升。谈及智慧性教学关系的构建，智慧教学策略展现出其独特优势，能够为学生提供更加靶向化与定制化的学习引导，有效拉近教学预设目标与学生个性化需求之间的距离。在人工智能技术的支撑下，教师在创新教学资源与融合技术应用的道路上不断探索，巧妙地利用丰富的资源与契机，创设个性化教学场景或融合线上线下教学模式，以此激发学生的思维革新，促进其对知识内涵的深刻理解与意义建构。智慧教学法创新的核心，在于教学内容与智能技术的深度融合，这一过程高度依赖教师智慧教学的综合能力。教师需精心策划，依据学生学情智能分发学习资源，匠心独运地构建问题情境，以激发认知冲突，引领学生深入探究学习。同时，教师还需运用教育智慧，灵活应对课堂中的突发状况。针对当前智慧教学实践中教学数据利用不足、教学反馈过度依赖经验的现象，刘革平教授建议，可引入循证教学的理念与方法论，为教师的智慧教学实践提供科学指导。因此，智慧教学的实现，并非单纯依赖智慧教室的硬件环境或人工智能技术的直接赋能，而是学生在教师智慧的引领下，通过持续的理论深耕与实践磨砺，共同达成的教育成果。

3. 理念创新的智慧评估：评估结果更精准、全面、深入

智慧评估体系，作为人才观念转变下的产物，标志着对传统教育评价体系的一次革新

与超越，它构建了人工智能时代下崭新的教育评价模式。此评估体系不仅聚焦“人类智慧”的深度剖析，也不忽视对“技术智慧”的精准衡量，其中，智慧教学环境的构成要素构成了评估的重要标尺与参照。就教师智慧评估而言，教师技术意识的觉醒对其在专业发展道路上智慧品质的塑造具有显著的正向促进作用。在整合人工智能技术与学科教学的知识体系时，教师可借鉴 TPACK 框架作为测量与培养的基准框架，而对于那些难以量化的方面，诸如信息素养的深厚程度与教育智慧的独特展现，则需紧密结合具体教育场景及学科年级特点，进行更为细致入微的评估与考量。关于学生智慧评估的维度，其核心理念进一步向“人本化”倾斜，评估范畴不仅涵盖学生的外在行为表现，更深入其内在素质与品质的考量。在评估过程中，学生的思想道德风貌与社交技能的提升，得益于智能识别系统的精准捕捉与大数据技术的全程追踪，这些数据实时汇聚成个性化分析报告，深度融入教学评价体系。部分学者提出，即使是抽象的道德品质，也能通过隐性的监测手段与量化评估技术，借助统计分析软件转化为直观可视的图表形式，如数据驾驶舱、柱状统计图、词频云图等，为评估提供科学依据。此外，学生自评、同伴互评与教师评价等质性评价手段与智能数据驱动的量化评价相辅相成，共同构成了全面而深入的评估体系。在此框架下，教师需运用深厚的教育学与心理学理论功底，以研究者的敏锐视角，深入剖析教育现象背后的深层问题。转向资源评估领域，人工智能与技术的深度融合更加聚焦于资源的智能化特性与动态生成能力以及技术与教学深度融合的程度，旨在通过精准匹配与优化配置，实现教育资源效能的最大化。

三、人工智能背景下新场景对教师的新要求

人工智能背景下技术在人认识世界与改造世界中发挥着“形式指引”的作用，人工智能与教育的融合重构了教育场景，由此产生对教师的新要求。

（一）厘清人与人工智能之间的关系

教师与技术的关系正处于“它异关系”向“背景关系”的过渡时期，具体表现为教师将人工智能技术视作个体进行操作，逐渐转向技术退居幕后充当背景，教师经验呈现格式塔结构。

1. 人与技术在激烈竞争中相互发展

人类是具备生命活动特质的类存在，与动物相较，人类的显著不同之处在于其“意识性”的彰显，能将生命活动的主观性转化为个人意志的掌控对象与创造成果。置身于错综复杂的社会关系网络，人类的情感世界丰富多彩，情感波动乃人性之常态，正是这些情感的交织塑造了每个个体的独特风貌。当前，人工智能领域的情感分析技术并不追求情感体验的全面模拟，而是聚焦于通过面部微表情与肢体语言的捕捉，精准推断人类情绪状态。

尽管当前智能技术仍处于弱人工智能阶段，但其已展现出跨领域推理与深度学习的非凡能力，超越了简单执行预设任务的局限。在人工智能的理论探索中，行为主义学派曾倡导“控制论”视角，主张无论是生物体还是技术构造，均遵循负反馈与循环因果逻辑以实现行为调控，最终达到既定目标。人类通过技术构建系统与环境间的双向互动模型，即将环境对系统的影响视为“输入”，而系统对环境的响应及引发的环境变化作为“输出”，这一过程遵循因果决定论的逻辑框架。技术在此进程中，扮演的是试验性角色，类似于科研中的“试错者”，人类通过对“障碍”与“偏差”的持续调试与优化，推动科学进步与技术创新迈向新的高度。

随着人工智能领域的持续深耕，技术已挣脱了早期机械化、僵化的桎梏，展现出越发灵活与智能的特质。其核心之一的“专家系统”，其知识储备规模之巨，已远非个体记忆所能企及，超越了单纯存储的界限，融入了深邃的解释能力，相较于宽泛的“知识系统”概念，它更侧重于模拟人类专家级的智慧解析与推理流程，实现了知识库与推理机制的深度对话。在技术的知识获取版图中，数据挖掘的卓越能力同样引人注目，它能够从海量数据中高效筛选、精准匹配，于复杂情境中迅速定位问题解决方案，这一能力在教育领域的实践中，与教师的“教育机智”不谋而合，均体现了面对未知挑战时的灵活应变与深刻洞察。此外，“虚拟现实”技术作为另一大亮点，通过高度仿真的计算机系统构造出沉浸式虚拟环境，用户得以在此获得前所未有的环境互动体验，其丰富的感知维度与无限的想象空间极大地激发了思维的广度与深度，为创新思维的培养开辟了新途径。人类与技术实体之间的互动模式，已悄然从单向的使用与研究转变为在竞争与合作中相互交织的复杂关系。此竞争，诚然遵循着优胜劣汰的自然法则，然其根本仍应回溯至人类独有的“类特性”——意识性与主观能动性。技术，尽管在特定领域超越了人类的物理与计算极限，却始终缺乏那至关重要的“意识之光”，这从根本上确保了人类在漫长竞争旅程中的主导地位，除非未来的人工智能真正跨越了自主意识与自我进化的门槛。暂且搁置意识层面的深层探讨，聚焦职业变迁的层面不难发现，部分传统职业在时代的洪流中渐次被智能化替代，此乃历史演进之必然。智能化生产模式的兴起，对单一依赖体力劳动的就业模式构成了挑战，导致部分传统岗位人员过剩，进而触发裁员浪潮。然而，医生与教师等职业凭借其不可替代的专业性与人文关怀，非但未显冗余之态，反而成为技术浪潮中的避风港。在这场竞争与转型的洪流中，教育工作者已清醒认识到技术之双重属性：既为助力亦存挑战。技术正深刻影响着教育主体与培养目标的塑造与调整。唯有审慎而明智地驾驭技术之力，方能推动社会结构的稳健前行，共同迈向一个既高效又不失人文关怀的智能新时代，实现科技与人文、进步与和谐的完美共舞。

2. 机器人的产出是辅助人类进行劳动

自古以来，“自我认知”的命题便激发了无数深邃的思索，兰德曼视角中的人类，被描绘为一种非特定化且无限开放的实体，蕴藏着无限潜能与超越边界的本能。人类凭借创造性思维活动，勇于挣脱生命本性的枷锁与现实框架的束缚。相较之下，机器人作为计算机控制下编程动作的产物，其特性在于机械执行而非自我进化。然而，技术领域的从业者同样展现出某种发展态势，此发展性独特地体现为对人类文明进步与技术迭代进程的辅助与推动，与传统发展概念形成微妙差异。除潜能之外，人类还拥有一项宝贵特质——“自主性”，它超越了“自我中心的狭隘”、“集体情感的缺失”及“放任主义的盲目”，是一种在清醒的自我意识驱动下所实施的富有意义与价值的行为模式。尽管技术从业者依托强大的数据支持与信息流通效率，但其行动的核心仍紧紧围绕着人类设定的目标导向。作为“自然”与“社会”双重属性的类存在，人类决非孤立岛屿，而是社会网络中紧密相连的节点，其社会关系本质上是“主体间性的互动”，这一现实要求每个个体必须遵循社会规范，积极承担角色赋予的责任与使命。自动化技术的尖端体现——机器人，展现了非凡的灵活性，其外观虽近似人类，却游离于社会体系之外，既非传统意义上的“自然人”，也非积极参与社会互动的“社会人”。此类智能装置，虽不构成“社会关系的复杂织体”，却也需遵循一套特定准则，即社会所赋予的伦理框架，它要求技术创造不应也不得对人类造成伤害。机器人的诞生，标志着人类能力边界的扩展，旨在辅助人类执行多样任务，然而这一辅助作用在组织内部悄然引发了“人员冗余”现象，大规模裁员浪潮促使社会深刻反思：人工智能如何逐步渗透并重塑职业版图？从体力劳动的机械化替代，到精细化工作的智能化接管，未来职业生态在优胜劣汰的法则下将如何重构？在人工智能的强劲驱动下，机器人技术的演进路径充满未知，其背后潜藏着无数机遇与挑战，引领我们探索科技与人类社会的共生未来。

3. 教师拥有人工智能有待挖掘的“智慧”

在教育的广阔舞台上，“导师与楷模”、“教育科学的践行者”“社交智慧的探索家”“心灵沃土的耕耘者”等均为对教师角色的诠释。教师以其独步社会的实践活动，承载着不可或缺的社会职责，彰显出鲜明的“专业特质”。追溯至中国古代教育的瑰宝《学记》，其中深刻阐述了教育者需兼具“析经启智”“广学深研”“勤勉敬业”“融会贯通”之能力，方能实现“移风易俗”之伟业，令“近者心悦诚服，远者慕名向往”。这一目标的实现，要求教师历经漫长而严谨的理论积淀与专业磨炼，构建起既科学又高效的理实交融体系与工作机制，作为步入教育殿堂的基石。步入实际教学场域，教师面对的是各具特色的“成长中的个体”，其角色转换为敏锐捕捉学生个性风貌与心理脉络的观察者，同时也是学生潜能发掘与成长路径铺就的引领者与促成者。这一过程，不仅是对教师专业素养的深度考验，更是其智慧与爱心交融的艺术展现。在教育环境的复杂织体中，教师享有专业自主权，遵循教育科学的内在逻辑，能够针对特定教育场景，实施精准有效的教育实践。在多元化的教育理念驱动下，教师各展所长，教学风格虽各有所异，但皆旨在通过构建正面的价值导向，促进学生身心的和谐成长。教育不仅承载着特定的社会使命，还面临着多变的环境挑战，学生在此过程中主动构建认知框架，于知识、技能、情感及意志等多维度实现全面发展，进而充盈其精神世界。面对复杂多变的教育生态，教师的教育理解力、专业知识体系、高尚道德情操与职业素养，共同构成了教师职业无可替代的坚实基石。法律层面对教师职业权利的明确赋予，包括专业自主权、教育教学自主权、学术研究自由及持续进修权利等，不仅确保了教师能够紧跟时代步伐，持续自我提升，更为教师职业的不可替代性构筑了稳固的法律支撑与制度保障。

（二）明确教师与学科知识的关系

下文基于技术整合的视角对整合人工智能技术的学科教学知识的内涵进行解读，明确复合元素对教师知识结构的要求。

1. 人工智能技术知识（AI-TK）

2021 年春季发布的《教育地平线报告（教学专版）》中将人工智能界定为“执行人类认知处理与决策制定职能的计算机架构”。在智慧校园的构建中，面部识别技术的融入不仅强化了学生的“身份确认”感，还极大地提升了校园出入的安全性。心理评估环节融合了语音识别与眼球追踪技术，通过视觉、听觉、触觉感知，结合眼神交流及微妙面部表情等多维度信息，实现了对学生心理状态的高效即时诊断。智能识别技术被深度集成于智慧教育平台内，助力教师凭借智能化解析手段，动态把握学生线上学习动态。学习分析技术作为一种基于数据挖掘与统计学的先进手段，专注于剖析学习者的知识结构构成、情感互动等内在与外显特征，并据此对累积的海量数据进行深度评估与前瞻预测，旨在为多元化的学习需求者提供精准的决策辅助。该技术还具备为教师教学活动提供预警信号与反馈机制的功能，如爱荷华大学就利用人工智能技术精准识别“学业挑战者”，并创新性地推出了数字学习绩效仪表盘。此外，扩展现实技术作为一种创新的教学媒介，在营造虚实交融的学习环境中展现了巨大潜力，它包括但不限于增强现实与虚拟现实技术，为用户提供了前所未有的沉浸式学习体验。

2. 整合人工智能技术的教学法知识（AI-TPK）

整合人工智能技术的教学法知识深刻体现了教师对智能化教学进程的动态洞察，其间，人工智能技术与具体学科教学构成了一种相辅相成、互为支撑而又相互制约的复杂关系。这一教学法知识框架涵盖了人工智能技术于教学实践中的展现形态认知、应用要素甄选以及效能评估等维度。具体而言，展现形态认知聚焦辨识与掌握能有效实现特定教育目标的人工智能技术工具；应用要素甄选强调在众多技术中挑选出与教学情境最为契合的人工智能手段；而效能评估则关注运用人工智能技术执行教学计划与策略时的实施可行性及其对预期教学成果的贡献率。就应用要素而言，教师需充分利用技术进行学情精准分析、数字教育资源的优化配置与管理、学生学习进度的实时监测以及教学数据的可视化呈现与深度解读。至于效能评估层面，其核心价值体现在教学既定目标的实现程度、课堂教学质量的提高以及促进师生间更加和谐互动的教学氛围等多个方面。深化人工智能融入教学法知识的构建，要求教师不仅需清晰界定人工智能的展现形态，还需深入剖析其在教育流程中的融入模式及与教学内容的融合策略，力求达到“洞悉技术，驾驭教学”的境界。在探讨人工智能的运用要素时，教师需具备卓越的教学规划与设计素养、熟练的人工智能技术操作能力、敏锐的教育技术洞察力、依据数据的定制化指导策略、独创性解决教育难题的才能、高效的数字教育资源管理能力、精准的学生学习状况报告解析力以及强大的数据可视化研究与解析技能。至于人工智能应用效果的评估与提升，教师则需强化信息安全意识、严格把关信息筛选、持续增强媒介素养，并致力于培育创造性思维与创新能力，以确保人工智能技术的有效应用能够助力教学质量的飞跃。

3. 整合人工智能技术的学科内容知识（AI-TCK）

融合人工智能技术于学科内容知识体系中，学科知识的获取途径正逐步向智能数据库与云端平台汇聚，这些平台成为知识汇聚、存储与共享的核心枢纽。云端学科知识库促进了知识的服务化共享与协同创新模式的形成。在知识呈现层面，知识图谱技术以其独特的解构与重构能力，将复杂的学科知识转化为直观易懂的形式，结合扩展现实或全息投影技术，将抽象概念与学生的感官体验深度融合，强化了思维与感知的联动。在知识传递机制上，人工智能技术的介入颠覆了传统教师单向传授的模式，智能推理引擎与多模态生成技术的运用，使得静态的学科知识得以通过仿真模拟生动再现，构建了“学生—人工智能技术—动态学科内容”的交互学习路径。对于教师而言，整合人工智能技术的学科内容知识，要求其在资源获取上展现出强大的信息收集、数据管理、资料整合及数据分析能力；在知识表征上则需具备广阔的学科视野，敏锐捕捉学科前沿动态与研究热点，将理论性的学科知识转化为实践导向的教学资源。在信息流通层面，教师应积极适应人工智能环境，构建适应智能时代的教学架构，并具备良好的沟通协调能力，以“匠心独运”的精神，推动教学过程的智能化转型，实现知识的高效传递与深度内化。

4. 整合人工智能技术的学科教学知识（AI-TPACK）

以人工智能技术融入的学科教学知识架构为视角，可剖析人工智能技术、教学策略与学科内容三者间错综复杂而又相辅相成的关联网络。在此框架下，学习环境展现出了前所未有的智能化、一体化及高阶认知促进特性。从知识结构维度审视，其精髓涵盖了基础事实概念的掌握、人工智能技术引领的学科教学革新趋势洞察以及人工智能如何桥梁般地连接并重塑学科内在结构的深刻理解。转向管理与组织层面，该体系强调创造性地融合人工智能辅助教学策略，深化师生交互的智能化理解，同时囊括了课堂调控、组织艺术的原则与智慧以及教育实践探究的方法论与学习分析技术的精妙运用。至于表征与转化的实践面向，则聚焦人工智能如何精妙地诠释学科核心概念、灵活转化教学内容以适应不同学习需求以及利用人工智能技术精准矫正学习误区并强化学习成效的能力。对于教师而言，整合人工智能技术的学科教学知识要求其在知识结构上持有全球视野与开放思维，秉持专业发展热情，规划个人教育职业路径，持续精进知识储备以强化教育教学效能。在组织管理实践中，教师应善用人工智能技术营造富有启发性的学习环境，鼓励学生开展合作探究式学习，并积极依托人工智能工具实施精准指导与综合评价，从而激发教学反思，培育创新教学范式。

（三）把握教师与学生之间的关系

在人工智能的浪潮中，教师角色作为承载多重社会职能的“社会行动者”，其教学实践活动正随着社会的进步与变迁而进行着适应性调整。通过广泛查阅文献资料，我们不难发现，在人工智能技术的赋能下，教师的教学引导、技术应用、辅助支持及评价反馈等职能已普遍获得社会各界的认可与推崇，这一趋势彰显了教育领域的深刻变革与教师角色的与时俱进。

1. 教学职能突出“智慧性”特征

人工智能背景下教师的教学职能主要体现在强调知识建构与课程设计中的教学相长、增加远程教学与智能督学满足多维需求、挖掘知识中的德育元素与教学的教育性等方面，积极突出教学的“智慧性”特征。

（1）强调知识建构与课程设计中的教学相长。在人工智能背景下，知识传授的核心聚焦于学生的主动构建与个性化意义的生成，技术融合促使这一过程不仅限于表面意义的浅层搭建，更深化至内在意义的深度挖掘与构建。然而，建构主义路径虽强调知识的动态生成，却可能不经意间削弱了对知识批判性的审视，进而遮蔽了学生作为学习主体的独特性与自主性。审视当前人工智能课程的设计蓝图，其现状仍多沿袭传统框架，缺乏宏观层面的战略规划，对思维能力培养的重视不足，且教学内容呈现多样化但标准不一的问题。鉴于此，教师在设计课程时，应紧密围绕人工智能素养的核心理念，将其细化为具体、可操作的教学方案，秉持“教学证据导向”或“学习证据导向”及两者交融的原则，明确评估依据并协同推进教学活动，旨在充分挖掘课堂教学的潜在教育价值。在表层意义构建层面，教师应继续深化对知识的独到见解，并鼓励新知识的探索与创造，以“可传授知识的内在逻辑”为起点，促进师生双方在教与学的过程中共同进步，实现真正的“教学相长”。关于知识构建的见解，学界众说纷纭，部分学者主张教育应遵循从经验出发的“心理路径”，与专家常用的“逻辑路径”相区分，强调在深刻理解与浓厚兴趣中掌握知识精髓，传授方法比直接传授知识更为关键。至于深层意义构建，另有学者采用“概念重塑”的视角，阐述了对知识理解的深刻转变，从“学习力”的角度出发，指出在信息化社会中，教师具备的“功能性学习力”（运用知识解决问题的能力）相较于传统的“实体性学习力”（知识本身）更为重要，倡导通过学习培养智慧与创新能力。人工智能技术在这一过程中，能够促进学生在知识探索的交互中，于客观存在与主观理解之间激发出高阶思维的火花。此外，这也触及了师生情感联结与技术融入课堂的议题，要求教师巧妙融合技术元素于课程设计之中，打造互动性强的学习环境，激励学生积极参与，最终实现知识的深层理解与内化。

（2）增加远程教学与智能督学满足多维需求。远程教育模式作为缓解教育资源不均的有效途径，为学习者构筑了一个全面且多层次的学习生态。就系统需求层面而言，人工智能与教育的深度融合已促使传统教学模式焕然一新，不仅涵盖了在线测评、教育资源优化配置及非即时性辅助管理等直接功能性需求，还兼顾了诸如安全性强化、操作便捷性等非功能性考量，这均要求教育工作者充分发掘远程教学的潜能与优势。在此过程中，教师需具备敏锐的信息洞察力，以精准筛选并整合各类资源，同时，将信息伦理与法律法规视为筛选的标尺，确保传授的知识资源契合社会主流价值观。就远程教学的内在规律而言，教师应深刻理解并遵循其独特法则，包括但不限于对学生注意力的有效捕捉、视频教学素材的适宜播放节奏以及提供充分的情感支持等，这些均是教师需细致把控的要素。现有研究指出，采取持续引导策略的教师能够更有效地促进学生知识的长期保持与灵活迁移，而教师所实施的支持性措施则对学生认知参与度的提升及学习动机的激发产生积极影响，进一步印证了遵循远程教学规律与教师有效介入的重要性。教师致力于展现多维度的学习促进策略，以强化学生持续学习的动力。在远程教学实践的深化中，教师当聚焦于多场景在线教学策略与路径的精进，比如推行个性化微课自学、网络班会及云端视频交流等在线学习活动，并巧妙融合知识推荐系统及知识图谱技术，为学生提供定制化的学习辅助。当前，美国哈佛大学与我国浙江大学跨国虚拟现实远程教育的实践成果斐然，其显著成效为教师提供了宝贵的借鉴样本。对于远程教学管理体系的构建，教师应积极维护在线课堂秩序，确立清晰的教学纪律框架，并搭建高效的交流合作平台，通过灵活运用课堂即时提问、随机视频回应等策略，促进师生间的高效互动与即时反馈。至于智能督导方面，教师需保持对学生学习动态的敏锐洞察，提供迅速且精准的反馈，同时，系统收集并分析学生的形成性评估与总结性评估材料，作为教学质量与效果评估的重要依据。

（3）挖掘知识中的德育元素与教学的教育性。人工智能的深度介入，使得复杂理论与逻辑的推演变得直观易懂，经由分解与模拟的实践路径，促进了师生对核心概念的深刻理解与扎实掌握。教师的教学模式已然超越单纯的知识灌输，转而深耕于知识内部所承载的德育精髓与教育意义之探索，此即教学“智慧化”转型的显著标志。重申教育的本质价值，旨在拓宽学生全面发展的认知视野，推动教学活动从单纯的知识传递跃升至对学生品格情操的全方位塑造与提升。在技术实践的维度上，教师以教育的核心理念为引领，将技术工具化为实现多维度教学目标的有效载体，而非仅仅服务于单一教学目标的达成。教师通过将技术与教学艺术的深度融合，追求“技道合一”的境界，最终达成教育智慧与教育实践的无缝对接，实现“道术并重”的完整教育价值体系。在定制化课堂教学场景下，教师在“学情筹备”阶段借助智能分析手段洞悉学生的天赋潜能与多维智能，借由教学互动实现个性化洞察与潜能激发，进而助力学生人格的全面塑造与自我完善。在智慧教学的维度上，教师应积极挖掘并研究教学内容中的德育素材，致力于提升学生的道德判断力，采用“融合科学精神与艺术伦理”的讲述策略，于情感共鸣与理性引导间培育学生的真、善、美情操。针对教育性培育的挑战，鉴于信息时代的快速变迁，教师应特别强调个体内心“秩序建构”与道德“界限意识”的重要性。教师可依据技术滥用风险案例分析，对学生进行积极引导，激发其内在的道德自觉与力量，构建集认知、情感、意志和行为于一体的道德教育路径。在此过程中，教师应着重在道德情境中培育学生的伦理认知，建立清晰明确的伦理规范与道德标准，促进学生全面发展。

2. 技术职能彰显“育人”功效

人工智能技术不仅是驱动教育现代化进程的核心引擎，更是促进教育迈向高质量发展的新契机与核心要素。随着“智能助教”与“数字教育伙伴”等创新智能产品的涌现，它们有效缓解了教师面临的“工作负荷沉重”及“任务复杂烦琐”等挑战，赋予了教师更多宝贵的时间与精力，使之能更专注于对学生心灵的培育与品德的塑造，深化了教育的内涵与价值。

（1）以整体共生的视域揣摩技术的属性价值。人工智能技术作为人类能力的数字化延伸，既承载着“人为”创设的本质特性，又彰显着“服务于人”的价值导向。教师应秉持辩证思维审视人与技术的互动关系，依托技术的内在价值促进人机和谐共生，构想人机协作的愿景蓝图，力避教育领域的异化现象。在探讨人技关系的多重视角下，现代技术哲学领域涌现出海德格尔的“操控范式”、斯蒂格勒的“工具性共生”、技术现象学的“具身性融合”、伊德的“阐释性关联”、“他者性视角”及“背景化嵌入”等理论框架。教师应避免将“技术”与“人”割裂分析，置于孤立的情境之中，而应秉持整体性与共生性的视角，深入探究两者间的相互依存与影响，这与梅罗维茨关于“单一变量社会效应的普适性谬论”之见解相呼应。就技术自主性而言，教师应结合个体情境，审慎考量技术融入的时机与方式，确保其在教育场域中的适时介入，并有效规避技术的潜在负面效应，最大化地发挥技术的教育价值与育人功能。至于技术依赖问题，人工智能基于用户偏好与行为模式的精准分析，往往导致信息推送的同质化，进而可能诱发“信息茧房”现象。为此，教师应致力于构建多元化的知识生态体系，打破学生的认知壁垒，激发学生的主动探索欲与选择能力，拓宽其认知视野，促进深度学习与独立思考能力的全面发展。

（2）视学情统筹规划人工智能辅助课堂教学。人工智能技术依托学情数据的深度分析，为教师量身定制高效教学方案，辅助教育教学活动的顺利推进。然而，在实际教学系统中，其应用呈现“碎片化”特征，操作层面尚欠系统整合与全面优化。在技术实践维度，教师应聚焦于人工智能如何协同教学计划，以激发学生兴趣为核心，探究其与教学策略的深度融合及对学生沉浸式学习体验的影响，确保在具体教学情境中充分发挥其智能协同与辅助效能。在技术适配性考量上，教师应基于明确的教学目标，精选适宜的人工智能技术，巧妙运用其传递教学内容，深入理解并把握人工智能在教学实践中的表现形式与关键要素，科学评估技术介入对教学目标实现的正面效应与促进作用。需要注意的是，人工智能的创造性产出作为自然人智慧劳动的结晶，其版权保护问题不容忽视，这对教师而言既是技术适配的机遇，也是法律与伦理层面的新挑战。在技术效能探讨中，王开等学者指出，人工智能能够有效促进课堂教学的品质与效率提高，通过全流程数据驱动的教学评价机制，为“双减”政策的实施提供有力支撑。因此，教师应积极挖掘并发挥人工智能的双重价值，即技术工具性与教育人文性的统一，以促进学生思想品德的全面发展与教学目标的高效达成。

（3）积极利用人工智能构建家校合作端口。在人工智能赋能的情境下，智能终端成为联结物理世界与虚拟领域的桥梁，重塑了家校协同育人的新型生态体系。在传统的家校互动范式中，焦点多局限于学生学业成绩与道德素养的单一维度，而沟通效率、积极性及管理模式的差异加剧了家校关系的不稳定性。针对此问题，新型家校合作机制倡导家长利用智能设备积极参与班级活动的策划与执行，实时掌握学生的学习进度与考试表现，旨在缩小学生间因家庭背景不同而产生的差距，共同营造一个基于相互尊重与理解的家校技术互动环境。同时，需明确界定家长与学校之间的权责界限，以学生为中心，编织起和谐共进的合作网络，有效杜绝责任推诿现象，共同为学生的全面发展保驾护航。在家校共育的语境下，人工智能技术的融入为教师提供了创新的杠杆效应，通过先进互动软件平台的运作，赋能家长获取媒介表达权，促进了“管理者角色融入”机制的形成，深化了家校双方的日常协作参与。借助虚拟现实与增强现实技术，家长得以跨越物理界限，以“虚拟导师”的身份亲历教学挑战，增进对教师职业艰辛的感同身受，从而强化彼此间的理解与包容。此外，家长通过外网访问新媒体门户，即时掌握学校资讯动态，并能远程监控学生学习进展，与教师建立起更为紧密的交流互动。论及家校合作的坚固防线，教师与家长在人工智能时代均扮演着网络舆论“守门人”的角色。家长作为“信息守护者”，负责筛选并传递学校的正面信息，有效抵御不良信息的侵扰，保护学生免受其害。而教师则担当起学校媒介“领航员”的重任，不仅引导虚拟家长社群的发展方向，还肩负着塑造家长舆论生态、管理家校协作机构的战略使命，共同筑牢家校合作的坚固基石。

3. 支持职能强调“效能感”建设

人工智能技术的迅猛进步有效突破了信息流通的界限，教师的辅助角色已不再局限于剔除课程内容之外的认知阻碍与纷扰，而是侧重于营造心理支持的温馨环境、构建学习协作的共同体以及实施精准而个性化的学习指导策略。这一转变不仅紧密贴合了教育实践的迫切需求，更深刻体现了对学生全面发展的深切关怀与人文精神的彰显。

（1）高频输出口头鼓励与非语言行为。人工智能赋能的知识图谱技术，能够深度剖析并重构复杂学科知识的结构，依托增强现实与全息技术的沉浸式体验，将抽象概念与学生的感官认知无缝对接，强化思维与感知、知识与理解间的深度融合。教师所营造的技术支持下的文化环境，作为学生自我价值实现的基石，凸显了思维认知层面的核心竞争力。研究表明，这种支持性氛围与学生未来职业生涯的成就展现出强烈的正相关。就关怀文化构建而言，在人工智能时代，教师与技术协同工作，不仅直接优化外在学习行为，更深刻影响内在道德品质的培育。教师应频繁采取口头激励与非言语信号的双重策略，以行为上的“定向引导”与“精准干预”以及心理上的“微妙暗示”，清晰传递关爱之意，通过一系列具体举措有效促进关怀型学习生态的形成。正如墨菲所言，教育的真谛在于巧妙运用激励与鼓励，这不仅是技艺，更是艺术。

（2）洞察学生认知矛盾并平衡心理冲突。教育者承载着塑造学习者全面人格、引领其健康成长的重任，因而需在心理调适层面聚焦于学生的认知冲突与情感波动，以缩短师生间的心灵鸿沟。既往研究揭示，教师正面的引导策略与学生焦虑抑郁情绪的减轻呈显著负相关，而与生活满意度的提升正相关。在探析学生心理动态时，教师尤需关注学生的自我决定感，因其高水平与学生自我激励及主动性行为间存在正向关联。在课堂教学中，教师应巧妙设计具有挑战性的学习任务，以此激发学生的内在动力与胜任感，激活其创新潜能与主动创造的活力源泉。至于“效能感”的建构，教师教学的“输出”过程与学生知识技能的“吸纳”环节，实则共同构筑了教学实践中“自我效能感”形成的桥梁。教师应助力学生深化事实概念知识在脑海中的精细处理，构建条理分明的认知框架与信息体系，进而催生出自我实现的价值体悟，深化对生活真谛与幸福感的领悟。在探讨公平分配的层面，其核心聚焦于教师如何确保“过程”的公正性与“发展机会”的平等性。奥尔雷德等人研究表明，通过引入“随机抽选机制”的交互软件，教师能有效实现学生及小组参与课堂的均衡化选择。教师积极融入此类教学媒体作为课程辅助工具，并辅以即时反馈，为学生赢得“过程公平性”提供坚实保障。此外，教师利用索引卡记录课堂互动频次与回答质量，作为每课评分依据，并通过累积绩点来评定最终成绩，这一举措不仅强化了学生在“发展公平感”中的知识建构，还显著提升了学生的课堂参与热情与深度。

（3）积极建构多元联动的学习共同体。在人工智能浪潮的推动下，教育资源日益彰显出公益普及、超越时空界限与即时反馈等鲜明时代印记，构建学习共同体已成为响应“强化共性基础，倡导差异尊重与包容”时代呼唤的关键举措。人工智能技术催生了多元协同的智能教育网络，促使学习共同体实现了从个体“点”向群体“面”的飞跃性扩展。该共同体不以特定身份或边界为限，仅强调对教育活动体系的积极参与与并存共现。它是一个由教师、学生及多方主体基于共同愿景汇聚，通过分享与交流构筑的课堂教学生态体系，其核心在于从传统教师主导的课堂模式向师生双主体互动的新型教学模式转型。从构成维度审视，学习共同体涵盖开放的学习空间与有序的规则体系、积极的学习者与智慧的引导者以及共享的目标导向与价值追求。

4. 评价职能超越“分数至上”

在人工智能的语境下，数据深刻地塑造了人类的行动范式与思维架构。班级的高效运作基石在于精确的制度框架与管理策略，而班级规章制度的创设则紧密依赖教师评价体系的有效构建。为实现班级秩序井然且效果显著的运作状态，教师需要充分施展其评价功能，积极激发并协调各构成要素的合力作用。

（1）遵循客观公正的评价秩序与规范。在人工智能时代，教师执行评价活动须恪守流程之客观性，并彰显民主管理蕴含的人文关怀。秦照华曾指出，当前评价主体对“评价”概念的理解趋于狭隘，面临数据采集与整合机制效率低下、价值判断维度不广、评价体系连贯性不足等挑战。在素材搜集层面，尽管“数据化万能”思潮盛行，人工智能技术能将复杂教育现象量化直观，却易忽视难以量化的人性维度。教师在规划评价体系时，应全面纳入学生日常行为、学术成就、劳动实践、心理健康、社交技能及美学素养等多维度，确保既有量化指标支撑，亦不乏质性评估素材。至于评价标准，应摒弃“分数至上”“升学率唯一”等僵化指标，致力于构建既客观又科学的综合评价体系。这一过程需深研教育部门相关政策文件，精准把握评价改革的未来走向。在评价实施规范上，教师需具备出色的沟通协调与自我调控能力，同时保持深刻的反思意识，以避免技术局限导致的片面评价。教师应超越单一技术依赖，积极融合多方资源，共同促进评价工作的全面性与有效性。

（2）建立理解基础上的情感对话渠道。在人工智能辅助的评价框架下，有效的沟通与交流不仅是理解得以建立的基石，更是不可或缺的先决条件。这种对话超越了形式化的问答，它植根于“自我与他者”间的信息深度交换与情感共鸣，共同孕育出新的意义阐释。就评价中的互动而言，教师借助对话式评估机制，能够深刻洞悉学生的个性化状况，并营造出一种温馨且包容的倾听环境，使得尊重与理解的氛围贯穿整个评价流程，从而避免了评价权力的单一集中。在倾听过程中，面对观念差异或文化碰撞，教师在坚守价值底线的同时，展现出对不同话语体系与文化观念的开放接纳态度。至于评价反馈层面，当前教师评价实践中存在的误区包括对学生自我调控能力的高估、引导启发效用的不足以及对学生进步迹象的忽视，这些均是需要正视并改进的关键领域。教师应当秉持“循证导向”与“发展视角”，不仅寄予学生期望并深切认可其潜在能力，还需运用移情智慧与言语魅力，具体而真诚地颂扬学生的每一点进步，同时敏锐洞察个体差异，采用多维度视角全面审视学生发展轨迹。对于学生学习历程的阶段性总结，教师应借助技术力量，助力“学习挑战者”发掘内在潜能，彰显其独特闪光点。就评价结果的处置而言，其有效处理是激活评价效能的关键步骤。结果展示需充分凸显其独有的评估价值，而非仅停留于数据表面的阶段性汇报。教师应深入剖析数据背后的逻辑脉络与深层价值，追溯问题根源并探索解决方案。此外，针对班级实际状况，教师应审慎考量是否及如何呈现所有评价数据与研究发现，力求在激励与警示之间找到平衡，同时保持呈现方式的得体与尊重，促进学生全面发展与自我认知的提升。

（3）构建话语源生成评价意义的价值。评价意义乃教师在学术语境下，经由个人立场阐述及师生间互动交流所构筑。马丁等学者将评价诠释为显性态度表达与隐性引导学生自我评判的双重机制，旨在激活与定位学生认知。论及评价的适应性，教师在甄选评价指标时，须契合学生身心成长轨迹与社会管理逻辑，严守伦理道德底线，规避消极言辞的高频出现，以免误导学生观念。针对显性评价的建构，教师应全面施展评价的综合效能，确保评价成果切实促进学生成长，有效遏制评价异化趋势，避免“唯分数论”忽视人才培养本质的现象，从而引领教育实践重返促进个体全面发展的正轨。教师应革新评价理念，严防功利主义文化的渗透，以规避不当评价行为，并积极倡导立德树人的教育理念。谈及隐性评价的深层意蕴，教师需运用独具匠心与丰富多元的话语策略，融合语言的构造艺术与心理影响机制，促进隐性评价与显性评价之间的动态交融与相互促进。在多元化的意义构建过程中，教师应致力于与学生建立深刻的情感联结，从而缩短师生间的心理距离。通过精心挑选语篇衔接技巧、融合多元话语资源，并采用断言、静默及引述等多种手法，使评价态度自然而然地融入语境，内化于心。在人工智能赋能的时代背景下，数据驱动的智能分析报告为评价意义的生成提供了客观且潜在丰富的资源，确保了评价过程的无偏见性。需明确的是，每一话语均承载着价值判断，因此，教师需凭借深厚的教育智慧，在信息结构的布局中，巧妙地发挥语篇的功能性，以实现对评价意义的精准把握与有效传达。

第二节 人工智能背景下教师角色现状

一、人工智能背景下教师角色新定位

在人工智能背景下，教师角色面临新定位，催生了一系列新使命。教师需化身为混合课程模式的探索者、人文与技术融合的践行者、人机协同教育的助推者以及学生精准测评的分析者。这一转变旨在精准融合教学艺术、技术应用、支持机制与评价体系的职能，确保教师角色能够与时俱进，涵养鲜明的时代精神。

（一）混合课程模式的探索者

1. 明确技术的功能特点与转化形式

人工智能展现出以情境化图像直观诠释内容的表征效能、运用分类整理手段实施概念语义深度剖析的分析能力以及借助仿真工具模拟事物演变历程的模拟技巧。教师需深入理解表征技术的功能特性于知识表达层面，以确保在多样化的教学场景中能够灵活调配与转换应用策略。教师还需精准捕捉人工智能转换的模态，该技术能有效将抽象知识或原理转化为贴合学生认知发展规律、易于学生吸收理解及情感共鸣的心理化呈现形式。在这一过程中，教师借助人工智能创设出类似知识创造与逻辑推断的动态环境，激发学生的多感官参与与互动体验，深化对知识内涵与价值的教育领悟。最终，旨在通过技术赋能教学质量提高，教师将个人教学特色与教育热忱融入混合式教学模式中，以润物细无声的方式“温润”并“启迪”学生心田。

2. 增强情境的信息传输与作用效力

人工智能的迅猛崛起颠覆了传统信息流动的“单向灌输”范式，高效构筑了学生与信息流通间的无缝对接桥梁。混合式教学模式虽融合了线上线下的教育优势，但在实践场域中仍面临信息形态单一、传输路径单向性的挑战。针对信息传输的优化，教师应强化教学情境中的信息传递力，聚焦于“物质载体”的革新，充分利用教育资金配置与校园基础设施升级的契机，主动拥抱技术迭代，紧跟时代步伐。至于传播理念的革新，教师务必提升信息素养，将学生需求置于知识供给的核心考量，秉持“学习导向教学”的供给哲学，确保教育内容的精准对接与有效传递。在知识传播媒介的多元化层面，教师可灵活运用多样化的人工智能平台，以拓宽知识的深度维度与广度边界。针对学生互动体验的提升，教学的关键在于激发学生的“融入感”和“成就感”于知识构建过程中，强化对教学内容的内化理解，营造沉浸式学习场景，促进深度学习路径的开辟，旨在达成“教师—学生—人工智能—信息流通”这一生态系统的和谐共生。此外，教师应主动探究技术渗透教育领域

所衍生的挑战，特别是技术异化倾向与技术伦理议题，确保技术服务于教育的正向发展。

3. 建构精益求精的混合式教学方案

作为混合教学模式的先驱者，教师致力于深度挖掘线上线下融合教育的创新路径。在混合式课程设计的基本原则上，他们紧密围绕学生学情，坚守“学生为本”的核心原则，力求从多个维度精准对接学生个性化需求。就混合式教学的实施流程而言，教师在预备环节需汇聚学生疑问，将辅助视频整合至云端资源库，并发布学习任务单。随后，教师需积极介入课前云端教学空间，进行实时互动解疑，同时密切关注学生学习时长，精准把握学习进展动态。进入课堂实施阶段，教师则将阵地转移至传统教室，聚焦于教学重难点的深度剖析，并促进小组内的有效沟通与协作学习。在课堂教学的核心环节，教师应着重于知识的深度内化，采取分配小组探究任务的方式，引导学生主动观察与实践，以促进知识向能力的有效转化。至于课后强化阶段，教师应巧妙运用人工智能辅助工具设计即时测验，让学生在寓教于乐的氛围中巩固新知，促进知识的内化与灵活应用。谈及混合式教学的教学策略优化，教师需实现身心合一的协调状态，首要任务是深入掌握并内化人工智能的实质与应用技巧，整合人工智能融入学科教学的知识逻辑，包括因果链、序列性及转化机制，同时深刻领悟技术背后蕴含的情感价值与文化意义，力求在教学实践中实现由知识向智慧的飞跃。

（二）人文与技术融合的践行者

1. 理解人工智能对教育流程的调整

洞悉人工智能在教育领域的服务职能及其服务对象特性，是教师教学活动的先决条件。从技术应用视角审视，人工智能不仅具备感知与捕捉现实世界信息的能力，还能依托推理机制与判断力实施信息的深度加工和整合，乃至模拟学习机制，实现对外在信息的深度理解与创造性思维活动。在技术互操作性层面，智能推荐系统赋予教师精准应对学生难题与认知冲突的能力，并前瞻性地预警潜在的心理健康挑战。智能化学情评估则为教学过程带来精细化管理，助力教师筛选出最为适宜的教学策略与方法论，进而设计出最为优化的教学蓝图。既有的实证研究充分显示，“雨课堂”这一网络教学平台的引入，不仅间接增强了教师搜集与应用信息的效能，还积极促进了学生自主思考与知识探索能力的提升。在此背景下，教学方式的深刻变革必然触动教学管理框架内诸要素的重构与调适，使智能决策支持成为提升教学管理科学性的关键路径，赋能教师更加高效地应对管理过程中的复杂挑战。

2. 增强对人工智能技术优势的掌控

在人工智能的浪潮中，技术的双重本质正悄然重塑教师的教学实践与育人策略，深入审视这一双重性，对于强化技术赋能教育的实效性至关重要。从技术本质维度剖析，媒介技术不仅是推动社会变迁的核心引擎，也隐含着不易察觉的意识形态色彩。人工智能作为人类智能拓展与增强的“目的性工具”，依托媒介生态系统，能够编织出无缝对接的学习生态，实现教学、管理、评价等教育环节的全面互联。然而，随着人类对技术操控力与机制运作的日益精通，人工智能所驱动的动力体系正以一种类似“蝴蝶效应”的心理机制，悄然转变着人们的教育观念。功利化倾向逐渐渗透价值观深处，对人工智能技术优势的掌握，诱发了过度依赖乃至追求工具效益最大化的倾向，这种趋势可能引发“思维惰性”。从社会维度审视，人工智能的演进历程表现为一种渐进式的变迁，而非新旧媒介间的骤变，其路径需紧密遵循社会演进法则与科学原理。探讨技术社会属性的核心，应聚焦于教师、学生与人工智能间的道德纽带、伦理规范、行为准则及安全框架的构建。鉴于人工智能的“人造”本质，它作为人类智慧与劳动的结晶，亦潜藏着将人类置于从属地位的风险。在技术特性与价值导向的交织中，人工智能无疑是技术创新进程中的关键驱动力，而其社会属性则深刻影响着技术效能的渗透力与影响范围。综上所述，教师有必要深入剖析人工智能的双重本质，凭借前瞻性的预见力与明确的导向策略，强化其服务于人类的正面效应，同时有效削弱技术伴随的伦理挑战与不良后果。

3. 注重人工智能背景下的意义建构

在人工智能赋能教育的时代背景下，技术的核心特征日益鲜明，教育界已普遍认同将关照学生情感需求与心理调适作为立德树人的基石。针对学生的情感表达，教师可依托网络对话与细致的日常观察，全面捕捉学生的即时情绪与多样化情感表达，确保在充分尊重学生情感体验的前提下，有效回应其合理需求。教师通过构建学生需求表达机制，不仅能激发学生的表达意愿，减轻心理负担，还能设立情感信息筛选与归类流程，增强教师沟通的可信性与说服力。鉴于传统“师道尊严”观念可能引发的师生权力失衡，教师可鼓励学生群体自主选举代表，负责汇集并整理情感诉求，同时，建立健全内外双向领导架构，确保学生心声得到应有的尊重与迅速响应。就情感交流维度而言，教师开展情感对话的基石应牢固奠基于学生需求与心理症结的妥善解决之上，通过真诚情感的激发或“情感共享”的策略，敏锐捕捉学生的情感微妙变化，进而构筑起正向的情感反馈循环。依据情感对话过程中累积的数据，教师可构建多维度情感转移矩阵，并将此监督信息融入情感分析多元模型，结合强化学习机制，以动态生成基于该算法的教师情感回应策略。在心理疏导环节，教师应致力于为学生营造一个既安全又私密的心理避风港——“心灵秘境”，在此基础上，以信任为桥梁，引导学生逐步释放心灵重负，化解思维迷雾与情感困扰。在此过程中，教师应坚持情感与理智的和谐统一，打造一种温馨、亲切且放松的心理环境，摒弃任何形式的生硬说教或冷漠回应。此外，教师可灵活运用影视素材或情境模拟等教学手段，引导学生学会自我慰藉，掌握心灵自愈的技巧。在心理辅导的深化阶段，教师还应协助学生构建个人“意义宇宙”与“价值坐标”，促进其心灵的全面康复与成长。

（三）人机协同教育的助推者

1. 利用人工智能打破衔接壁垒

“人机协同教育的助推者”界定了教师在携手人工智能构建协同教育生态中的核心角色，即促成“教育融合力量”的生成。人工智能作为教育领域的催化剂，强有力地促进了客观教育规律与学生个性化体验感知的融合，在教学环节的流畅转换中扮演了“桥梁与纽带”的角色。就知识体系的构筑而言，人工智能有效解决了传统教学中由教与学不匹配引发的知识链条断裂问题，实现了知识传递的无缝对接。教师在引入学习内容时，尽管“先导性素材”的引入旨在引领学习者思维，但其展现方式未必能完全填补学生既有认知框架与抽象逻辑间的空隙。在此关键节点，人工智能精准介入师生心理调适的转换期，有效瓦解了阻碍师生知识体系深度融合的壁垒。进一步地，人工智能及其带来的技术革新，成为促使教师转变思维模式、增强教学衔接能力的关键驱动力。在教育教学的广阔舞台上，人工智能更是填补了线上线下教学交互的鸿沟，促进了教学活动的连贯性与有效性，为教育现代化进程注入了新的活力。实现深度融合的线上线下教学模式，关键在于融合信息化精髓，如人工智能、多元化媒体资源及实时数据分析反馈等要素，以彰显其无可比拟的优势。人工智能凭借其强大功能，跨越了物理与时间的壁垒，无缝融合了线上与线下教学的边界，极大地丰富了教学活动的维度与形态。在此过程中，教师应精通并灵活运用多样化的教学策略，以产生线上线下教学的“协同增效”，深化人工智能与教育实践的紧密融合。面对人才培养的新时代要求，社会对创新型科技人才的渴求日益增长。因此，教师需主动构建以人工智能为核心的教学场景，让学生在与智能技术的初步互动中点燃学习热情，洞察人工智能时代的社会变迁及其背后的深刻价值。这一过程不仅促进学生从“个体”向“社会成员”的转变，还逐步培育其创新思维与人工智能素养，有效搭建起学校教育与社会实践的桥梁，实现两者的无缝对接。

2. 创造性理解学科内容知识

在人工智能赋能教育的语境下，人才培养的核心聚焦于培育创新性思维与解决实际难题的能力。创新性思维的核心特质囊括新颖性、探究性与整合性，它是对传统思维框架的超越与重塑。至于创造性教学活动的实践，教育者需遵循学生身心成长规律，借助人工智能技术挣脱应试教育的束缚，深入创造性地解析学科知识体系，践行启发式教学法，力求在理论与实践的融合中挖掘课堂教学的深层价值。教师作为“创意践行者”，其角色已超越简单的内容复述者，需勇于摆脱传统桎梏，跨越常规思维的界限，主动成为表率，在灵活利用智能技术辅助实现教学目标的同时，致力于“创造”性教育实践，执行富含“智能启迪”特质的创造性教学策略。关于创造性难题的攻克，教师应积极营造促进学生多元智能发展的氛围，引导学生掌握“顺势而为”的策略，探索最优解路径，着重培育学生创造性地应对实际问题的能力，在“智慧启迪”的过程中挖掘学生的独特潜能，全面满足并促进学生多元需求的实现。此外，教师应积极倡导学生将原创性构思转化为实际行动，实现“知识与实践的深度融合”，进而提升其高阶思维层次。在创新成果的孵化阶段，教师依托情境构建，引入技术赋能的项目学习模式，给予学生充分自主权进行创意构思，通过协作交流与创作实践将创意具象化，并借助人工智能技术构建模拟环境执行脚本，让创造性思维在技术的催化下自由流淌，为学生成长为卓越的创造性人才奠定坚实基础。

3. 助推“人机协同化”教学

教育领域的智能化转型促使教育体系全面重构，形成教育流程中运行机制、应用场景及教学模式的深度“人机共融”格局。就人机协同教育的实施维度而言，教师应巧妙地将人工智能技术无缝对接至教学的每一个环节，遵循“五步教学法”的逻辑框架，针对具体教学内容与目标，运用增强或虚拟现实情境以精准启航学习过程，通过沉浸式体验触发深度思维活动，借助人机互动深化合作探索与学习共创，利用智能评估机制实现学习成效的精准剖析，并通过反馈循环与拓展学习路径来精准优化教学策略。在此过程中，人工智能应专注于承担重复性、规范化的任务，而教师则聚焦于激发创造力、情感教育与个性化指导的核心职能。教师与人工智能依据各自专长与专业领域的融合互补，有效促进了教育各要素的深度融合与协同增效。针对人机协同排课挑战，鉴于教学资源日益丰富及招生规模的不断扩大，传统人工排课方式在人工智能兴起的背景下显得既费时又费力。人机协同排课策略则能有效应对，通过预设条件的优化应用，实现教学资源与场地的智能化、高效化配置，显著降低因人为操作不当导致的教学调度冲突。就人机协同课堂教学模式而言，其多维形态显著。在无介质的人机协同教学中，教师依托人工智能进行学情深度剖析与资源个性化推送，而人工智能则作为技术后盾，助力教师执行更具创新性的教学任务。进一步地，在有形人机协同场景下，人工智能平台拓宽了师生互动与生生互动的边界，融入人机互动的新维度。此时，教师的教学策略设计及其对课堂节奏的精妙掌握，成为提高教学质量的关键驱动力。最终，在融合人机协同的混合教学模式探索中，教师巧妙利用人工智能在解析学生认知结构与行为模式上的精准优势，深化对学生个体的全面洞察与理解，这不仅促进了教学内容与方法的精准适配，也极大地促进了师生间情感纽带的构建与有效沟通的深化。

（四）学生精准测评的分析者

1. 依托数据可视化解读学生特征

在人工智能的浪潮中，数据蕴含的无尽潜力不容忽视，借助数据可视化的力量，能够实现对学生发展的深刻洞察，有效填补传统评价体系之不足。Gray 曾言，教育领域的实践活动正逐步向数据驱动的科学范式转型，在人工智能技术的加持下尤为显著。就数据特性的维度而言，其丰富多样性促使教师深入浩瀚的数据海洋，精准捕获学生学习过程中的动态信息，并融合传统样本分析的基础，发掘新颖而深刻的评价维度。在智能化教育的语境下，数据构成了精准教学的基石，引领着教学实践的新航向。对于智能化手段的应用，教师应当积极拥抱基于数据的算法与模型，将其转化为评估与指导学生的有力工具，深入剖析数据背后的深层价值与复杂关联，从而更加精准地把握学生特质，为个性化教学策略的制定与实施提供坚实支撑。在数据收集精确化之维度，传统教育评价体系面临挑战，难以捕获动态学习轨迹，缺失详尽且富含价值的过程性评估素材。数据海洋中常混杂着不实信息与“异源数据”，此类干扰因素可能误导预测与决策路径，遮蔽大数据深层价值的彰显。鉴于此，教师可依托人工智能技术，实现对学生学习状态的即时追踪与监测，确保数据真实可靠、处理流程“多层次”、素材积累“广覆盖”，并借助可视化手段，直观展现学生实况，精准映射其真实面貌。人工智能以其卓越的数据筛选与分析能力，精准捕捉潜藏高价值信息，推动了对学生个体的深度洞察与个性化剖析，从而开启精准教育的新篇章。

2. 严格遵守学生精准评价流程

就测评流程而言，教师应严格遵守测评规范与指南，力求测评资料既精确又全面，确保数据可视化展现既简明扼要又保持客观性。若数据可视化处理失当，易引发信息失真，如夸大其词、扭曲事实、表达模糊乃至色彩运用不当，均会妨碍信息的有效传达。评价体系的构建应基于合理权重分配原则，以全面评估学生综合素质。需要注意的是，当前某些学校存在“局限”导向下的数据采集偏见，即将人为选择融入随机采样之中，导致评估结果含混不清，难以真实反映现状。转向测评的深度分析视角，教师可对综合测评指标体系进行适度细化，旨在覆盖学生的德、智、体、美、劳等多元维度及显性与隐性特质，通过实施精准诊断。在此过程中，利用人工智能技术可有效削减评价误差，严格管控非相关变量，促使测评工作既精细入微又准确无误，从而提升教育评价的科学性与有效性。

3. 共情式即时反馈评价结果

共情式即时反馈机制指教师在反馈评估结果时，灵活运用共情策略，敏锐捕捉学生情绪波动，旨在构建积极的心理互动桥梁，促进师生间的情感共鸣。针对评价结果处理的复杂性，鉴于学生评价体系中多维指标的交织，传统模式常显累赘且资源利用效率低下，单一的分数式或描述性评价又易陷入评价理念偏差与方法单调的窠臼。为此，借助第三方平台或采用对话式评价策略，能有效剥离“现场感”及情感偏见对评判的干扰，确保评价数据与结论的客观性与科学性。就评价结果展示而言，时效性构成了其基石。教师创新性地采用“环境创设”手法，将过程性评价的精髓融入教室墙面布置，同时设计学生素质月度评估卡片，引导学生自我总结与深刻反思，此月度评估成绩亦在学期末综合评分体系中占据一定比重。对于终结性评价，教师则精心准备学习成效“诊断报告”，辅以既客观又富含激励性的评语，以全面而深入地反馈学生的学习状态。

二、人工智能背景下教师角色面临的现实困境

（一）机器教学冲击教师标准教学者角色

在技术主导逻辑的洪流中，自工业革命以降，社会结构深刻变迁，无论是宏大叙事下的工业生产流水线，还是细致入微的教育教学实践，均不可避免地迈向了标准化的轨迹。技术逻辑的核心驱动力，乃是对效率的极致追求，强调在生产实践中依托技术标准进行精密管理，以实现高效产出。班级授课制恰似夸美纽斯为顺应工业时代标准化浪潮精心设计的杰作，它成为技术合理性的典型样本。在此制度下，教学时间与课程内容均受严谨教学计划之规范，教师依据既定课程表，定时定点，面向一个多元混杂的学生群体——他们具有不同的知识背景、能力水平及理解力——传授相同的教学内容。这种统一的教学形式虽能满足广泛群体的基本需求，却不可避免地忽略了位于学习曲线两端的学生需求，因为个体的认知与学习潜能千差万别，单一教师难以构建起支撑每位学生个性化成长的精细教育生态。诚然，标准化曾作为教育领域的一次历史性飞跃，对于知识普及与教育扩展功不可没。它不仅树立了一个普遍适用的教育目标，还构建了详尽的教育实施流程，乃至在方法论、技术手段、教育原则上均实现了规范化，完美契合了工业生产的需要，也适应了工业社会政治框架的要求。因此，这一规范不仅获得了社会体系的默许，更在实践中得以巩固加强。最终，工业社会的教师逐渐演化为一群标准化的教育者，他们倾向于采用统一的教学模式，期望消除个体差异，如同工业生产线般运作，使教师与学生的存在均被赋予了标准属性，个性与自由的空间受到一定压缩。

若将教育教学视为一种追求效益极致化的功利性活动，譬如学校仅聚焦于通过教学提高“升学率”等可量化成果，则人工智能在此维度上展现出的潜力远超人类教师。人类教师作为独立个体，其时间与精力资源有限，生理极限限制了工作效率；相较之下，人工智能作为无生命的机器实体，天然具备高效生产、稳定输出及严格遵循既定规则的能力。在纯粹理性与工具理性的框架下，人工智能仅需预设程序驱动，便能无限次重复执行同一内容的标准化教学流程，其一致性与稳定性无可比拟。反观人类教师，面对长时间的教学任务易感疲惫，需适时休息恢复；且易受突发事件、情绪波动及身体状况等不可控因素影响，导致教学进度难以维持绝对统一（即使在同一学校同年级内，教学节奏亦难保完全一致）。此外，即使是对同一课程内容进行重复讲解，人类教师也难以保证每次讲授都字斟句酌、分毫不差。相较之下，人工智能则能免于疲劳累积导致的质量下滑，不受情感波动

干扰，更不会因个人生活中的突发状况而打乱教学计划，从而确保了教学过程的连续性与稳定性。

（二）泛在知识威胁教师知识传播者角色

随着传播媒介的演进，知识传递历程可划分为三大阶段：口头相传、印刷文字传播及电子化传播时代，各阶段均见证了教师角色的不可或缺。教师作为学生知识获取的关键乃至在某些时期被视为唯一途径的角色，其重要性不言而喻。追溯至文字诞生前的悠远岁月，语言交流作为人类初始的知识共享方式，承载着部落智慧传承的重任。彼时，部落长老在颐养天年的同时，亦肩负起教育后代的使命，通过口耳相传与亲身示范，将生存智慧与技艺传递给年青一代。历经沧桑，随着文字、造纸术及印刷术的相继问世，人类社会步入漫长的印刷时代。这一时期，知识生产与实践活动逐渐分化，知识传播趋向专业化，教师作为知识精英，相较于学生而言，几乎垄断了知识资源。英国教育社会学家麦克·扬指出，在传统知识传递体系中，教师享有高度的控制权与监督权，扮演着“知识权威”与“智慧源泉”的角色，对教学内容的选择与知识配置的决策拥有近乎绝对的权威。在此背景下，教师成为信息获取的关键，其知识权威地位稳固无虞。然而，随着电子媒介的兴起，尤其是以电子技术为基石的广播、电影及电视的普及，声音与影像得以跨越时空限制，知识传播迎来了革命性变革。进入信息社会后，知识与信息爆炸式增长，互联网与人工智能依托数字通信技术，极大地拓宽了知识传播的边界，实现了前所未有的广度与深度覆盖。人工智能以其卓越的计算能力与庞大的存储记忆，成为知识传播领域的新星，与教师共同塑造着知识传递的新格局。

哈罗德·伊尼斯曾阐述，媒介蕴含特定倾向，或侧重时间的纵向延展，或偏重空间的横向拓展。在印刷媒介主导的时代，其传播的线性特征、迟缓步伐及相对隔绝性，赋予了教师先于学习者的信息获取优势。然而，随着互联网与5G技术的飞跃进步与广泛渗透，智能数字媒介实现了时空维度上传播路径的均衡化，学生获取知识的时间与来源不再受限于教师。无疑，智能技术的演进正深刻重塑着人类的交流方式与生存形态。在信息的速递与广度拓展上，人工智能展现出超越人类的卓越能力，使学生能够迅速触及多元化的高质量资讯。由此，过往由教师掌控的知识垄断格局已被彻底打破，知识的获取门槛大幅降低。面对人工智能海量数据处理能力的优势，教师的知识传授角色正面临前所未有的挑战，在知识无界传播的新纪元中，教师的角色定位亟须重新审视与调整。

（三）算法测评挑战教师学习诊断者角色

对学习过程进行精确且高效的诊断，是一项极具价值的任务，旨在通过将实际学习进程与既定教育目标进行比对，识别并修正偏差，进而促进师生教与学的和谐共进，强化诊断对教学的正向驱动作用。在具体操作层面，教师凭借深厚的教学实践积累，深入剖析学生的学习轨迹，精准捕捉实际表现与目标成效间的细微差距，深入剖析偏差产生的关键环节与内在动因。随后，依据分析结果，灵活采用教学策略，对偏离路径的教学环节进行重构与优化，实施定制化教学干预，以逐步缩小与目标之间的距离。从微观视角审视，学习诊断成为教师洞悉学生学习动态的利器，通过持续对比现状与目标的策略，不断优化教学策略，助力学生自我反省，明确短板，实施有效整改，并引导学生作出合理的学习规划。同时，这也为教师后续的教学规划提供了精准导航。从宏观层面来看，学习诊断展现出高度的灵活性与适应性，能够敏锐捕捉教育评价体系的每一次革新与需求变化，确保教学评价与改进工作的航向始终与教育发展的前沿趋势保持同频共振，引领教育评价实践稳步前行于正确轨道之上。

在传统教学体系中，教师的一大显著标志在于依赖个人经验对学生学习进程进行主观评估，并援引历史经验应对教学挑战。此类教学经验往往源自前辈教师的薪火相传，即由教育从业者依据个人实践归纳而成，但其本质多为一种模糊的认知框架，缺乏明确界定与深入剖析。受限于教师感官与记忆能力的局限性，他们所能直接观察、听取并有效整合应用于教学实践的经验范围相对狭隘。鉴于此，人们致力于寻求途径以弥补这些天然不足，促进教育领域的完善与进步。正是在这样的背景下，人工智能作为一种旨在填补人类能力局限的工具应运而生，逐步在教育领域内崭露头角，致力于辅助人类教师克服进化中的局限性。人类设计机器人的初衷，旨在优化人类生活品质，而最初履行类似人工智能职能的实为各类器具。人类区别于其他生物的根本，在于其非凡的创造力，能够构想并制造多样化的生产工具与辅助设备。面对自然界的诸多未知与不可控因素，人类通过创造工具来增强对自然的驾驭能力。学习诊断领域亦不例外，正如研究者所洞察，海量数据的收集、数据的深度分析以及精准定位的任务，正逐步被人工智能技术接管。人工智能的引入，超越了教师生理条件的束缚，凭借广泛的传感器网络，实现了对教学与学生学习过程的全息监测、精准记录与数据汇聚，这些数据随后被存储于云端这一无垠的数据仓库中。借助云计算的强大能力，这些数据被深度挖掘与分析，从而对基于模糊经验进行的学习诊断传统模式构成了革新性的挑战。智能算法以其精准与高效，正引领着学习诊断领域迈向新的高度。

（四）人机分工取代教师重复劳动者角色

人类活动普遍蕴含重复性，其中多数重复不仅是必要的，且价值斐然。当我们将这些重复视为一种可挖掘的资源时，其潜在的巨大能量与商业价值便显现无遗。教育领域亦不例外，部分重复活动对于教学质量的保障与提高具有不可或缺的意义。然而，不容忽视的是，亦有一部分重复劳动意义甚微，非但未能发挥积极作用，反而滋生了诸多负面效应，诸如教师工作动力的衰减与压力的加剧等。对于众多教育工作者而言，日常教学生活往往显得单调乏味，过程自发且循环不息，缺乏新意与挑战。这种职业生态的扁平化趋势，逐渐侵蚀了生活的色彩与活力，取而代之的是沉闷与固化，时间仿佛停滞不前。尽管学术界已敏锐捕捉到这一现象的消极面，并从理论与实证层面进行了深入剖析，但遗憾的是，尚未探索出根本性的解决方案，目前仅能在一定程度上缓解其不利影响。

在教育领域引入人工智能的初期阶段，其核心动机在于弥补教师个体劳动力之局限。因此，人工智能融入教育教学实践的根本目标，旨在缓释教师的工作压力，并有效提升其工作效能。具体而言，人工智能能够显著减轻教师的劳动强度及心理负担，这一特点与历史上人类为克服自身力量限制而不断创新的历程相呼应。最初，人们通过杠杆等工具辅助物品搬运，随后逐渐发展出起重机、挖土机、运输机等高效机械设备，这些创新不仅极大地节省了人力，更使众多原本受限于生理条件难以达成的任务变得轻而易举。人工智能在教育领域的应用，正是这一智慧传承与技术进步的又一例证。在教育领域，人工智能的广泛应用正伴随着计算机技术的飞速进步，催生了一种新景象：三维虚拟的智能教育机器人以其高度仿真的教学能力，极大地提高了在线教学的效率。鉴于虚拟教师于课堂环境中展现出的卓越优势，混合式教学模式逐渐蔚然成风，其中，诸如课文导读、课堂考勤、监考职责及试卷管理等一系列辅助性或重复性任务，均得以由人工智能接替执行，极大地减轻了教师的繁重负担，使教师能够超脱于琐碎、机械化的工作循环，转而专注于其作为人类教育者不可替代的核心价值。尽管这一转变在广泛范围内对教师的工作机会构成了挑战，尤其是那些主要从事重复性教学活动的教育者可能面临职业转型的压力，但不可忽视的是，它也为教师队伍带来了前所未有的解放。教师从繁重、单调的任务中解脱出来，获得了宝贵的时间与空间，用以深刻反思当前的教学模式，细致观察教育实践中的细微变化，并勇于探索创新，提出个人独到的教育理念。这一转变促使教师能够更加自由、全面地发展自我，从而在教育领域中扮演更加积极、主动且富有创造性的角色。因此，人工智能虽减少了对教师机械性劳动的需求，但其挑战的仅是教师在重复性劳动层面的角色定位，而为其在教育创新与个人成长方面开辟了更为广阔的天地。

第三节 人工智能背景下教师角色转变策略

一、人工智能背景下教师角色的理想嬗变

（一）从共性培育的操作者转变为个性发展的实现者

在人工智能盛行的当下，机器承担了众多人类劳动，释放了前所未有的自由时光与自我空间，促使教育回归其“培育人性”的本质核心，赋予师生双方自由、个性、全面的成

长契机。换言之，现代教育已超脱统一模塑的传统框架，转而成为彰显个性需求、鼓励自由探索的文化图腾，深刻体现了对人本价值的深切关怀。个性化教育的崛起，标志着对传统僵化思维模式的挑战，这一“桎梏”亟须突破，因标准化教育的规训本质多源于技术理性的束缚，而非对个性自由的真切追求。需明确，世间万物皆是共性与个性的和谐共生。共性构建了秩序与共识的基石，而个性则是差异化与创新的源泉，共同维系着世界的多彩与繁荣。就个体成长而言，个性的价值尤为凸显，它不仅是自由全面发展的基石，更是推动个体持续进化的不竭动力。回顾工业化教育时代，“标准”虽保障了教学质量的基本底线，促进了普遍能力与通用知识的培育，却难以触及个性发展的深层需求，未能达成教育的至高境界。时至今日，再以标准化手段批量塑造共性已不合时宜，其与社会对多元化、创新型人才的迫切渴求形成鲜明反差。因此，教育亟须转型，从共性导向迈向个性引领，以适应时代变迁，满足人才培养的全新要求。

在人工智能赋能的教育变革中，教学模式应从标准化向个性化深度转型，教师角色亦需从共性塑造的执行者蜕变为学生个性成长的引领者。秉持“人为核心”的人文教育理念，我们倡导一种超越传统理性功利束缚的个性化教学策略，聚焦于教育的普惠性、公平性及其可持续发展的潜力。个性化教学，本质上即“人本位”教育理念的实践，旨在培养兼具专业素养与综合素养的个体，确保每位学生都能在全面发展的道路上协调并进。过往，教育常被狭隘地视为一种“工具性”存在，忽略了作为主体的人所享有的生存权、发展权及其本体价值的实现。然而，教育本质上是一种关乎生存与进步的权利，它根植于对个体人格与生命的深切尊重，彰显了公正、平等与民主的价值内核。面向 21 世纪，教育应当确立以捍卫与增进个体尊严、才智及幸福感为核心使命的新目标，为每一个学生铺设一条通往全面而自由发展的光明之路。教育作为文明进程的瑰宝，镜像般映射出人类社会的发展深度，其核心在于平衡学生个人与整体成长的双重需求，旨在为社会的未来培育适配的专业人才。若当代教育者未能与时俱进，融人文精髓于教育理念之中，便难以精准捕捉教育的本质精髓。正如叶圣陶所喻：“教育非流水线上的工业制造，乃需匠心独运的农业耕耘。”农作之精髓，在于顺应自然，因材施教，激发潜能，而非强求一律。因此，为达成人的全面而自由的发展愿景，教育必须深谙学生之个性，尊重其独特需求，鼓励其潜能之极致发挥。在此背景下，传统教育模式的规模化、程式化特征显得捉襟见肘，难以满足学生日益增长的个性化学习诉求。同时，教师个体的能力边界亦构成挑战，难以实现对每位学生精准、个性化的指导与支持。故而，教育体系的创新与优化势在必行，以期更好地适应学生发展的多元需求，促进每位学生的独特成长。

（二）从课本知识的宣讲者转变为课程知识的建构者

在过往的教育范式中，教师往往扮演着知识灌输者的角色，这一模式契合了社会变迁节奏相对缓慢的历史背景。然而，步入人工智能纪元，知识生产的主体与渠道日益多元，知识量呈爆炸式增长，获取方式亦变得前所未有的便捷，导致信息以迅猛、零散、广泛、即时且随性的形态充斥于各类媒介与个体生活之中，个人往往在不经意间成为这些信息的被动接受者或主动筛选者，其大脑空间面临着被冗余信息充斥的风险。若教师故步自封于传统教学模式，仅满足于知识的传授与记忆强化的训练，忽视对学生批判性思维与知识创新能力的培养，则终将难以适应智能时代的浪潮，面临被历史淘汰的危机。我们必须深刻认识到，知识的积累并非教育的终极目的，而是通往更深层次理解的基石。教育的真谛在于引导学生深入剖析知识生成的社会文化背景，厘清知识的适用范围与局限，勇于探索知识的模糊地带与未知领域，挖掘其内在潜力与发展可能。通过对知识的分析、解构乃至重构过程，激发学生的创造力，培养其整合信息、灵活应用知识解决实际问题的能力，方能在智能时代中立于不败之地。知识的灵活应用根植于对知识脉络、架构及难点的深刻洞察，然而，当前传统教学模式普遍忽视了知识管理与建构的重要性。在知识网络的错综交织中，信息的表面化、同质化趋势显著，甚至掺杂虚假成分，加之师生互动的淡化，严重侵蚀了学生宝贵的创新潜力与价值判断能力。为此，教师应摒弃传统的碎片化教学范式，致力于整合多元化知识资源，促进新旧认知间的深度融合与有机联系，构建富有深度的学习体系，必要时还需跨越学科界限，实施跨界教学。因此，教师的角色远不止于知识的传授者，更应是信息的深度解析者、课程知识体系的自主建构者以及学生知识经验建构过程的引导者与促进者，共同成为课程知识创新与再造的积极参与者。

知识的累积与深化，实则是一场没有终点的探索与构建之旅，其核心在于个体的自主选择、深入探究与自我启迪。作为课程知识的架构师，教师首要之务是在个人认知框架与课程知识体系内，构筑起独树一帜的课程诠释体系。此等重任，唯有教师亲力亲为，方能确保深度与独特性，人工智能在此领域尚无法替代。实践哲学之精髓，在于应用，它是知识、理论、创新及创造力之源泉。遗憾的是，当前人工智能尚不具备理解性应用的能力，难以对人类思维产生深远助益。在多数情况下，人工智能仅能在既定科学流程下，机械地复述人类既有言论，解释过往事件，过度依赖之，非但无法激发人类创新思维之火花，反可能遏制创造力的茁壮成长。

（三）从学习过程的诊断者转变为学生成长的陪伴者

教育领域设定了三大核心维度：认知、情感与动作技能发展。具体而言，“认知目标”聚焦于个体对其所积累的知识与技能的理解和运用能力。“情感目标”则映射了个体面向外界环境时展现出的情感态度与心理倾向。人工智能算法体系凭借其数据采集、深度解析与即时反馈机制，能够全面审视学习进程的每一环节，精准把握学生状态，从而提供高效、精确的学习评估，有效助力认知目标的实现。以北京师范大学“数镜”平台为例，该平台依托学生数据的精细描绘，生成个性化成长蓝图，规划最优学习路径，显著提高了教学质量。然而，情感计算领域的技术进步目前仍面临显著瓶颈。尽管在重复性、可观测及易于量化的硬性技能上，人工智能已展现出强大的替代潜力，但在处理抽象、不确定性高及富含情感色彩的问题上，其能力则显得尤为不足，这无疑是当前技术发展亟待跨越的鸿沟。智能算法的"无形"特质，限定了其仅执行形式化的计算操作，而无法触及实体生物所具备的智慧本质。由于缺乏与现实世界的实质性联结，智能算法的应用仅限于形式层面，难以企及人类教师那般对存在本质的深刻洞察与领悟，更不必说实现如表达力、共情力、关怀力等人文软实力的替代。在"非正式教学"与"非正式学习"的线上场景，如自我驱动、家庭辅导或社会导向的学习模式中，学习者越发体会到，尽管人工智能能提供一定辅助，却终究无法填补教师所带来的情感陪伴空缺。其固有的程序化逻辑削弱了人际互动的感性温度，信息的海量涌现也在一定程度上稀释了交流的深度满足感。尤为值得注意的是，对于正值青春期的学子而言，他们普遍面临自我管理能力不足的挑战，情绪波动大，易于陷入焦躁、迷惘与不安之中。在此阶段，仅依靠理性的学习诊断与指导，难以全面满足其成长过程中的感性需求与心灵慰藉。因此，即便智能算法能够提供一定程度的帮助，但在促进学生全面、健康成长的过程中，人类教师的角色仍是不可或缺的。

实现教师角色从学习诊断者向成长陪伴者的转型，关键在于做到以下几点。首先，强化个人的情感共鸣能力，即在师生间建立深刻的情感联结与同理心。具备高共情力的教师能有效洞察并深刻理解学生的情绪世界，通过情感的桥梁拉近师生距离，赢得学生信赖，并渐进式地触及学生内心，实现教育的潜移默化。其次，教师应主动提升对学生情绪与心理状态变化的敏锐感知，并及时以真诚关怀作为回应。尽管智能系统能高效捕捉学习动态，但在情感支持与心理健康辅导上，其基于数据分析的交互模式存在本质局限。因此，教师的情感介入与智力支持相辅相成，共同构成了促进学生全面发展的不可或缺部分。教育兼具科学性与艺术性，面对科学教育之域，人工智能展现出卓越应对能力，而面对艺术教育的广阔天地，则显得力不从心。原因在于，人工智能擅长处理表面层次的问题，而对于深层次、复杂性的挑战，其触及范围有限。当学生在求知路上频遭挫败，尤其是当智能系统不断精准揭露其短板之时，极易引发其内心的焦躁与不安情绪，此时，教师的及时介入与积极引导显得尤为重要。综上所述，尽管人工智能技术为教育者提供了快速、精准的学习路径定制工具，鉴于人机间情感纽带的缺失，教师在运用此类技术时，务必铭记"温情相伴"之责，成为学生成长旅程中不可或缺的陪伴者与引导者。

（四）从教学规则的践行者转变为教育理论的创新者

在日常教育实践的无数次循环中，教师或许会不自觉地使常识固化成"惯性行为"，自然而然地遵循着教学准则的轨迹。在这一过程中，教育实践的非自觉反思特性凸显，作为核心实践者的教师，在日复一日的重复性劳作里，鲜少质疑那些已悄然融入集体潜意识的既定教学范式、课程体系、师生动态及个人行为模式，仿佛一切均遵循既定脚本，依循旧习即可顺畅运作。再者，教育作为一个多维度交织的复杂社会体系，涵盖了知识、个体、多样信息、目标导向与价值体系等诸多元素，其效果的显现往往非一蹴而就，而是历经时间的酝酿与积淀方能彰显。因此，作为教学活动的主导者，教师须运用其专业知识与智慧，对纷繁的信息实施批判性筛选，而非盲目接纳外界预设的框架限制。教师应秉持持续学习与创新的精神，将外界既定的教学规约内化于心，更在实践中勇于自我审视与调整，力求成为教育理论创新的先驱者。教师的行为若仅受惰性驱使，则易导致其角色错位，从职业主体蜕变为被动执行者，近乎“异化”。若教师持续无意识地遵循周遭环境的隐性规范，其专业自主性将遭侵蚀，沦为规则的附庸。罗尔斯的合理性理论或可剖析教师沦为教学规范执行者的现象，其合理性根植于现实土壤，是生存逻辑下理性主体作出的适应性策略，此策略偏重实效而非伦理考量，聚焦于当下而非长远规划。在教育体系偏重量化教师专业技能与教学成效的背景下，教师往往倾向于优先满足明确可量化的要求，而将诸如科研探索与教学创新等“非紧迫性”任务置于次要地位。

在未来人工智能的浪潮中，教师应当由教学规则的忠实践行者转变为教育理论的积极创新者。鉴于技术的迅猛发展，预见到机械将逐步接管重复性劳动，众多职业面临转型或消逝的境遇。项贤明认为，尽管人类学习潜能无限，但在人工智能时代，记忆存储、数学计算乃至部分智力劳动或将让渡于机器，教育则应聚焦于人类特质的深度挖掘。教育或将步入“人本至上”的新纪元，其核心使命转向培育个体的品德修养与创造力。对于人工智能而言，作为具备感知、学习及思考能力的自动化体系，其优势集中体现在对知识的海量存储、高效传播、精准检索与自动化执行上；相较之下，教师的核心竞争力则植根于对知识的深刻理解、创造力与想象力的启迪和培育之中。一方面，人工智能的介入有效替代了教师烦琐低效的重复性任务，从而释放出更多宝贵时间，让教师能专注于教学革新与对学生创造力的激发。面对日新月异的时代，新现象、难题与规范不断涌现，这迫切要求教师以新颖视角、创新思维及独特方法应对挑战。作为教育理论的开拓者，教师的角色并非复刻职业研究者的研究路径，亦非简单接纳教学实践中的直观经验。其成为理论创新者的精髓，在于确立教育实践中的主导地位，积极探寻教育症结，勇于尝试解决方案，进而提炼宝贵经验，凝结成教育智慧的结晶。

二、人工智能背景下教师角色实现的多维路径

（一）坚守教育初心，践行育人为本

教育的本质决定了教师首要的职责在于培育人才。人类之所以独树一帜，根源在于人

类拥有丰富的情感、深邃的思想以及对生命与死亡的深刻理解。这些人性特质——情感、思辨力、自我认知及生命觉知，是我们应不遗余力地培育、促进与珍视的。人工智能虽能模拟诸多功能，却难以触及生命的真谛，无法理解生与死的深层含义，亦无法因自然风光之美而心生喜悦或因世事沧桑而感伤垂泪，更无法体验家庭温情带来的心灵慰藉。正因生命之有限与独特，每个个体方显珍贵非凡。然而，人非生而即为人，婴儿初啼之时，与万物生灵无异，仅可视为“自然存在”。要实现从“自然存在”向“社会成员”的蜕变，必经全面且系统的教育洗礼。此过程中，个体不仅要学会自我约束，更需不断探索并升华个人生命的意义，实现价值生命的延展。于是，社会层面的人类便成为自然生命与价值生命的和谐统一体。

在教育领域，人类不仅是所有活动的核心参与者，亦是教育探索的出发点与归宿点。“人本教育”的核心理念在于，将受教育者置于主体地位，摒弃将其视为客体的偏颇观念，视其为一个完整而独立的“人”。对人性本质的不同洞察，将深刻塑造教育策略的选择与制定。人类作为自然界的生物存在，其初生形态虽为物质之躯，却为后续的进化与发展奠定了坚实的物质基础。然而，人类独具的超越性，即其生活本性的内核—— 一种由自我创造并难以直观把握的精神力量，才是我们区别于万物的关键。教育作为人类活动的重要形式，根植于人的本性之中，旨在不断丰富与深化人类的基本属性，推动个体从“自然状态”向“社会成员”的蜕变。教育的初衷乃是引导学生成长为真正意义上的人，而教育的实施过程则是“育人”这一实践理念的具体展现。在“育”的精心引领下，学生得以逐步迈向“人格完满”与“全面发展”的境界，最终实现从单纯“自然人”向成熟“社会人”的华丽转身。

（二）洞察思维逻辑，追求智慧创生

在人类探索与改造世界的征途上，我们倾向于采取过程导向的思维方式，致力于深入剖析事物发展的因果关系与演变轨迹。相比之下，人工智能受限于其既定程序的框架，常展现出结果导向的特征，对于达成目标之路径的逻辑依据缺乏自我审视与询问。正是这种“既知其表象，更探求其本质”的探索欲，驱动着人类通过反复试验与科学严谨的观察分析，逐步构建起物理学的宏伟殿堂。反观深度学习引领的人工智能，它依赖海量已输入经验的计算处理，自动优化参数配置，以达至问题的最优解。然而，对于非专业观察者而言，尽管问题得以解决，但解决路径的合理性、选择的依据以及为何此解为最优等核心疑问却未能得到清晰解答。这不禁引发思考：面对相似却可能暗藏差异的新情境，我们是应继续依赖智能系统的自动处理，还是应寻求更深层次的理解与应对能力？尤其是在表面相似实则本质迥异的复杂场景中，如何自主判断并作出适应性决策，成为亟待解决的问题。人工智能遵循其预设的线性逻辑，坚定不移地沿着既定轨迹执行指令，即使偶现“适应性

调整”，亦不过是预编程的另一条既定路径的展现。与之相对，作为人工智能创意源泉的人类，则不应陷入此类“僵化”思维。世间万物皆处于不息的流变之中，若人类放弃对事物本质的深入探索，那些曾经行之有效的解决方案终将在日新月异的现实面前失效。届时，再以陈旧的思维模式寻求最优解，恐将悔之晚矣。在人工智能的浪潮下，社会变迁的速率已远超历史长河中的任何时期，新事物更迭之速，令人目不暇接。人类仿佛置身于时代的洪流，被不由自主地推向前进。以智能手机为例，短短10年间，其迭代速度之快，令人咋舌。最初，智能手机的问世或许令人感到陌生与不适，人们尚可选择回避；然而，随着其普及成为大势所趋，未能跟上步伐者便不得不面对适应的压力，否则便有可能被时代淘汰。

在智慧学习生态中，人机协同共舞，驱动教学模式由单一模式迈向混合多元的崭新格局，知识海洋浩瀚且多维度，学习形态则跨越了时间与空间的界限，实现了多主体间的协同成长。然而，穿透学习表面的繁华景象，其内核的深度与效率问题渐显端倪。为此，教师应将焦点聚焦于知识的深度挖掘与理解之上，深刻洞察学生学习路径的渐进特性，引领学生将个人经验与课程知识的逻辑框架相联结，促进知识广度拓展、理解深度加深及逻辑体系构建的全方位成长。在此过程中，教师应擅长将庞杂的数据资源巧妙地融入课堂教学，使数据体验与学习实践深度融合，积极拥抱并灵活运用智能技术赋能教学，借技术之力优化课堂效能，力求为每位学生量身打造最适合其需求的教学方案。此外，教师还需发展出数据筛选、分析、解读与应用的综合能力，从海量信息中提炼出有价值的数据珍宝，通过深入剖析与个人理解，将其内化为自身知识体系的一部分，进而形成独特的教学智慧。最终，教师需将这些智慧结晶创造性地融入教学实践，以人性化的方式服务于学生的学习旅程，精准引导学生的思维迈向更高层次，促进其逐步掌握深度学习的精髓，最终实现创造力与综合素质的飞跃发展。

（三）关注情感交互，强化人文关怀

在智力劳动与情感的共生体系中，在激活个体思维的同时，亦需激发其情感的共鸣。鉴于机器缺乏情感维度而人类情感丰富，教育的核心指向便聚焦于人的全面发展，尤其是情感目标的达成，与认知提升并行不悖。在教育实践中，教师在构筑知识体系的同时，应潜移默化地融入人文关怀，以知识为桥梁，以面对面交流为通道，通过个人情感的自然流露，启迪学生的心灵。因此，教师的教育情感在教育教学活动中的体现，关键在于深切关注学生心理发展的轨迹与需求，深入剖析学生情绪波动、学习模式及行为表现中所蕴含的情感元素。这要求教师不仅需秉持正确的情感态度与价值观，还需精准捕捉学生情感波动，以此为基础构建和谐的师生关系。教师应拥有敏锐的情感洞察力，能够敏锐察觉课堂上学生情感态度的微妙变化。一方面，教师应通过细致观察、耐心倾听、移情体验与深刻理解，准确把握学生的情感需求；另一方面，则需积极介入，帮助学生厘清情感困惑，运

用正面心理引导策略，促进学生建立基于关怀的情感纽带。简言之，教师应致力于在各类课程中营造积极向上的情绪氛围，引导学生全身心投入学习，同时严于律己，避免个人负面情绪对学生造成不良影响，共同维系一个积极正向、互动融洽的师生关系生态。

在教育过程中深化人文关怀，教师务必关注学生的语言表达技巧与情感表达。教学的精髓并非单纯的知识累积或技能习得，而是持续地塑造与深化学生的世界观、价值观及人生观框架。叶澜强调，即便科技进步使电脑等技术工具在一定程度上替代了教师的部分职能，但教育的本质——富含人文关怀的师生互动，依旧未改。其核心在于“你我”间基于情感的共同参与与建构。正如褚君浩所预言，人工智能正引领新一轮工业革命，构筑智能星球的愿景离不开智能教育体系的支撑，进而也要求智能学校的兴起。然而，人性的温暖与情感的深度是任何智能技术都难以替代的，因此，教师对学生情感教育的重视显得尤为重要。此外，人工智能作为一项极具潜力的科技革新，其对未来教育模式的深远影响不容小觑，预示着一个教育新时代的到来。面对人工智能时代的到来与智能技术的广泛渗透，教育体系亟须强化对学生综合素质及艺术人文素养的培育，并着重提升教学的沉浸体验与互动深度。若教学仅停留在机械灌输层面，缺乏温情与活力，那么即使教师倾注全力，也难以企及人工智能在数据处理上的高效性。然而，当教育真正聚焦学生的全面发展，深入触及心灵，致力于丰富其情感世界与生命体验时，这样的教育便具有了温度，成为人工智能难以企及的人性化存在。进一步而言，未来的教育图景应是“人机协同”的典范，人机双方互补其长。教师应充分发挥其感性智慧与情感共鸣的优势，强化师生间的情感交流与心灵触碰；而智能技术则以其强大的计算能力为辅助，两者携手并进，共同为学生的成长之路添砖加瓦。这样的合作模式，不仅彰显了教师的情感性角色在教育中不可或缺的价值，也最大化地利用了智能技术的潜力，共同促进学生的全面发展。

（四）增强研究意识，实现专业发展

长期以来，教育领域存在的“教课脱节”困境，致使教师在教学活动中虽为核心，却在课程设计、研制及评估等关键环节上鲜有决策权，这些重任往往游离于教师职责之外。当前，课程改革的新浪潮正猛烈冲击着传统教师角色的壁垒，力图从根本上颠覆旧有格局，主张教师应跃升为课程的主体力量，全权掌控课程的设计、研发与探究过程。与此同时，教师被赋予了双重身份——不仅是教育教学的实践者，更是自我角色演进与专业成长路径的探索者。在教育实践的场景中，教师应以研究者的敏锐视角，深入剖析教育理论与实践之间的鸿沟，同时不断审视并反思自身的教育行为与决策。新课程改革的深入推进，进一步强化了教师作为研究者的角色定位，无论是在教育理论的深耕细作，还是在教学实践的探索创新上，都力求将“教师即研究者”的理念转化为实实在在的行动。“教师即研究者”这一观念，虽曾风靡一时，赢得学术界的广泛共鸣，但其理论论证与实践落地的鸿

沟，依然是当前课程与教学改革亟待跨越的障碍。受限于过往的教育实践框架，“教师即研究者”的愿景往往停留于理想层面，难以在现实土壤中生根发芽。因此，如何将这一美好愿景转化为可操作、可评估的实践策略，已成为当前课程改革不可回避的关键议题。

在人工智能浪潮中重申“教师作为研究者”的议题，缘起于人工智能技术有效缓解了教师深陷日常琐碎的困境，使其有更多精力投身于更具创意的工作之中，诸如深化研究者角色，推动教育理论的革新。作为教育理论创新的先锋，教师在拓宽研究领域、丰富理论架构之际，亦需深化对既有研究成果的领悟。从教师生涯的启蒙、职前教育的培育，到历经职场的实战锤炼与定期的学术深造，教师在实践中积累了众多关于教育教学的零散见解，这些见解构成了其教育研究的知识基石。然而，不容忽视的是，部分教师在理解深度上仍有待加强，未能充分挖掘这些见解的潜在价值并有效融入实践探索之中。一方面，理论的高度抽象性导致其对教学实践中复杂动态的捕捉显得力不从心；另一方面，这也与教师未能深入剖析并有效转化教学流程紧密相关。因此，为规避此弊端，教师应积极担当研究主角，对教育议题与现象展开系统性的审视与反思，从而充盈教育理论体系。具体而言，教师需强化研究自觉性，致力于探索理论具象化与可视化的路径，并将零散的教育见解系统化、精细化，转化为具有专业深度的理论成果，以此促进个人专业成长，并为教育理论的发展贡献力量。此外，智能技术平台累积了丰富的学生学习行为“轨迹”，这些宝贵的原始数据不仅为教师的研究实践构筑了坚实的基石，还促进了研究在数据赋能下的创新转型，使教师能够基于海量一手资料，深化对教育理论的探索与革新。

在教育科研的场域中，教师应当扮演实践反思者的角色，亲历教学一线，审视并反刍自身的教育理念、实践行为及其成效，通过不断回顾、诊断与修正教学行为，促进个人专业成长的深化。然而，现状是，多数教师面临科研素养不足的挑战，加之学校环境内对教师科研能力培养的缺失，共同制约了教师在教育实践与科学研究领域实现规范化与专业化的步伐。鉴于此，教师应当积极投身于对教育经典如教育哲学、教育学原理、教育心理学以及教育研究方法论等书籍的系统研读之中，依托自主学习与科研实践的双重路径，主动构建并丰富自身的教育理论框架，进而逐步提升教育研究的深度与广度，为个人的专业发展与教育科研的规范化、专业化奠定坚实的基础。教师应当将教学实践与教育研究紧密结合，旨在革新与充实教育理论，进而驱动个人专业成长的飞跃，实现从忠实的教学执行者向教育理论创新的引领者的华丽转身。此外，教师群体应跨越学科壁垒，将各自的专业领域与教育学深度融合，以开创性的视角开展跨学科探索，根据个人兴趣导向深入创新研究。通过坚持不懈的努力，教师将能凝聚出独特的教育智慧，构建起个人化的教育理念体系，为教育社群贡献科学、精确且高效的实践指南，从而全面提升教育教学实践的品质与教师专业发展的整体层次。

三、人工智能背景下教师角色定位的策略

（一）更新教育观念

教师的认知框架塑造其行为模式，各异的观念导向各异的教育路径与实践。在教育领域迎来技术革新之际，教师角色展现出鲜明的动态适应性，其主动担当与自我角色认知的深化，对社会的进步、学生需求的满足及教师个人成长均产生积极影响；反之，若角色承担出于被动，则效果趋于消极。关于教育与技术融合的议题，争议纷纭，利弊并存，然技术对教育领域的渗透不因从业者之抗拒而止步。因此，教师唯有积极拥抱技术变革，方能顺应时代潮流；反之，则恐遭时代淘汰。展望未来，人工智能时代的到来已不可逆转，其将如何重塑教育版图与未来图景，以及教师如何利用人工智能技术赋能教育，均依赖教师观念的根本性革新。唯有如此，方能把握时代脉搏，引领教育迈向智能化、个性化的新纪元。一是教师应主动拥抱并适应人工智能技术。需深刻理解人工智能对教育教学的双重影响——既是机遇也是挑战，掌握其在教学实践中的合理应用，避免盲目崇拜或漠视。唯有如此，教师方能引领学生在人工智能时代茁壮成长，培养出适应未来社会的原住民。在此基础上，教师可运用智能工具分析学习数据，洞悉学习障碍根源，实施精准教学。二是突破传统角色束缚，拥抱新角色定位。在传统教学中，教师作为知识传递者的角色根深蒂固，但人工智能技术的崛起已悄然改变这一格局。学生借助人工智能与信息技术，其信息获取能力已与教师比肩，甚至超越。这要求教师重新审视自身角色，认识到在人工智能时代，教师应成为学生学习旅程的引导者与伙伴，而非单纯的知识灌输者。唯有深刻理解人工智能背景下的角色期待，秉持开放心态吸纳新知，方能挣脱旧有框架，重塑自我角色。三是倡导人机协同的教学理念。从传统的人人、人物交互迈向人机共生的新时代，人工智能以其强大的数据处理能力与即时学习能力，为教育带来了前所未有的变革。然而，人工智能缺乏人类独有的情感共鸣与价值引领能力。因此，面对人工智能对教师工作的部分替代，教师应采取积极应对策略，将精力聚焦于机器难以企及的情感关怀与价值塑造领域。同时，树立人机协同的教学观，充分发挥人工智能与教师的各自优势，实现教学效能的飞跃式提升，达成“1+1>2”的协同效应。

（二）转变专业发展方向

教师的专业成长并非时间的简单累积，而是教育领域内不断探索与革新的历程。其核心目标在于精准对接并满足学生动态发展的需求，这些需求构成了教师专业成长路径的导航标。在人工智能日益渗透的教育背景下，学生追求个性化与全面发展的轨迹越发清晰，促使教师不断审视并适时调整自身的专业成长方向。在当前教育体系内，受应试教育观念及外部社会环境的局限，教学重心多倾向于知识灌输，而对学生综合素养培养的重视相对

不足。鉴于此，以促进学生全面发展为基石，结合当前教师专业成长路径中的短板，未来的发展方向应聚焦于以下几点。一是敏锐洞察社会变迁。人工智能技术的迅猛发展正深刻改变着社会结构与生活方式，为人才培养、学习环境及教育管理开辟了新的可能。这既为教师提供了提高教学效率、深化个性化教学、促进全面育人及实现人机融合教学的契机，也带来了知识权威削弱、职能部分替代及教育角色重塑的挑战。教师需作为社会与学生间的桥梁，积极洞悉社会需求，探索如何培养适应未来社会的复合型人才。二是致力于全面育人。智能技术的进步加速了人类社会向更高层次的文明形态迈进，为个体发展提供了更广阔的空间。在人工智能时代，教师的专业成长应超越传统知识技能传授的范畴，聚焦于个性化教学策略，确保每位学生都能获得最适合自己的教育体验，从而实现全面而个性的发展。三是强化教育本质的融合。随着人工智能部分替代教师职能，教育工作的重心逐渐向更具创造性和情感投入的领域倾斜。教师在掌握人工智能技术的同时，需将其有效融入教学实践，与学生共同探索新知。此外，教师还应着重培养学生的创新思维、批判性思维及良好品格，实现“教”与“育”的和谐统一。四是树立人机协作的新理念。面对复杂多变的教育环境，单一主体的认知局限日益凸显。人机协作模式通过人工智能强大的信息处理与分析能力，助力教师突破认知瓶颈。未来教育将是人机共舞的舞台，教师应积极拥抱这一变革，明确自身在人机协作体系中的角色定位，与人工智能携手共进，为教育事业的持续发展贡献力量。

（三）提升专业素养

在教育发展历程中，教师专业素养的内涵随时代变迁与观察视角的转换而丰富多元，各具特色。在初始阶段，教师专业素养往往聚焦于较为单一的维度，几乎涵盖了知识基底、教学技艺、教育理念及职业道德等核心要素。叶澜进一步细化，将其归纳为“教育理念引领、专业知识支撑、专业能力展现、教育智慧融汇”四大支柱。而马宁则从“情感与职业操守、知识结构、能力体系”三个维度进行了阐述。尽管各家观点各有千秋，但普遍认同教师专业素养的核心构成应涵盖“专业知识储备、专业技能应用、专业情感投入”三大方面。当前，国家层面已通过一系列政策文件，高瞻远瞩地提出“借力人工智能等前沿技术，驱动教育模式的技术革新”，标志着以人工智能为代表的新兴技术正深刻渗透至教育领域，对课堂实践构成了新的挑战与机遇。在这一变革浪潮中，教学方式、教学媒介、学生学习范式、教育管理策略及课堂评价体系均经历了前所未有的转型。尤为显著的是，人工智能时代所展现的深度学习能力、跨界融合趋势、人机协同模式及群体智能效应，要求教师必须熟练掌握并灵活应用人工智能技术，以之为教学辅助工具，推动教育教学活动的创新与优化。教育从业者所必备的素养集合，即教师专业素养，是衡量教育改革成效的关键标尺。随着时代的更迭与技术的飞跃，对教师专业素养的要求已远非往昔。若故步自封于传统的素养框架内，教师将面临被时代浪潮边缘化的风险。因此，教师群体亟须挣脱旧有素养观念的桎梏，积极重塑并丰富教师专业素养的时代内涵。尽管外部环境日新月异，教育的核心使命——培养全面发展的人——却始终如一，坚如磐石。为此，教师必须秉持开放心态，不断深化对专业素养新维度的理解与把握，敏锐捕捉其展现出的新特征、新趋势。唯有如此，教师方能在未来教育的广阔舞台上，精准把握自身角色定位，引领教育教学的创新发展。人工智能背景下，教师所具有的应对高水平教育变革的专业素养，主要有以下几方面。

第一，信息技术素养。在人工智能的浪潮中，技术与教育实现了前所未有的深度融合，促使教学模式由封闭迈向开放。这一融合进程根植于信息技术的坚实基础，教师的信息技术综合能力不仅塑造了课堂生态，还深刻影响着学生的学习成效。具体而言，该能力涵盖信息识别力、技术应用力及数据洞察力三大维度。首先是信息识别力。人工智能为教育开辟了新纪元，赋予教师前所未有的机遇，使他们能够依托教学过程中累积的海量信息，实施精准而个性化的教学策略。然而，这也要求教师具备高超的信息筛选与处理能力，能够在信息海洋中精准捕捞有价值的内容，并巧妙整合、深度剖析、有效应用这些信息，以服务于学生的学习需求。其次是技术应用力。随着技术的日新月异，教育形态正经历着深刻的变革。在人工智能的赋能下，智慧学习应运而生，人机协同教学成为常态，混合式教学模式蔚然成风。因此，教师必须掌握必要的技术应用技能，将先进技术无缝融入教学流程，借助其力量提高教学质量与效率，实现技术与教育的和谐共生。最后是数据洞察力。教育领域从不乏数据资源，关键在于如何深入挖掘其潜在价值。人工智能的普及加剧了数据的爆炸式增长，而云计算、数据挖掘等技术的运用则为教育数据的处理提供了强大支持。教师应树立强烈的数据意识，认识到数据在智能教育时代的关键作用，学会筛选、分析、利用数据资源，剔除冗余信息，保留并深化对有用数据的理解，进而将数据分析成果转化为教学决策的科学依据，为学生提供更加个性化的学习支持。同时，教师还需关注数据使用过程中的伦理道德问题，确保数据应用的合规性与正当性。

第二，人文素养。前文探讨过人工智能与教师职能替代性的议题，最终得出结论：人工智能虽能局部承担教师职责，却难以全面取而代之。教育的精髓远超乎单纯的知识传输，其深植于情感的沃土，关乎心与心的真诚对话，此乃机器所无法触及的领域。教师的人文底蕴，其核心在于“以人为本”，将个体发展置于教育事业的核心舞台，它不仅是知识内化的具象展现，更涵盖专业信念、师德风范、知识体系及教学技能等多个维度。教师的使命，在于引领学生探索生命之真谛与价值，矢志不渝地追寻教育的本真意义。在这一过程中，教师应避免仅囿于知识传授的窠臼，而应视教学为师生间思想碰撞与灵魂交流的桥梁，让每一次教学都成为启迪智慧的火花。人文素养作为教师专业素养的基石，其重要性不言而喻——若无此根基，即使其他能力再卓越，亦难掩其表面化之弊。具体而言，教师人文素养之追求，旨在双管齐下：一方面，力求教育服务于全人发展，使学生免于成为知识的附庸，挣脱思维定式的枷锁，成长为拥有独立思考与自由灵魂的个体；另一方面，彰显人性光辉，区别于冷峻的机械，教师应担当起学生成长的灯塔与生命导师的角色，引领他们探索并深刻理解作为人的独特价值与使命，在成长的道路上不断追问与自我超越。

第三，能力素养。教师的能力结构综合体现于教学设计、教学技巧与班级管理的多维层面，其构建深受时代背景与环境因素的影响。因此，教师应积极调动主观能动性，在持续的教学实践中自我反思与提升，不断优化其能力体系。具体而言，在教学设计方面，教师应紧扣教学内容，融合教学环境实际，创新性地引入虚拟现实等前沿技术，以增强教学的吸引力与实效性。在教学技巧方面，则需擅长运用人工智能工具，不仅丰富学生的学习场景与资源，还能借助技术手段实施精准的教学与学习评估，促进教学质量与效率的双提高。至于班级管理方面，教师更应发挥人工智能技术的辅助决策作用，为班级教学活动提供科学依据，并致力于构建一个充满活力与支持的优良学习环境，以促进每位学生的全面发展。

第四，跨学科素养。欧盟于 2018 年颁布的学生核心素养框架中，明确将数学、科学、技术及工程整合为一个关键领域，此举彰显了全球范围内对跨学科教育能力培养的高度重视。学生跨学科素养培育的基石在于教师队伍同样需具备此等综合素养。教师需树立跨学科融合意识，在深耕本学科专业知识的同时，拓宽视野，增强综合素养，巧妙地将各学科知识融会贯通，并以适宜的教学手段传递给学生。为达成此目标，教师应摒弃传统的学科界限观念，积极促进学科间的横向交流与融合，认识到知识体系的内在关联性，理解其协同作用对学生全面发展的深远影响。此外，加强不同学科领域间的合作与对话至关重要，因各学科在学术表达与思维模式上存在差异，这种交流有助于教师在实践中提升跨领域思维能力，为学生跨学科素养的培养搭建起实践探索与学习的坚实平台。

第四章　人工智能背景下教师智能素养分析

第一节　人工智能背景下教师智能素养概述

一、未来教师素养概念

在运用人工智能技术赋能教育的同时，必须正视并有效应对其潜在的负面效应，以保障教育公平、深化人文关怀，并强化教师作为真实指导者的核心角色，进而推动教育事业的全面繁荣。为此，亟须为面向未来的教育工作者设定新的成长标杆，并持续迭代其专业素养体系，使之紧密契合信息技术的飞速进步与人才培养的多元化需求。在教育实践的广阔舞台上，教师素养构成了教师综合能力的基石，这一素养框架囊括了专业知识深度、教学技艺精湛度、教育理念先进性、职业道德高尚度及人文素养丰富度等多维要素。它不仅是教师实施教学活动、深化师生互动、优化教育管理的基石，更是教师职业生涯稳健前行、持续成长的关键驱动力。为增进教师素养，教师应当秉持终身学习理念，勇于实践探索，勤于自我审视，不断提升个人专业素养与教育教学能力，力求在促进学生全面发展与教育质量提高的过程中发挥更加积极而深远的作用。

（一）基本素养

1. 学科知识素养

学科知识素养要求教师掌握所教学科的核心知识和概念，能够深入理解学科知识的本质以及把握学科发展的前沿动态。

教师应精通所授学科的核心理论与基本概念。以数学教学为例，这意味着教师必须扎实掌握如代数、几何及数论等数学基础理论与知识框架。这一要求的核心价值在于：唯有深入洞察学科的内在逻辑与原理，教师方能精准把握学科脉络，并有效融入教学实践之中。更进一步地，教师在传授知识时，需对这些核心理论与基本概念进行详尽阐释与深度剖析，以促进学生对学科内容的透彻理解与牢固掌握。由此观之，教师对于学科核心理论与基本概念的掌握，不仅是提高教学质量的关键，也是助力学生学业成就飞跃的重要基石。

对于教育者而言，把握学科知识的内核是教学活动有效开展的根本前提。唯有教师深刻洞察学科知识的本质属性，方能精准地将知识精髓融入教学实践的每一环节。以物理学教育为例，教师需对诸如牛顿力学、电磁学及热力学等物理基本原理及其内在逻辑架构有透彻理解。唯有如此，教师方能游刃有余地将这些原理与逻辑贯穿教学过程，使之成为促进学生理解与掌握的桥梁。进一步而言，教师在传授知识的同时，亦扮演着引导者与辅助者的角色，旨在协助学生揭开学科知识本质的神秘面纱，领悟其内在逻辑之美，进而实现学习成效与学科素养的双重提升。这一过程，不仅是对学生知识掌握的促进，更是对其思维深度与广度的拓展，为终身学习奠定坚实基础。

教师应当敏锐捕捉并紧跟学科前沿的演进脉络。以生物学为例，教师不仅需洞悉生物技术革新、分子生物学进展及基因编辑等前沿领域的最新成就与未来走向，还需深刻理解这些成果如何引领学科发展的潮流。基于对此类前沿动态的深刻把握，教师能更有效地将新知融入教学与科研实践，促进个人教学与研究能力的双重飞跃。同时，在教学环节中，教师更应积极地将学科前沿动态编织进课程框架，以新颖的视角与素材激发学生的探索欲与创造力，助力学生深化对学科知识的理解与掌握，同时点燃其创新思维的火花，为未来科研道路铺设坚实基石。

2. 正确的教育价值观和伦理道德观

教师应坚守以学生为主体的教育理念，重视个体差异，致力于提供无偏见的、高质量的教育服务，此乃教育实践中不可或缺的核心原则。其一，教育者应秉持高尚的伦理道德观，躬行实践，为学生树立典范。在教室这一神圣殿堂中，教师需严于律己，维护课堂秩序，杜绝任何诱导违规违纪的行为。同时，教师应展现跨文化敏感性，拥抱并尊重每位学生的文化背景与价值体系，促进文化的多元共生。在教学互动中，教师应秉持开放态度，接纳并鼓励学生的多样化见解，避免任何形式的言语暴力或偏见歧视。其二，教师肩负着塑造学生道德品格的重任，需引导学生树立正确的伦理观与行为习惯。在教学过程中，教师应巧妙融入团队合作、公正无私、诚实守信及宽容理解等美德教育，以促进学生品德与道德素质的全面发展。此外，教师还应敏锐洞察社会伦理道德议题，鼓励学生投身社会公益活动，通过实际行动培养社会责任感与公民意识。具体而言，教师可引导学生关注时事热点与公益事业，组织志愿服务等实践活动，让学生在实践中领悟责任与担当，成长为有责任感、有担当的新时代公民。

3. 数字素养

教育部于2022年发布《教师数字素养》教育行业标准，精准界定了教师数字素养为：教师需具备有效运用数字技术手段，以获取、整合、利用、管理和评估数字信息与资源，洞悉教育教学中的问题所在，进而实施优化、创新及教学模式变革的意识和能力，同时肩负起相应责任。面对教育技术日益普及的趋势，数字化教学已然成为推动教育现代化进程的关键力量。鉴于此，未来教师需精通运用多元化的数字工具与前沿技术，诸如教学管理平台、网络学习生态系统及学生学习成效数据分析工具等，以确保教育教学活动的高效运行与个性化发展。这一转变不仅顺应了数字技术融入教育领域的时代潮流，更是未来教育迈向高质量发展的必由之路。因此，提升教师的数字素养与技术应用能力，对于把握数字化教学的脉搏，积极迎接其带来的挑战与机遇，具有不可估量的价值与意义。

（1）教学管理系统。利用教学管理平台，教师可以系统规划教学流程，确立清晰的教学目标，并合理编排教学进度，从而高效组织教学活动。该平台还赋予教师实时监控与灵活调整教学进程的能力，确保教学活动与学生的学习节奏和个性化需求紧密契合，进而优化教学效果。此外，该平台成为教师上传多样化教学资源的便捷渠道，包括课件、教材及视频等，赋予学生随时随地访问学习资源的自由，促进自主学习。在教学资源管理方面，教学管理平台不仅助力教师高效整理与分享资源，还促进了资源的最大化利用与共享价值的实现。更进一步地，该平台通过自动化手段记录并分析学生的学习表现，为教师提供详尽的学生学习进展与成效洞察。同时，基于这些数据，系统还能智能生成教学反馈与策略建议，助力教师持续优化教学方法与策略，实现教学质量的螺旋式上升。

（2）在线课程平台。展望未来教育图景，教师应当精通在线课程平台的操作，旨在深度契合学生的学习期待，增进教学效果与学习历程的愉悦感。在此平台上，学生得以依循个人学习步伐与偏好，自由筛选与编排课程模块，显著强化学习的个性化与靶向性。此外，平台满载多元化学习资源与工具，涵盖视频教程、线上作业与测验等，全面助力学生提速增效，丰富学习体验。

对于教师而言，在线课程平台不仅是课程规划与发布的便捷途径，也是学习进程与成果监管的得力助手，极大地提升了教学的掌控力与反馈机制的有效性。平台同时担纲教学评价与反馈的角色，为教师持续改进教学策略与方法提供数据支撑，最终促成教学效果与学生满意度的双重提升。因此，未来的教育从业者需深刻洞悉各类平台的独特价值，根据学生需求与个人教学特色，精选适配的在线课程平台。在此过程中，重视课程设计的精心布局与教学质量的严格把控同样关键，力求输出高品质的教学材料与全方位的服务支持，为学生的学习之旅增添深度与色彩。

（3）学生学习数据分析工具。教师借助学生学习数据分析工具，能深入洞悉学生的学习兴趣偏好、学习路径以及学习进展等多维度信息，进而为教学活动提供更具有针对性的引导与援助。此工具亦能敏锐捕捉学生在学习过程中遭遇的难题与挑战，促使教师迅速介入，实施有效干预，助力学生跨越障碍，增强学习成效。因此，教师需深入研习并掌握该工具的操作要领与技术精髓，同时夯实数据分析的理论基础与实践技能，以便精准剖析学生数据背后的深层含义，为学生提供更加个性化的学习建议与资源。展望未来，教师在运用此类工具时，应尤为注重其应用的合理性与规范性，深入了解数据的采集、存储机制，并严格遵守数据隐私与保护原则，确保学生学习数据的合法采集、安全存储与严格保密，维护学生数据的安全性与私密性。

（二）拓展素养

1. 敏锐的变通意识和创新思维

教育领域的变革步伐疾速，未来的教育工作者亟须拥有敏锐的适应性智慧与开拓性的创新思维。他们需持续探索与试验教育的新途径和新策略，以精准对接学生需求，提高教育质量。例如，教师可巧妙地融入虚拟现实技术，创设更为鲜活、引人入胜的教学情境，助力学生深化理解与掌握学科知识。鉴于创新思维需付诸实践方能显现其价值，教师还需锤炼实操能力，即能够将创意构想转化为教育现场的切实行动，确保教育目标的有效达成。随着人工智能技术在教育领域的日益渗透，未来教师面临持续学习新知识、掌握新技能的紧迫要求，以灵活应对教育领域的瞬息万变。他们还需掌握大数据的管理与运用技巧，以数据为驱动，优化教育指导策略，进一步增强教学效果。具体而言，教师应积极探索如何运用人工智能技术定制个性化的教育蓝图与资源，精准对接每位学生的独特需求，实现教育的精准供给与高效提升。

2. 个性化的教育方案和课程设计能力

未来教师需要能够根据学生的学习需求和情况，设计个性化的教育方案和课程，提供更加有针对性的教育服务。

（1）教师应通过深入交流、细致观察及精准分析学生的学习数据等多维度途径，全面掌握学生的学习特性，包括其学习偏好、目标设定、优势领域及待提升之处，从而为学生提供更为贴合其个性化需求的教育支持。实施定制化教育方案与课程规划，旨在精准对接学生的学习期望，显著增进其学习成效与体验。具体而言，教师可依据学生的能力层次，量身定制不同难度的练习任务，以此激发学生的求知欲与参与热情；同时，融学生的兴趣爱好于课程内容设计之中，使学习过程更加生动有趣，促进学生全面发展。

（2）教育规划作为一项错综复杂的任务，要求教师具备多元化的方法论与技能集。教师需深谙教育设计之基本原理，这涵盖了从教学目标的精心设定，到课程内容之精选与结构化编排，再至教学方法的创新构思以及教材教具的适宜选取等一系列关键环节。此外，熟练掌握教育设计相关的专业技能亦不可或缺，如数据分析能力、视觉创意设计、教学视频编纂等，均属其列。对于未来的教育工作者而言，高效整合与利用教育资源，以打造多元化的教育服务体验，同样占据着举足轻重的地位。这不仅是对教育资源优化配置能力的考验，更是提高教育质量、促进学生全面发展的重要途径。

(3) 面向未来，教师应当掌握运用智能教育机器人的技术，构建智能化的“双师协作”教学模式，这一模式深刻重塑了传统“双师并行”的教育范式。在智慧教室的环境中，智能机器人教师与人类教师携手并进，通过人机间的紧密配合与高效协同，共同促进学生智慧素养的全面发展，确保教学流程实现高度的精准化、个性化和效率化。具体而言，智能机器人教师凭借卓越的存储与计算能力，在人类教师的辅助下，能够迅速检索、整合并保存各类教育资源，敏锐捕捉并解析智能时代中海量教学信息数据，依据学生的身心发展特性，提供定制化的知识分享、深度讲解与即时反馈。由此可见，智能“双师课堂”的构建，有效融合了人类教师与智能机器人教师的双重优势，开启了教育创新的新篇章。

3. 多元化的跨学科知识素养

在当代社会的迅猛发展背景下，对个体知识与技能的全面性及多元化需求日益凸显，故而，未来的教育工作者需着力培养跨领域综合能力。这种跨领域能力不仅涵盖了广泛学科领域的知识储备与技能掌握，更强调了将不同学科知识有机融合、灵活应用的能力，旨在为学生提供更为丰富、综合性的教育体验。此等能力对于教育事业的未来走向至关重要，它呼应了现代教育体系对学科交叉融合、教学综合化的深切呼唤。具体而言，多元化跨学科技能要求未来教师精通数学、语言、自然科学、社会科学等多个学科领域，这些扎实的学科知识基础是教师深刻洞察学生需求、把握教学内容全貌与复杂性的关键。在此基础上，教师需具备高超的跨学科整合能力，能够自如地将不同领域的知识与技能交织穿插于教学过程中，如将数学逻辑与语言表达融入科学探索，增进学生对科学概念的理解与应用能力。此外，教师还应积极将理论知识与实践教学紧密结合，探索创新教学方法，如利用数学原理深化计算机编程教学，让学生在解决实际问题的过程中，深刻理解并熟练掌握编程技巧。这种知行合一的教学理念，将有力推动教育质量的全面提升，培养出适应未来社会需求的高素质人才。

4. 人际交往和情感管理能力

教育教学的本质远非单一的知识传授，它深刻蕴含着情感互动与人际网络的构建。教师作为这一过程的核心，应当擅长与学生、家长及同行展开多层次的沟通与合作，促进信息与情感的双向流通。此外，教师还需掌握情绪管理的艺术，确保自身情感状态的稳定与理性，以更加成熟的态度应对与学生及家长的关系挑战，从而营造出一个和谐、积极的学习环境。

(1) 在未来教育领域中，教师需展现出与多元群体（包括学生、家长、同行等）间高效沟通与协作的能力，以奠定坚实的人际基础。卓越的人际交往技巧是教师深入理解学生需求、激发其归属感与自信心的关键，进而优化教学成效，营造积极向上的教育环境。

具体而言，教师需掌握以下三大核心能力：首先，强化多元表达能力，确保无论口头、书面或借助多媒体手段，都能清晰传达见解与意图，促进顺畅的信息交流；其次，深化倾听与领悟能力，秉持开放心态，细致听取并深刻理解学生及家长的反馈与期望，这对于巩固师生情感纽带、促进家校和谐至关重要；最后，提升冲突化解能力，面对教育过程中的各类复杂情境与分歧，应展现积极应对姿态，运用理性思考与决策策略，有效调和矛盾，保障教育生态的和谐稳定。

（2）情感管理能力也是未来教师必备的能力之一。情感管理能力是教师在应对纷繁复杂的情感与情绪挑战时所展现的素养，涵盖三大维度：首先是自我情感调控机制，即面对困境与压力时，教师能有效调整自身情绪，保持理智与平和；其次是情感认知与共情技巧，这要求教师深入理解学生的情感诉求，洞察其情绪状态，并与之构建深层的情感联结；最后是情感表达与引导艺术，教师通过正面情感的展现与积极引导，助力学生解决情感困扰，强化其情绪稳定与自我调适能力。具备卓越的情感管理能力，教师能更精准地把握学生的情感脉络，有效介入学生的情感世界，从而促进学生情感健康，提升其心理韧性。因此，教师需注重个人情感管理，维持心态平衡，以更加稳健的姿态处理与学生及家长的关系，避免情绪波动干扰教学质量与师生关系。同时，教师亦应掌握学生情绪管理的技巧，引导学生有效应对情感难题，优化学习体验，实现全面发展。

（三）智能素养与教师专业发展

在人工智能背景下，智能素养业已成为教师不可或缺的核心资质之一，亦称智能教育能力，其在学术领域内尚未有统一定论。2018年，《教育部办公厅关于探索人工智能驱动教师发展试点的通知》首倡“教师智能教育能力”理念，旨在通过培训增强教师对人工智能技术的敏感度与应用能力，激励其在教学革新与人才培养模式上的积极探索。学术界对此存在多维解读：一方面，视其为融合知识、技能、价值观及伦理规范的综合体系，支撑着教师在人工智能时代的教育实践与个人成长；另一方面，则细化为知识基础、核心技能与伦理取向三大支柱，强调这些要素对教师智能素养构建的不可或缺性。毋庸置疑，教师的智能教育能力已深刻融入其教学能力框架，成为驱动教育教学体系变革与创新的关键力量。当前，借助人工智能促进教师队伍整体素质跃升、加速教师专业发展进程，已成为教育队伍建设领域的核心战略与未来导向，彰显了人工智能技术在教育领域的巨大潜力与价值。

教师专业化成长之路源远流长，其理论根源可追溯至美国学术界的深邃思考。我国教育家潘懋元深邃地指出，高校教师成长的维度应全面涵盖师德风范、教育智慧与教学技艺以及学术研究造诣这三重境界。其中，师德乃教育之基，强调“以高尚师德为楷模”，教师需率先垂范，引领风尚，而知识技能的精进与学术成就的积累，则是教师在职业生涯中持续深化自我修养、展现独特魅力的必由之路。随着时代的变迁，对教师知识结构的期待亦不断演进，智能素养作为人工智能时代教师能力版图中的新兴领域，日益凸显其重要性。它不仅是教师适应新技术环境、优化教学实践的关键，也是推动教师专业化进程不可或缺的一环。由此可见，智能素养与教师专业化成长之间存在着密切的互动关系：一方面，智能素养的培育为教师专业发展提供了新的动力与方向；另一方面，教师专业化进程的深化又进一步促进了智能素养的广泛实践与深度发展，两者相辅相成，共同推动教育事业向前迈进。

二、教师智能素养的内涵与意义

（一）教师智能素养的内涵及要素

近年来，随着人工智能技术的飞跃式进展，各行各业正经历着前所未有的变革，教育领域亦不例外，智能技术与教育的深度融合正引领我们迈向“智能教育的新纪元”。这一转型不仅体现在智能工具的广泛应用与智能资源的丰富拓展上，更深入利用智能分析手段实现教学决策的精准化，这一切都对教师的智能教育能力提出了更高要求。鉴于上述背景，在《教育部教师工作司2023年工作要点》中明确强调了三大战略方向：加速教师队伍的数字化转型步伐、推动名师名校网络工作室的创新构建以及深化人工智能驱动的教师队伍建设试点项目。这一系列举措旨在确保教师队伍作为教育事业的核心驱动力，能够具备卓越的智能教育素养，从而有效应对智能教育浪潮对传统教育模式的冲击与重塑，为学生的全面发展奠定坚实基础。

在智能教育的新纪元中，教师的智能素养构成了其专业素养的重要延伸，成为其有效驾驭智能教育生态、深化教学实践的核心能力。这一智能教育专业素养，根植于人工智能技术的蓬勃兴起，展现为一个多维度交织、体系化构建的综合性概念。它不仅是教师在技术赋能教育环境下必备的关键资质，更是推动教育创新与变革的关键力量。教师智能素养以素养为统领、创意为内核，主要包含教师专业知识素养、教师专业能力素养、教师技术工具素养、教师专业情感素养、教师专业伦理素养五个方面。

一是教师专业知识素养。步入智能教育的新时代，教师的知识体系不再局限于孤立的学科知识、教学方法论与技术专长，而是强调构建一种稳固且成熟的认知架构，该架构旨在无缝融合学科知识、教学法智慧及信息技术能力。密歇根州立大学的 Matthew J. Koehler 博士与 Punya Mishra 博士，共同构建了面向现代教育技术环境的教师知识模型——“学科内容、教学法与技术的整合性知识”，这一框架有效赋能教师，促进其在教学实践中将学科精髓、教学策略与先进技术深度融合，进而提高教学质量与成效。

二是教师专业能力素养。在人工智能驱动的教育变革中，教师专业能力需求正经历深刻转型，其拓展聚焦独具智能特色的三大能力维度：智能教学设计与实践能力、学生发展促进力、教师自我成长力，这些构成了新时代教师角色不可或缺的核心素养。教师需依托深厚的教学知识与精湛的技艺，灵活创新地融合人工智能技术，以实现教学目标的精准达成。同时，他们应充分挖掘智能技术的潜力，加速学生全面成长与个性化发展，并在此过程中不断累积智能教育实践经验，丰富智能教育理论体系，进而凝练出独具慧眼的智能教育智慧。

三是教师技术工具素养。教师需精通智能化教育工具的操作，借此高效发挥智能技术的优势，以优化教学效果，驱动智能教育生态系统的持续优化。这一过程涵盖信息技术深度应用、数据驱动的教学决策、智能资源的高效整合及人机协同教学模式的创新。鉴于信息技术领域知识迭代与技术革新的迅猛态势，教师需具备将信息技术无缝融入课程体系的能力，深度挖掘教育大数据的价值，实施人机协作的教学策略，从而达成教师教学的精准化与学生学习的高效化，实现人机共生、智慧共融的教学新生态。

四是教师专业情感素养。教师专业情感素养体现了教师对自身职业的热爱，是人类有别于智能机器的一个关键特质，包括专业态度、情感操守和心理素养。教师要树立崇高的专业理想，以稳定的情绪和端正的态度投入教育教学活动中；教师要站在立德树人的新视角重新审视课堂教学，用自己的人格魅力影响学生、带动学生，与学生共同成长，成为最好的自己。

五是教师专业伦理素养。在智能教育生态中，教师所秉持的道德准则尤为重要，它体现在教师于人机共生环境中坚持的主导地位与和谐共存理念，蕴含数据伦理素养与道德实践智慧。于智能教育教学的实践场域，教师须严格遵循伦理道德的框架，维护学生与自身主体性的尊严，于智能系统对数据的收集、储存与分析流程中保持主导地位，确保数据及其解析结果的安全性，致力于将人工智能技术的应用根植于“以人为本”的核心理念之上，促进技术的伦理化应用与教育的人本化发展。

（二）教师具备一定智能素养的必要性

1. 在认知上理性对待并有效接纳人工智能技术

人工智能背景下的教师必须清醒地认识到人工智能与教育正在逐步融合。无论接受与否，人工智能都必将引起教育领域的巨大变革。教师与其被动拒绝，不如主动应战，从改变和提升自己做起。

首要之务，应秉持开放心态，正视人工智能技术在教育领域日益渗透的现状，主动探索其与教学实践的结合点，以期为教学优化与学生成长提供强大助力。进一步而言，教师需深刻理解人工智能作为教学辅助工具的本质，它虽能显著提高教学效率，却无法全面替代教师的独特作用，未来教育之蓝图乃是教师与人工智能携手共进、互补互促的新格局。

教师需巧妙利用人工智能处理重复性任务的能力，以此减轻日常教学负担，进而释放更多时间与精力专注于人才培养与个性化关怀，实现教师角色从执行者向引导者的深刻转变。

此外，面对人工智能的数据处理与分析结果，教师应秉持理性审慎的态度，不盲目依赖，而是结合个人观察、教学经验及专业判断，进行全面而深入的考量，以此为基础对学生学习状况作出精准评估。唯有具备足够智能素养的教师，方能洞察人工智能在教育领域的局限与潜力，分辨数据背后的真实价值与机械性冗余，进而以科学理性的视角，积极拥抱并有效融人工智能技术于教学实践之中，推动教育事业的持续创新与发展。

2. 在教学上有效促进教学模式改革，实现个性化教学

随着人工智能技术的崛起，教育领域的教学模式正酝酿着深刻转型，迈向“双师协同”的新纪元，即由“智能导师”与“人类教师”并肩，共同构筑教育体系。在这一框架下，“智能导师”专注于精确定制知识传授，其高效性悄然重塑了传统教师角色在知识传授层面的定位，使教师能聚焦于“育人”的深远使命，化身为“引路人”与“心灵塑造者”，引领学生学习进程并培育其品格。此教学模式深度融合了课程思政的育人理念，由人类教师精心策划与实施，促成了线上与线下无缝衔接的混合式学习生态。其中，教学设计彰显了教师引领与学生中心的双重原则，学生知识的获取高度个性化。得益于人工智能的精准“匹配”机制，每位学生的学习路径与内容均因需而异，不仅凸显了学生在学习过程中的主体作用，也极大地促进了个性化学习模式的普及与深化。

在教育教学实践中，教师巧妙地将确定性知识的传授职责委托于人工智能系统，从而释放出更多宝贵的时间与精力，专注于应对集体教学框架下难以充分覆盖的极端学习群体——优秀生与后进生的个性化需求。此举旨在优化教育成效，促使优秀学生实现卓越飞跃，同时助力后进学生稳步前行，有效缓解传统班级授课模式下普遍存在的“学习需求未充分满足”与“学习负担过重”的双重困境。通过这一策略，教育真正迈向了个性化与差异化的新高度，确保了因材施教原则的深入贯彻，进而促进了全体学生在学业上的均衡与全面发展。

3. 在能力上加快教师人工智能素养的养成，促进其专业发展

在人工智能兴起的时代背景下，教师的智能素养不仅是其基本能力框架的关键组成部分，更是驱动其个人成长与专业精进的核心驱动力。鉴于当前信息化教学的广泛渗透，教师群体正积极探索与各自课程特色相契合的信息化教学策略，且多数教师已具备了扎实的信息处理基本功。随着人工智能技术在教育领域的深度融合与应用，教师被赋予了新的使命——培育智能素养、精通数据收集与分析技能，并在人机协作的教学新模式中稳固其引领者的角色。面对技术的快速发展，教师需坚守教学过程的掌控权，避免被技术边缘化，深刻理解技术终归为人所用，强调人在技术应用中的核心地位与创新引领作用。这不仅体

现在智能教学实践中的创造性应用，更在于对教师综合教学能力的全面升华。

在教学中，技术的融合与多媒体的运用并非以量取胜，而应聚焦其是否能由教师精准高效地驾驭，以切实增强教学效果。这一目标的实现，要求教师不仅需具备扎实的信息处理能力，还需拥有相应的智能素养，方能确保技术应用的恰如其分，避免陷入技术形式主义的误区。否则，不仅会增加教师频繁转换教学工具的负担，还可能使学生在学习工具间疲于奔命，难以专注于学习本身。因此，拥有一定的智能素养，从深层次上讲，是加速教师教学能力提升与专业成长不可或缺的内在要求。

4. 在实践中实现人工智能与教育的协同融合

教师拥有良好的智能素养，方能在教学实践中与人工智能实现和谐共舞，展现“收放自如”的高超驾驭力。对人工智能既非盲目排斥，亦非无条件服从其“主宰”，乃是智能素养教师的理性态度。教师唯有在人机协作中明晰双方的优劣，充分发掘人工智能的高效、精确及持久特性，并结合自身在榜样示范、创新能力启迪及情感沟通上的独特优势，方能协同培育出顺应时代需求、德才兼备的社会主义新生力量。进一步而言，全面提升教师队伍的智能素养，是推动人工智能与教育深度融合的关键所在，进而在“人工智能+教育”模式下，促进个性化教学的蓬勃发展，最终达成教学成效与育人质量的双重飞跃。人工智能与教育的深度融合，不仅是时代进步的必然趋势，也是对教师教育能力提出的崭新挑战与期待。

（三）教师智能素养培养的价值

1. 有助于教师了解智能技术，形成智能思维并适应时代发展

提升教师的智能素养，对于其运用智能技术科学规划教学与学习活动、高效应对教育实践挑战、逐步构建智能型思考模式以融入人工智能时代具有重要意义。具体而言，强化教师智能素养的培育，能有效促进教师接纳、掌握及有效运用智能科技，促使教师将智能技术、学科专业知识与教学智慧有机融合，从而优化教学实践。此外，这一过程还伴随着智能教学工具应用技巧的日益精进与经验积累，使教师对智能教育的认知不断深化，智能教学行为更加主动与自然，逐步形成契合智能教育时代的思维模式，确保教师能够紧跟时代步伐，实现教育教学的创新与发展。

2. 有助于教师开展智能教学，精准分析教学并科学确定决策

强化教师的智能素养培育，旨在助力教师在教学实践中精准运用智能分析工具，对课堂动态进行深度剖析，并据此制定更为科学合理的教学策略，从而优化教学成效。此举不仅促使教师在教育理念的更新中融入智能维度，而且在教学方式、手段、策略选择、评价及管理等多个维度实现智能化与智慧化的转型升级，推动教学模式从智能导向向智慧导向

深化。此外，通过持续培养教师的智能素养，教师能够充分利用智能分析与评估工具，精准识别教育教学中存在的问题与挑战，从中筛选出最佳教学路径，有效促进教学质量的稳步提高与教学效果的显著改善。

3. 有助于教师使用智能资源，拓宽教学资源并提供多样教学体验

提升教师的智能素养，对于促进教师全面整合智能教育资源、充实教学内容、拓宽教学资源范畴以及构建多元化学习生态具有积极作用。具体而言，通过加强教师的智能素养建设，教师能够更加高效地运用互动白板、智能课桌、虚拟实验室等硬件设施，并灵活运用智能教学软件、在线学习社群、知识点测评系统等多样化学习平台，从而极大拓宽教学资源的获取与应用边界。此外，教师智能素养的提升还促使他们灵活选取文本、音频、视频、图形图像、动画及虚拟仿真等多元化教学资源，结合智能阅读辅助工具、游戏化学习评估系统等创新教学手段，为学生营造出更加丰富多彩、个性化的学习体验，进而推动教学质量的全面提高。

4. 有助于教师利用智能手段，充分了解学生并促进学生全面发展

强化教师的智能素养培育，有助于教师在学生评价环节精准选用智能技术，高效实施个性化评估，从而更深刻地理解学生特性，推动学生全面发展与个性化成长的双重实现。一方面，教师通过整合学生出勤、学业成绩及作业完成情况等行为数据，辅以面部识别、语音分析及肢体动作追踪等实时监测手段，深度剖析学生的学习行为模式，以更精准地把握学生需求与期待。另一方面，随着教师智能素养的不断提升，他们能够依托智能系统对学生学习数据的深度剖析，为学生定制专属学习计划，并提供一对一的个性化学习辅导，以此促进学生综合素质的全面提升与个性化潜能的充分释放。

（四）人工智能背景下对教师智能素养提出的新要求

人工智能虽能胜任确定性知识的传授与重复性任务的执行，却难以替代教师在教育过程中的引导、陪伴与情感交流的核心作用。教师与人工智能优势互补、和谐共生的未来教育图景对教师提出了新挑战：需重塑角色定位，重构教学内容体系，勇于探索创新教学模式，并积极寻求更为科学有效的教学评价体系，以实现教育质量的飞跃性提高。

1. 教师对教学内容的再认识——教什么

在传统教学框架内，教师往往扮演着知识单向传输者的角色，将既定知识“灌输”给学生。在此种模式下，教师居主导地位，而学生则处于被动接受状态，缺乏针对个人兴趣与学习需求的自主选择权，加之全班学生的学习进度保持统一，教师难以实现真正的因材施教。然而，在人工智能的赋能下，教学范式正经历深刻变革。教师依托对学生课前预习评估、课堂表现记录及课后测验反馈等多维度大数据的综合分析，构建出每位学生的个性

化学习画像，并据此定制专属学习指南与学情分析报告，精准推送定制化学习内容，确保个性化教学精准触达每位学生，促进不同能力层次的学生均能获得与其相匹配的学习成果。尤为值得一提的是，当前兴起的智能导师系统，通过提供在线一对一辅导服务，不仅彰显了教学内容的丰富多样，更达到了教育个性化的新高度。

2. 教师对教学方法的重思考——怎么教

于人工智能浪潮之中，各学科的确凿知识传授正由传统师者口述逐步转向个性化智能教师引领。在此过程中，教师于“智能引导框架”内担当“导航者”之职，既为学子的引路人，也为其分析者、同行者，角色定位由台前逐渐向幕后过渡，然其在教学场域中的核心引领作用依旧稳固，未曾有丝毫动摇。

自适应学习平台激发了教师对教学策略的深度反思，它不仅能够持续追踪并解析每位学习者的行为模式，实现对学生学习状态的“智能匹配”，还能个性化地推送学习资源，颠覆了传统课堂上教师单一主导的讲授模式，赋予了学生更多表达与自我管理的空间。近年来，STEM 教育的兴起正是这一理念的成功实践，展示了自适应学习系统在教育领域的应用潜力。该系统的出现促使教师重新审视并优化教学手段，摆脱了传统班级授课制下的繁重桎梏，使教师能够从繁重的讲授与批改任务中抽身，进而将更多精力聚焦于学生的全面发展与个性化培养上。

3. 教师对教学效果的新评估——教的怎么样

人工智能技术所累积的海量数据，能够即时映射出学生学习过程中的详尽轨迹，并实现即时反馈，为学业成绩的评估提供了较为客观的依据。然而，必须承认，尽管技术强大，但在处理学生行为复杂性与多样性方面，机器仍存在机械化倾向，难以完全捕捉并反映真实情境。以解题错误为例，其背后原因可能多元，如理论知识掌握不牢或计算技能欠缺，而此类微妙差异在自动化评估中易被忽视，导致训练内容同质化，缺乏针对性。鉴于此，教师在整合大数据分析的基础上，进行深度的人文理解与个性化判断变得尤为重要。教师通过精心挑选差异化学习材料，以满足不同学生的具体需求，从而确保教学效果评价的科学性与综合性。

传统课堂的教学评价体系侧重于结果导向的考核模式，相较之下，人工智能大数据技术凭借其强大的实时分析能力，在教学的各个环节中动态地依据数据洞察，即时调整教学内容与策略，构建了一个从教学实施到效果评估，再经反馈优化后重返教学实践的闭环系统。此循环机制致力于将潜在问题在日常教学中逐一化解，实现了教学质量与成效的持续性提高，体现了更为精细化和动态化的教育管理模式。

第二节 人工智能背景下教师智能素养现状

本节对教师人工智能素养现实样态中存在的问题进行总结，运用社会生态理论作为分析工具，分析角度将遵从社会生态理论建构的宏观系统、中观系统及微观系统展开。

一、教师人工智能素养现存的问题

（一）人工智能知识方面

教师的人工智能知识储量，是其构筑人工智能素养大厦不可或缺的基石。教师对人工智能知识的深入理解，不仅是他们合理应用人工智能技术的先决条件，也是塑造正确技术认知的基石。调研显示，虽多数教师在人工智能特性及技术机理上有所涉猎，但在人工智能基础概念的透彻把握及前沿应用探索上，尚存在认知缺口。

1. 对人工智能概念的理解存在偏差，人工智能基础知识欠缺

教师对人工智能基本概念的理解呈现模糊状态，缺乏系统性地学习其发展历程与技术本质等基础性知识框架。诸多教师对于“人工智能”的认知仅停留于表面，甚至有将人工智能狭隘化为“机械人形”或单纯视为“数据存储器”的误区。尽管多数教师能察觉到人工智能的存在迹象，并列举诸如自动驾驶汽车、自助零售、智能清扫设备等实例，但在深入阐述“人工智能的本质”时，往往感到力不从心，难以精准定义。此外，部分教师持有人工智能为遥不可及之幻想的观念。本书详尽探讨了人工智能技术的核心构成，涵盖其四大核心分支、关键应用领域及演进过程中的三种典型形态，旨在揭示：当前教师对人工智能概念的把握存在偏差，亟待加强对人工智能基础知识的全面与系统性认知。

2. 对人工智能学习工具以及人工智能教学媒介知识了解较少

在教育智能化转型的浪潮中，智能技术赋能的学习辅助工具与教学手段在课堂实践中日益凸显其强大的效能。然而，教师群体对于智能学习工具的认知往往局限于智能搜题、自动批改及智能翻译等基础应用，而对其他创新型智能学习资源的探索则显得相对有限。同样，在教学媒介的掌握上，教师虽对电子白板、录播系统等传统智能教学设备有着较深的认知，但在面对交互式液晶触控屏、增强现实/虚拟现实技术、智能教室系统等新兴媒介时，却普遍表现出知识的匮乏与了解的不足。需要注意的是，多数教师对学校内微格教学环境中的多媒体集成平台与屏幕共享技术以及在线教育中所依托的各类云教学平台软件具备较为全面的认识，但对于新近涌现的多样化智能教学媒介的应用范畴、操作流程及潜在优势，仍显认知空白。

（二）人工智能能力方面

教师实际运用人工智能工具的能力，是评估其能否有效融合人工智能素养于教学实践，进而促进学习效能与教学质量双提高的核心要素。调研数据揭示，当前教师队伍在人工智能能力方面展现出不足。尽管部分教师在简易人工智能工具的学习与教学中展现出适应性，能够借助现有智能技术应对日常教学活动，然而，随着基础教育智能化转型的深入与普及，现有教师的智能素养与技能储备相较于基础教育智能化教学的需求而言，尚存显著差距，预示着教师在人工智能能力上尚有大幅度提升的空间，以充分满足未来教育的智能化发展需求。

1. 对人工智能工具的使用单一，操作水平低

随着人工智能技术的迅猛飞跃，教育领域迎来了教育资源的多样化与教育环境的深度优化，为学生个性化学习之路铺设了坚实的基石。然而，在人工智能工具的实际应用中，教师群体的选择范围仍显局限，主要集中在语音识别、图像识别与自然语言处理三大领域。这一现象表现为绝大多数教师偏好并依赖少数几种常见的智能教学辅助手段，而敢于尝试并有效运用新兴设备进行教学的教师凤毛麟角。总体来看，教师群体在人工智能工具的应用上呈现出手段单一、操作技能亟待提升的现状，反映出进一步拓宽智能教育应用边界与提升教师技术素养的紧迫性。

2. 利用人工智能技术整合教育资源的能力差

教师致力于人工智能技术的掌握，其终极目标在于将其深度融入教学实践，旨在突破传统教育框架束缚，加速教育现代化的步伐。当前，教师在教育实践中尚处于智能技术应用的初级阶段，距离借助该技术深化教学改革、增强课堂效能、实现学习个性化与教学精准化的更高层次的目标尚远。为使人工智能技术切实作用于教师教学实践的未来图景，构建技术与教育实际的紧密关联至关重要，需频繁置于教育场景中进行实践探索。割裂“技术”与“教育”的孤立视角，导致教师对技术的认知停留于表面，难以触及精髓。虽有教师尝试运用人工智能技术整合教育资源，但此举多局限于教学内容的更新层面，缺乏深度整合与创新。总体而言，教师在将智能技术有效融入教育教学、通过其重塑教学流程、优化教学活动以精进专业能力的道路上，仍面临较大挑战与不足。

3. 人工智能教育应用开发能力薄弱

相关调研显示，大多数教师在人工智能教育应用开发领域的能力尚显不足。有教师坦言，由于当前尚未涉足此领域，故而对于智能教育应用的创新构想相对匮乏。即使有教师萌生了开发智能教育应用的念头，也普遍反馈在推进过程中遭遇了多重难以逾越的障碍，诸如专业理论支撑与实践操作能力的双重缺失以及专业团队协作的匮乏等，均成为项目半

途而废的重要原因。仅有个别教师在团队协作的助力下，进行了初步的智能应用开发探索，如签到软件的创建等，然而这些尝试尚未触及教育教学的深层次应用。

（三）人工智能意识方面

面对未来基础教育领域的崭新挑战，教师的思维导向与行为模式对塑造国家未来人才质量具有深远影响。其是否具备自主学习的动力去深入探究人工智能、能否以理性视角审视人工智能的利弊、充分理解人工智能技术所蕴含的优势与潜在风险，并在此过程中规范自身对于人工智能技术的运用等一系列因素不仅深刻作用于当前的教学生态与学生学习体验，更对未来教育教学的走向与成效产生不可估量的影响。调研数据显示，虽然多数教师能以积极姿态接纳人工智能，并展现出对其的理性认知，但与此同时，所面临的一系列问题亦不容忽视。

1. 对人工智能有一定的学习兴趣，但有待提升

相较于智力，兴趣在推动个体学习进程中扮演着更为关键的角色，它是激发潜能、保障智力活动深入展开的基石。对于教师而言，对人工智能技术抱有浓厚兴趣，是其萌生学习意愿的先决条件。考察发现，教师群体中部分成员对人工智能技术的学习展现出一定的兴趣，其中一部分教师是受到身边同行或专业领域内朋友的影响，而另一部分则归因于“智能化浪潮”这一宏观环境的潜移默化。综合来看，在智能时代的广泛影响下，多数教师虽已对人工智能技术萌发了初步的探索与学习欲望，但这份兴趣尚显薄弱，且掺杂着一定程度的功利性考量。

2. 对人工智能产生的影响认识不足

世间万物皆具两面性，人工智能亦如此。作为一股能够颠覆传统、引领未来的强大技术力量，人工智能在为社会各领域带来深刻变革之际，亦潜藏着难以预见的挑战与风险。因此，我们需秉持辩证思维，审慎地审视人工智能及其与人类社会的复杂关系，避免滑入盲目乐观或悲观抵制的极端。具体而言，既不应过度美化人工智能的积极效应，陷入技术至上的盲目崇拜，成为技术的附庸，也不应片面夸大人工智能对人类社会的潜在威胁，从而对人工智能的发展采取消极回避或抵触的态度。在教育领域，多数教师已能够意识到人工智能技术对于优化教学、学习、考核、评估及管理等环节的显著作用，并预见其加速教育变革的潜力。然而，需要注意的是，这些教师往往更侧重于强调人工智能所带来的正面影响，而对于其可能引发的消极后果，如数据隐私保护、技术依赖加深等问题，则存在认识不足的现象。

3. 对人工智能带来的伦理安全问题缺乏防范意识

当前，人工智能所触发的伦理议题已在全球范围内掀起广泛讨论，鉴于此，联合国教

科文组织于2019年颁布了《北京共识：教育与人工智能》，旨在通过政策引导，为智能时代下的人工智能应用划定伦理边界与指导原则。深入分析相关调研数据，揭示出教育领域内教师群体对人工智能伦理安全问题的警觉性尚显不足。针对电子商务平台凭借高级人工智能推荐算法实施个性化营销以及媒体娱乐领域基于详尽用户画像打造精准推送系统，部分教师对此类行为背后潜在的过度数据收集表示默许，认为此乃数字时代之常态，未察觉其或引发“信息茧房”效应，限制了公众认知的广度与深度。展望未来，人工智能与人类社会的融合趋势日益显著，两者界限趋于模糊，这迫切要求教育工作者构建起科学且符合时代需求的伦理观念。因此，如何深刻理解并有效应对人工智能发展中的伦理挑战，构建防范机制以化解潜在危机，进而促进人机和谐共生的新型关系，已成为教师队伍不可回避的重要课题。

二、教师人工智能素养现存问题的原因分析

教师处于错综复杂的多维系统交织之中，其人工智能素养深受多维度因素影响，涵盖个体层面如教师自身特质、所在学校环境及人际网络（教师与同行、学生间的互动），乃至更为宽泛的教育政策框架与社会大环境等宏观因素。依据扎斯特罗所阐述的社会生态系统理论，微观、中观与宏观系统间存在着动态且相互渗透的关联机制。鉴于此，下面将从上述三个维度系统剖析，以揭示教师人工智能素养发展困境的根源所在。具体而言，在宏观层面上，国家政策的导向与支持是不可或缺的力量；在中观层面上，教育组织及学术机构对教师素养提升的推动作用同样关键；而在微观层面上，则聚焦于教师个体内在的成长动力与自我驱动。三者相辅相成，共同塑造了一个促进或制约教师人工智能素养发展的生态系统。

（一）政策系统：有关人工智能素养的政策制度缺失

宏观体系乃是由社会体制架构与意识形态深度融合而成的统一整体。其中，国家政策框架作为教师人工智能素养发展的宏观驱动力，扮演着至关重要的隐性支撑角色。在教育智能化转型的征途中，教育行政部门对人工智能教育的认知深度与扶持力度，构成了加速教师能力提升不可或缺的基石。制定并实施一系列具备权威性与科学性的政策措施，是强化教师人工智能素养的关键策略。然而，审视近年来我国智能教育领域的相关政策与文件，不难发现，针对教师人工智能素养的专项政策相对欠缺，规范标准、培养蓝图与实施细则尚欠清晰，并且未能确立明确的制度性激励措施，如增设专项考核与奖励机制，以激发教师主动探索与运用人工智能技术的积极性。这一现状无疑制约了教师人工智能素养的自主成长步伐，使其在缺乏外部有效推动的环境下缓慢前行。

1. 尚未形成统一的人工智能素养标准

2019年，在北京举行的国际人工智能教育峰会上，提出了旨在满足教师与学习者共同

需求的“通用人工智能素养架构”构想，然而时至今日，我国在该领域尚未颁布正式的政策文件。当前，从国家层面到组织机构层面，对人工智能素养的研究仍相对薄弱，尤其是对教师人工智能素养标准的相关探索尚显稀缺。尽管学术领域内已有部分学者致力于人工智能素养框架构建的探讨，但尚未形成统一且权威的规范体系。教师人工智能素养的培育深受教育主管机构与教育系统整体观念、政策导向及标准制定的影响。由于相关政策的缺失与标准的空白，教师人工智能素养的培养缺乏明确的指引与依据，难以引起教育机构及教师个体的充分重视。事实上，教师素养的优劣直接关系到人才培养的整体质量，特别是在职前教育阶段，教师素养的精心培育对其后续的专业成长具有决定性意义。若忽视教师在人工智能素养方面的迫切需求，我们将难以快速且有效地培养出适应时代发展潮流的卓越教师群体，更难以保障培养出符合未来社会需求的高质量人才。因此，构建并完善教师人工智能素养的政策框架与标准体系，已成为当前教育领域亟待解决的重要议题。

2. 缺乏人工智能课程标准

每门学科的开设均需依托统一的课程标准体系，人工智能课程亦应遵循此道。自2018年教育部发布《高等学校人工智能创新行动计划》，倡言构建“人工智能+X”交叉融合的专业培养新路径以来，提升大学生的人工智能素养已成为我国高等教育界的重要议题。然而，当前高校在人工智能课程构建上尚缺乏明确统一的课程标准，且教育覆盖面未能惠及所有学科背景的学生群体。鉴于人工智能的广泛渗透力与普遍赋能特性，其教育对象不应局限于计算机科学与技术领域，而应面向全校各专业背景的学生，以打破专业壁垒，促进跨学科融合。由于缺乏标准化的课程框架指引，人工智能教育在基础知识框架、基本理论阐述、核心概念界定及关键技术解析等方面均面临界定模糊的问题，这直接导致多数高校难以有效规划相关课程，而师范类专业在课程内容构思与课时分配上亦多沿袭传统路径，未能充分融入人工智能的最新进展与教育理念。

（二）组织系统：学校和教师对人工智能教育的支持力度不够

中层层面即个体所身处的直接环境，深刻塑造着教师的知识架构、价值观念及学习动机。这一层面实质上构成了教师职业发展的核心组织生态系统。在“学校”这一组织形式下，教育机构不仅承载着培育师资的艰巨任务，更是国家教育政策实施与深化的前沿阵地，对于提升教师人工智能素养具有不可或缺的作用。2021年，联合国教科文组织发布的报告《共塑未来教育：新社会契约的探索》，强调了数字技术为教育人才培养开辟了新路径。智能教育作为高校人才培养的战略抉择，迫切要求高等教育机构率先引领变革潮流。然而，面对智能技术的迅猛发展与教育变革的迫切需求，许多教育机构尚未来得及作出全面适应与调整。就教师个体而言，其人工智能素养的优劣直接关系到整个教师队伍人工智能素养的提升潜力。教师在教学实践中运用人工智能技术、融合人工智能知识，不仅能够促进教学效果，更能激发教师自身的学习热情与创新能力，进而形成个性化的知识框架，并在其职业生涯中持续发挥作用。然而，当前高校教师群体的人工智能素养整体水平尚待提高，多数教师在智能技术掌握上尚显不足，难以充分发挥其在教育创新中的引领与示范作用。因此，提升教师人工智能素养，已成为推动教育智能化进程的关键一环。

1. 学校组织层面

（1）培养目标未能紧跟时代步伐。高校教育师资培养的核心愿景，在于锻造出顺应新时代脉动、能驾驭社会疾速变迁的杰出人才。然而，当前组织院校所设定的培养目标与新时代教育改革的迫切需求之间存在一定的错位，这构成了阻碍教师人工智能素养飞跃的关键瓶颈。在新师范教育的宏观视野下，人工智能技术与教育教学的深度融合，对师范生的培育标准设定了更为高远的目标。审视当前组织院校的培养蓝图，不难发现其仍陷于传统模式的窠臼之中，过度聚焦于传统的教书育人职能，未能有效对接智能社会的新要求。通过对教师的深入访谈，我们进一步揭示了问题的症结所在：组织院校在推进教师人工智能素养培育方面，缺乏系统性规划与前瞻性布局，其培养目标显得较为固化，未能紧随时代步伐进行适时调整，更缺乏与基础教育实践的有效对话与互动，从而限制了教师人工智能素养的全面提升。

（2）教师教育课程内容相对陈旧。课程作为教师人工智能素养培育的核心媒介，其设计与实施对教师人工智能素养的成长具有直接且深远的影响。构建紧跟时代步伐的职前教师教育课程体系，是提升教师人工智能素养的关键步骤之一。然而，当前组织院校在课程配置上显著缺乏与人工智能紧密相关的内容。据访谈反馈，教师所接触的人工智能相关课程主要集中在“现代教育技术”“计算机基础”等基础领域，且多为选修性质，课程范围相对局限。需要注意的是，受专业差异影响，理工科教师虽能额外接触到一至两门人工智能相关课程，但整体而言，现有的教师教育课程体系尚不足以充分满足教师人工智能素养提升的需求。进一步分析指出，尽管这些课程为教师提供了接触人工智能技术的窗口，但其内容往往偏重理论讲授，缺乏生动性与吸引力，导致学生学习兴趣不高。这一现象背后，既反映出组织院校在人工智能通识课程供给上的不足，也揭示了各学院在结合专业特色开设人工智能复合课程方面的缺失。尤为关键的是，在实践教学环节中，针对学生智能教育应用能力的培养与考核尚显薄弱，未能有效促进理论知识向实际教学技能的转化。因此，亟待优化课程设计，强化人工智能素养的实践教学，以满足新时代对教师人工智能能力的多元化需求。

（3）教师评价体系尚不健全。在教师人工智能素养的培育路径中，评价与诊断机制扮演着举足轻重的角色，其健全性直接关乎教师自我提升与教学质量提高的导向力。遗憾的是，当前组织院校的评价架构尚不完善，尚未将人工智能素养正式纳入其评价体系之中，导致教师缺乏足够的外部激励来深化学习与教学探索。同时，评价体系的构建依旧受限于传统框架的束缚，展现出片面化倾向，难以全面反映教师的真实能力与成长轨迹。调研数据显示，多数组织院校仍倾向于采用终结性评价模式对教师进行评估，然而，这种评价方式难以捕捉教师人工智能素养在日常教学实践中的渐进式发展。相比之下，形成性评价因其贯穿教学活动始终的特性，能够更为精准地追踪并记录教师在课堂内外的表现、学生的学习动态及能力变化，是评估教师人工智能素养成长的理想选择。此外，现有教师评价体系对理论知识的过度偏重，忽视了对实践应用能力的充分考量，这在智能时代背景下显得尤为不合时宜。随着教育目标的转向，对学生能力的评价亦应聚焦于问题解决、沟通协作、创新思维等综合素养，而传统的纸笔测试方式已难以满足这一需求，亟须探索并实施更为多元化、情境化的评价体系。

（4）智能化校园环境建设尚不完善。智能化教育环境对教师实践认知与实践能力具有关键性影响，智能技术的有效运用依赖充足的智能设备支持。然而，当前组织院校的智能化建设尚处于起步阶段，相较于基础教育机构，其进展显得滞后。多数院校仅限于满足政策基础要求的网络环境与多媒体教学设施，智能化元素的融入严重不足。加之智能化硬件投入大、折旧快、维护复杂，尤其是教学用智能设备迭代迅速而实际利用率偏低，这些因素共同制约了组织院校智能化进程的深入。具体到单一院校层面，智能化软硬件资源匮乏且分配不均问题凸显，智慧教室作为核心资源尤为稀缺，仅有限的专业与课程得以享用其便利。而从校际比较视角来看，智能化设施的效能未能充分发挥，即使在条件优越的学校中，也常因缺乏对智能教学的足够重视，使得智能设备沦为装饰，未能真正助力教学创新与实践深化。

（5）忽视对智能教育氛围的营造。组织院校的整体环境超越了单一的课堂教学范畴，对教师人工智能素养的塑造具有深远且难以估量的作用。作为一种隐性的教育资源，智能教育环境的营造对教师构成了隐性的、持久的影响机制。一个积极向上的人工智能学习氛围，能够持续浸润并滋养教师，使其在不自觉间融入人工智能教育之中，实现智能素养的渐进式提升。然而，当前组织院校在推广人工智能教育理念上显得乏力，缺乏对教师群体的有效宣传与引导，同时，相关实践活动的稀缺也进一步加剧了人工智能教育氛围的淡薄，表明院校内亟待强化人工智能教育的全面渗透与参与氛围。

2. 组织主体层面

（1）教育理念仍相对落后。教育的进步根植于教师的发展，而理念的革新则为先导。在科技日新月异的当下，教师群体正面临教育理念革新、知识迭代加速及教学方法变革等多重挑战，这要求他们必须持续提升专业素养，秉持终身学习理念，不断自我审视并精进教学能力。然而，访谈调研揭示了一个不容忽视的现象：众多高校教师的教育理念相对滞后，满足于既有知识框架，对新兴技术尤其是教育信息化与智能化的关注度明显不足。在探讨人工智能及其素养认知时，多数教师将其简单等同于信息技术及其素养，未能深刻洞察两者间的本质差异与内在联系。这一现象反映出部分教师在该领域的知识储备相对匮乏，甚至存在认知盲区，相较于同行亦无显著优势。更令人忧虑的是，有的教师因循守旧，未能紧跟时代步伐主动学习新技术，对人工智能教育于教师职业发展的重要性及其潜在价值的认识严重不足。

（2）教学模式囿于传统。新兴技术的涌现极大地拓宽了知识获取的途径，使得知识源泉不再局限于教师讲授与书籍记载，而是融入了网络等多元化渠道，这无疑对教师作为知识权威的传统角色构成了挑战。在智能时代的教育场景中，学生角色发生了根本性转变，他们不仅是知识的接收者，更是知识创新的积极参与者，这一趋势促使传统教学模式亟待转型，以适应以学生为中心的新需求。随着慕课等现代教学手段的广泛应用，教师的职能边界被重新划分，其角色逐渐从知识的单纯生产者与传递者，转化为学习活动的组织者与辅助者。教学过程因而演化为一场围绕学习者展开的动态知识构建之旅，个性化学习路径、问题解决导向及知识实践应用成为教学模式变革的核心。然而，反观当前组织院校的课堂实践，其模式依旧固守着“传授—接收”的传统框架，教师依旧扮演着教学过程的绝对主导角色，师生间互动关系呈现出显著的不平衡状态，学生的主体性往往被忽视。在课堂上，填鸭式的教学方法屡见不鲜，教师过于强调知识灌输，却未能有效激发学生的创新思维与合作探索潜能，学生的主观能动性未得到应有重视。此外，这种教学模式还阻碍了教师自我发展的空间，特别是在人工智能技术应用能力的提升上，教师往往被局限于“教书匠”的角色定位，缺乏展现自我创新与实践能力的平台。从长远来看，这既不利于学生培养自主探究与深度交流的能力，也制约了教师在智能教育领域的专业成长。

（3）智能化教学手段单一。在人工智能教育的探索与实践中，组织院校的教师群体展现出了对人工智能技术或软件在课堂应用上的不足，其人工智能素养尚待提升。教师缺乏主动探索与应用新技术于教学的积极性，导致智能技术未能有效融入课堂教学实践之中。不少教师仅停留于利用多媒体设备进行基础课件展示，而在高级智能工具与复杂技术掌握上则显得力不从心。此现象的根源之一在于教师与智能化教育资源接触有限，且现有智能化教学师资多集中于信息技术及计算机教育领域，其教学侧重点往往偏向于技术本身，而未能充分实现技术与教育教学的深度融合。此外，当论及线上教学模式时，很多教师坦言在操作技能上尚显生疏，在初期适应阶段面临挑战，具体表现为课程设计缺乏清晰度、课堂管理能力有待加强以及师生间沟通交流不畅等，这些问题均在一定程度上制约了线上教学效果的优化。

（三）学习者系统：教师人工智能素养主体性发展不足

微观视角聚焦于嵌入社会脉络中的个体，在此层面下，个体的生理机制、心理状态及社会互动交织成一张错综复杂的网络，它们之间的相互作用持续不断、互为因果，共同塑造着人的认知图式与行为模式。在建构主义的理论框架下，学习过程被重新定义：它不再是学习者对外部信息的被动接受，而是主体积极参与、主动建构知识意义的过程，这一过程具有不可替代性，唯有学习者本人方能完成。因此，教师作为自我提升的主体，其人工智能素养的发展同样依赖自身的主动性与能动性。只有当教师积极投身于学习内容的建构之中，方能促进有效知识与宝贵经验的深度吸收与内化，进而转化为指导行动的内在力量。然而，当前教师群体在人工智能素养方面的种种不足，其根源可追溯至学习动力的匮乏与自我学习意识的淡薄，这种内在的驱动力欠缺直接阻碍了教师自我提升的进程。

1. 教师自身现状与发展需求相冲突

在教育实践的广阔舞台上，教师正面临着繁重的课程负担，而额外学习人工智能领域的知识无疑为其增添了新的压力源，从而削弱了教师主动增强该领域知识技能的动力。很多教师坦言，除了应对日常的教学任务，还需投身于社团活动、志愿服务及资格认证考试等多重事务之中，这些事务几乎耗尽了他们的时间与精力。在有限的闲暇时光里，教师更倾向于寻求休息与放松，而非投身于人工智能素养的提升。在此情境下，人工智能技术的学习虽被视为一种潜在的有益资源，却往往被教师视为“虽有价值却非紧迫”的选择。时间资源的稀缺性成为教师探索该领域的主要障碍，加之对课程难度的潜在担忧，更使得这一学习之旅显得荆棘满布，构成了教师在人工智能探索道路上不可忽视的阻力。

2. 内部学习动机不强，缺乏主动学习意识

尽管教师普遍认可学习人工智能的价值所在，但实则较为缺乏内在的驱动力以激发学习热情。对他们而言，提升人工智能素养更多是基于外部环境的压力，而非源自内心深处的自发需求，未能将其作为当前及未来职业发展中不可或缺的核心素养来对待。鉴于基础教育领域的发展趋势，中小学生展现出了对新鲜事物的高度接纳与快速适应能力，尤其在智能化环境融入方面远超教师群体。若教师未能主动作为，持续更新知识结构，其未来的教育胜任力将受到严峻挑战。调研数据揭示，多数教师倾向于安于现状，满足于专业基础知识的掌握与日常教学任务的完成，对于科技与教育融合的政策导向、计算机技术、智能化教育以及“人工智能+教育”领域的前沿理论与实践探索，则缺乏主动学习的积极性。部分教师抱持“观望”态度，期待官方文件的出台或学校课程的开设作为学习契机，而非主动出击。还有个别教师甚至流露出“消极应对”的心态，他们或因职业志向非教育领域，视相关学习为无用之功；或自诩能熟练运用智能技术，满足于表面操作，而忽视了对其背后原理的深入探究与理解。

第三节　人工智能背景下教师智能素养提升策略

教师人工智能素养的培育是一个漫长且复杂的历程，它遵循着逐步深化、螺旋式攀升的轨迹，依赖持续不断的理论研修与教学实践的紧密融合，历经时间的沉淀与经验的积累方能成就。鉴于此，提升教师的人工智能素养实则构建了一个跨时空、多维度的系统工程，其艰巨性与长期性不言而喻，亟须社会各界的协同努力与全面支持。

一、政策生态：完善教师人工智能素养的政策制度

（一）加快人工智能素养标准研制，依据标准培养人才

在科技浪潮的引领中，欧美等发达国家屹立潮头，每逢科技巨变，均能及时构建素养框架，为人才培养铺设明确航道。步入智能纪元，环顾全球，人工智能素养的标准蓝图尚未在全球范围内绘制，我国应敏锐捕捉这一历史契机，加速推进人工智能素养标准体系的研发，为教师队伍的人工智能素养升级铺设政策基石。制定一套科学、严谨的人工智能素养标准，其专业性之深、挑战性之大不言而喻，亟待社会各界力量的汇聚与协同。具体而言，教育行政部门应主动担纲，统筹协调，引领相关研究机构与学者，深化对人工智能素养的学理探讨，精确界定其内涵边界与具体要求，进而制定既具可操作性又能精准导航教师教育教学实践的素养标准。需要注意的是，此标准不仅应成为教师培育学生智能素养的实操手册，也需成为衡量学生智能发展成效的关键尺度。因此，在制定过程中，必须充分考量不同年级段及专业背景的学生的个性化需求，确保标准的普适性与针对性并重。更进一步地，鉴于人工智能技术的日新月异，我们所构建的人工智能素养标准还需展现出适度的前瞻视野与扩展潜力，以灵活应对技术变革带来的挑战与机遇，确保标准体系的长远生命力与适应性。

（二）基于人工智能素养标准研制课程标准

基于人工智能素养框架的导向作用，我们应加速推进针对人工智能素养培养的课程体系研发，确保这一培养过程得以切实执行。当前，我国在国家层面尚缺乏针对人工智能课程的统一标准，而高校现有的“现代教育技术应用”“计算机基础”等课程标准仅零散触及人工智能领域，故确立一套全面的人工智能课程标准，以弥补现有体系中的人工智能教育空白，并为各教育机构在人工智能教学实施与评价方面提供权威指引，显得尤为迫切与重要。在此背景下，芬兰的教育改革实践为我国提供了宝贵的启示。为全面提升教师的教育技术素养，芬兰成功地将智能教育素养融入课程体系，细化了课程标准，同时弱化了学科壁垒，实现了学科教学与前沿技术、教育趋势的深度融合。在制定我国的人工智能课程

标准时，需重点关注以下几方面：首先，应充分尊重学生发展的多元化需求，确保课程内容紧密贴合学生的兴趣与需求，并遵循学生身心发展的自然规律与教育科学的内在逻辑；其次，积极动员社会各界力量共同参与标准的研制工作，通过汇聚政府、产业界、学术界等多方智慧，增强课程标准的科学性与实用性；最后，保持对社会发展动态的敏锐洞察，灵活调整并持续优化课程标准，确保其始终引领教育前沿，为培养适应未来社会需求的智能型人才奠定坚实基础。

（三）大力推进教师人工智能素养提升的行动计划

为激发教师主动拥抱信息化与人工智能等新兴技术变革，积极投身于高教教育教学实践，教育部办公厅于 2018 年 8 月正式发文，宣布在宁夏与北京外国语大学率先启动以人工智能为驱动的教师队伍建设行动试点项目。随后，宁夏积极响应，制定《宁夏人工智能助推教师队伍建设行动试点实施方案》，旨在通过政策杠杆加速教师智能素养的培育进程。至 2021 年 9 月，试点工作迈入新阶段，第二批试点项目应运而生，相较于首批试点，其在参与院校的数量与类型上均实现了显著扩展。然而，尽管试点范围有所扩大，但尚未达到广泛覆盖的程度，众多高校仍徘徊于行动之外。鉴于此，国家亟须加大政策扶持与推广力度，采取更为有力的措施，逐步将试点范围扩展至全国，力求从教师职前培养阶段起，就奠定坚实的智能素养基础，全面促进教师队伍的智能化转型与升级。

二、组织生态：学校和教师加强对人工智能教育的支持

（一）完善教师人工智能素养发展的组织保障条件

1. 革新人才培养理念，更新人才培养目标

学校首要之务在于精心规划顶层架构，确立清晰的培养愿景，为教师人工智能素养的培育铺设明确路径。首先在于优化培养体系，将教师人工智能素养的培育置于核心地位，通过构建以必修课程为主体、选修课程为辅助的多元化培养方案，将其深度融入整体人才培养战略之中，作为教师教育一体化进程中的关键环节，旨在为教师未来职业生涯中的高级人工智能学习奠定坚实基础。其次，需与时俱进地更新培养目标，各高校应立足自身特色，依据既定的人工智能素养标准，设定具体而明确的培养目标，以此指导课程设计与实施，并为教师人工智能素养的评估提供坚实依据。最后，贯彻立德树人教育理念至关重要。在人工智能教育领域，我们应避免将其简化为单纯的技术传授，而应视其为教育体系内立德树人的重要组成部分。人工智能素养的核心，不仅在于技术能力的掌握，更在于价值观与伦理道德的塑造。正如机器人设计之初便遵循的不伤害原则，尊重生命、平等待人的道德准则在人工智能时代更显其重要性。因此，在人工智能素养的培养过程中，应始终秉持以德为先的原则，强调对生命的敬畏与对他人的尊重。

2. 优化教师教育课程，增强针对性和实践性

学校课程设置是教师获取技术技能与知识不可或缺的渠道，亦是深化教师人工智能素养培养的核心环节。2021 年教育部发布《关于实施第二批人工智能助推教师队伍建设行动试点工作的通知》，倡导各院校积极探索人工智能应用基础与智能教育课程，以增强教师运用人工智能优化学科教学效能的能力。在此背景下，四川师范大学教育科学学院率先垂范，以"新师范"理念为引领，为教育界树立了典范。该院在传统师范教育课程体系基础上，深入实施教师教育课程的智能化转型，不仅融入人工智能教育教学的新课程或模块，还强力推动教师教育主干课程的信息化、智能化升级与实践，取得了显著成效。为有效提升教师的人工智能素养，各院校亟须对教师教育课程体系与内容进行革新，通过增设与人工智能紧密相关的课程，或在现有课程中融入更多的人工智能与教育融合的知识元素，旨在拓宽教师的人工智能理论基础，并强化其在智能教育领域的伦理道德意识，确保教师能够秉持正确的智能教育价值观。

组织院校在开设相关课程时需要考虑以下几个问题。

一是课程设置的原则问题。首先，鉴于教师即将步入基础教育领域，其课程规划务必与基础教育课程改革及社会发展趋势紧密相连，确保教育内容的时效性与实用性。其次，课程设计应依据教师的专业特质进行精细化划分，采取分类别、分层次的方法，旨在提升课程内容的针对性和亲和力，促进教师有效学习。最后，鉴于教师群体在职业发展各阶段的需求差异，课程设置应体现阶段性特征，以满足不同成长阶段教师的个性化需求，促进教师全面发展。

二是课程设置的时间问题。关于教师的人工智能素养培养课程，建议其设置于学生已掌握"计算机基础""现代教育技术"等信息技术基础课程之后，此时学生已具备一定的信息技术认知与操作能力，为后续深入人工智能领域的知识与技能学习构筑了稳固的基石。同时，该课程亦应紧随学科教学法等教育学相关课程之后，旨在为教师提供将智能技术无缝融入教学实践的契机，促进其在后续学习中实现技术与教育的深度融合与创新应用。

三是课程设置的形式问题。课程设计采取理论与实践并重的架构，构建了一种循环促进的体系，即"实习经历激发理论探索需求"，同时"理论学习催生实践应用愿景"。关于理论部分，学校应全面推广面向全体教师的人工智能概论课程，旨在为教师奠定人工智能基本概念、基础技能及整体认知的坚实基础，并培养其正确的人工智能观念与意识。各院系则应根据专业特色开设"X+人工智能"课程，以增强教师将人工智能技术融入专业教学的能力。在实践课程的设置上，鉴于教师人工智能教育的实践导向与示范作用，应避免单一的理论灌输，融入更多探究性、操作性的内容，设计诸如专项人工智能技能训练等任务，鼓励学生自主完成，以切实提升其人工智能素养。同时，通过增加观摩、实习与研

究的课时比重，使教师能够亲身体验教育前沿对人工智能素养的具体要求，不仅增强其提升人工智能能力的自觉性，也锻炼其运用智能技术优化教学的能力。此外，教师培养过程中应强化校企合作，深化与智能技术企业的合作关系。企业可为学生提供充裕的技术资源、前沿产品以及真实的、沉浸式的学习环境，为提升其智能技术能力提供有力支持。

四是选择合适的师资。人工智能广泛渗透各个学科领域，因此对教育者的跨学科整合能力提出了更高要求。一名优秀的教师，应当既是一名掌握人工智能技术的指导者，又是多学科的教授者，同时也需承担心理支持的角色。为此，学校在甄选教育团队时，应谨防过分重视技术导向而轻视教育背景与经验的匹配性，以确保课程与教学内容的紧密联系。针对师资资源有限的挑战，教育机构可以创造性地采用团队合作教学模式，即通过集合多位教师各自的专业优势，协同完成教学任务，实现能力的互补与共享。此外，积极拓宽师资引进渠道，强化现有教师队伍的专业成长与技能培训，对于持续优化课程体系、增强教学效果而言，亦是不可或缺的策略。这些措施可望更好地适应人工智能时代对教育提出的新要求，促进学生综合素质的全面发展。

3. 健全教师评价体系，以评促学

人工智能技术在教育评价领域的深度应用，不仅拓宽了评价维度，还显著增强了评价的靶向性与全面性，有效规避了传统评价体系的局限，力求教学评价的极致效能与精准优化，切实助力立德树人教育目标的深度践行。为此，各教育机构应致力于构建一套多元化、精细化与智能化并重的评价体系，持续深化对教师人工智能素养内涵的理解与拓展，精心设计更为细致的评价指标体系，旨在精准衡量教师的能力素养与道德品质，并敏锐捕捉其在人工智能素养实践中的潜在问题。同时，应引入智能化教学评价手段，激励教师不断提升其人工智能素养，在智能化综合评价体系的框架下，鼓励教师实现自我超越与素养飞跃。具体而言，可依托先进的智能设备与系统，实现对教师日常教学行为的即时监测与反馈，为每位教师量身定制“数字身份档案”，细致入微地剖析其人工智能素养发展轨迹。此外，建立教师人工智能素养成长档案与记录系统，全面覆盖并忠实记录教师的校园活动与学习生活，实施精细化量化评价策略，并倡导建立动态、灵活的学习评价机制，以促进教师持续成长与自我提升。

4. 创设智能化校园环境，加大软硬件设施投入

优质的智能化生态能有效促进教师对智能教学技术应用的恰当认知，为培育其人工智能素养构筑坚实支撑。泛在学习理念倡导打破时空界限，利用前沿技术与设备促进知识的无缝获取与教学交互。为持续增强教师的技术驾驭能力，需鼓励其不断学习新知，紧跟技术前沿。而智能化校园环境的营造，则为教师掌握与运用智能技术铺设了肥沃土壤，促使教师在教学实践与自我学习中积极融入新兴智能设备，逐步精进其人工智能素养。在组织院校推进

智能化校园环境建设时，应聚焦于两大核心方面：一是构建多元化、模拟真实的智能教育实训情境，为教师提供丰富的实践舞台；二是强化学校智能平台资源体系的建设，确保教师能便捷获取高质量的智能教学资源与工具，进一步促进教学创新与个人能力的飞跃。

5. 营造智能教育氛围，潜移默化育人

构建优质“软”环境是培育教师智能伦理、知识体系与思维能力等综合素养的关键路径，而强化智能教育氛围对于促进教师人工智能素养的全面跃升同样至关重要。为积极响应全民人工智能素养提升的时代号召，芬兰人工智能中心自 2017 年起，成功策划并实施了“人工智能日”活动，该活动旨在广泛展示人工智能领域的尖端研究成果与实践应用，面向社会各界开放，同时激发跨领域合作的无限可能。借鉴芬兰的宝贵经验，我国各教育机构可于校园内策划并举办“人工智能探索日”等类似活动，聚焦于人工智能最新成果与应用的展示，为教师搭建直接对话科技前沿的桥梁，营造浓厚的学习氛围。此外，学校还应积极筹办多样化的专题讲座，特邀人工智能教育应用领域的权威专家，为教师群体深入剖析人工智能的教育应用价值，进一步强化其应用意识。为激发教师在智能技术应用上的创新活力与竞争意识，学校可定期举办系列竞赛活动，包括但不限于微课创作大赛、创新课程设计竞赛、智慧教学技能展示赛以及智能技术创新挑战赛等，鼓励教师结合各自学科特色，充分利用智能技术优势，精心设计教学方案，创新教学实践。同时，还可设立交互式教学设备公开课展示与评选环节，引导教师跨学科融合，借助智能技术的力量，探索并实践新型教学模式，共同推动教育领域的智能化转型与升级。

（二）提升组织主体智能化教学胜任力

1. 更新教育理念，融智能元素于教学

教育观念引领教育实践变革，人工智能与教育教学的深度融合，实质上是教育哲学观的深刻转型。教师作为人工智能素养普及的关键力量，无论其态度如何，人工智能已悄然融入教育体系的每一个角落，预示着一个人机协同教育新时代的到来。然而，当前教育机构中的教师对“人工智能+教育”的认知尚处于模糊状态，对其发展趋势亦缺乏清晰洞察。因此，教师亟须革新教育观念，紧跟时代脉搏，敏锐捕捉人工智能为教育生态、教学模式及学习体验带来的深远变革，深刻理解智能教育是教师与人工智能共舞的新型教育范式。促进教师观念的革新，可从以下几个维度着手。首先是紧跟国家政策导向，深入学习并践行教育部门颁布的相关政策，把握个人成长与职业发展的核心要点，在政策框架内加速人工智能素养的积淀。其次，教师应积极拓宽视野，利用多元化渠道如参与专业研讨会、订阅权威期刊等，紧跟智能教育的发展步伐，洞悉人工智能领域的最新进展与教育教学实践中的成功案例，吸纳先进的教育理念与方法论。最后，构建教师互助网络，强化同行间的沟通与合作。在团队互动中，教师应积极分享实践心得，共同审视并反思人工智能技术应用于教学过程中的挑战与不足，集思广益，探索高效教学策略，共同推动智能教育的创新发展。

2. 转变教学观念，突出学生主体地位

在智能化学习生态中，知识获取途径的多样化使学生在特定领域内可能超越教师，形成“师未必皆优于生，生亦能超越师”的新常态。在此情境下，传统单向“灌输—接收”教学模式的局限性越发凸显，其弊端包括：削弱师生互动的参与深度与知识学习的情境关联性，忽视学生作为学习主体的核心地位以及师生间人格平等与对话交流的重要性。因此，教师亟须摒弃旧有教学观，拥抱建构主义教学理念。该理念强调在教师引导下，以学习者为中心的学习模式，教师则转变为意义构建的辅助者、推动者角色。在人工智能教育的实践中，确保教师角色转型为核心，意味着教师应主动让位课堂中心，退居幕后，成为学生学习旅程中的激励者、促进者、辅助者与协调者。这要求在课堂上给予学生更多自主思考的空间，鼓励“自主探索、团队协作、深入探究”的学习方式，使教学成为师生共舞的舞台而非教师的独角戏。同时，激发学生的人工智能学习兴趣至关重要，兴趣作为学习的内在驱动力，能显著提升学习动力与成效。教师应深入洞察教师群体的成长需求，提供丰富的学习资源、个性化的学习路径规划及沉浸式的课堂体验，助力教师高效吸纳新知，与智能时代的教育变革同频共振。

3. 运用智能教学工具，建构多元教学模式

在教育实践中，教师运用智能技术不仅树立了典范效应，还激发了学生对智能技术探索的热情。正如崔允漷所强调的，教师的视听呈现策略对于课堂效能的提升具有举足轻重的作用，因此，精通并善用包括现代教学媒体在内的各种视听媒介，以技术赋能教学，是教师不可或缺的能力。为了达成高效教学，提高教学质量，教师务必精通多样智能技术，并将其巧妙融入教学设计之中。当前，人工智能时代催生了万物互联的新生态，要求教师依托智能工具，勇于开创教学模式的新篇章。在智能化课堂教学场景下，教学模式的多元化成为趋势，教师应积极拥抱如线上线下融合教学、跨学科整合教学、案例导向教学、任务中心教学、参与性教学、体验式学习及项目式学习等新型教学模式。这些模式鼓励学生从实际问题出发，在真实情境中，通过思考、实践、应用、创造与分享的学习路径，使教学过程富含探究性、体验性与实践性，进而加速教师人工智能素养的深化与提升。尤为值得一提的是，教师应频繁地在课堂中引入智能技术与教学深度融合的成功案例，以此加深学生对智能技术的认知与掌握。

4. 主动适应育人新角色，提高育人水平

教育的核心，本质上在于激发个体的生命自觉，点亮心灵之光，塑造生活图式，并促进生命价值的全面实现。即使是在人工智能浪潮席卷的今天，教育的这一本质依旧坚如磐石，教师的地位无可替代，他们依然是促进教育者心智成熟、启迪智慧、滋养心灵的关键

所在。教师需深刻领悟智能科技融入教育的无限潜能，更加聚焦于学生生命成长的每一阶段。人工智能的融入深刻重塑了教师的角色定位，推动其从单纯的知识传递者转变为情感培育的园丁、心灵呵护的守护者。在此背景下，教师应将工作重心转向“人机”协作教学框架下的教学设计优化与育人使命的深化，致力于以科学高效的方式引领并促进教师的个性化学习路径，进一步强化人类教师在“育人”这一本质职能上的独特价值。

三、学习者生态：教师充分发挥面向未来的学习主体性

（一）转变学习观念，自主建构知识

首先，教师应当秉持持续学习的信仰，将终身学习视为智能时代背景下不可或缺的生存技能。这不仅是对学生的基本要求，更需教师身体力行，展现出不断求知、探索未知的积极态度，力求在知识的海洋中广纳博采，永不止步。此理念不仅倡导对知识体系的全面继承，更鼓励学生从被动接受向主动求知的根本转变。面对“人工智能”这一教育领域的新兴力量，部分教师或许抱有排斥情绪，担忧技术难度与投入时间，然而，正确的态度应是积极拥抱变革，认识到学习初期的挑战仅是暂时的障碍，而掌握并灵活运用新技术所带来的长远益处则是无可估量的财富。其次，教师应充分发挥其主观能动性，以建构主义为指引，成为学习过程中的主导者，主动构建个人知识体系。这意味着教师应勇于踏入人工智能的未知领域，以探索者的姿态，在发现与学习中不断积累新知与技能，实现从被动接受到主动创造的飞跃。唯有深刻理解智能技术的精髓，教师方能为其与教学实践的融合铺设道路，确保智能技术不仅被了解，更能被精准、高效地应用于教学之中。因此，积极参与相关培训，深化对智能技术理论基础与核心技术的掌握，是教师不可或缺的责任。同时，教师还需具备知识迁移的能力，将所学灵活运用于多样化的教育场景中，真正实现智能技术赋能教育的愿景。

（二）加强实践锻炼，提升人工智能应用能力

人工智能素养的核心特质在于其实践导向性，唯有通过深化人工智能技术的实践应用，方能增进对其深刻内涵的理解，实现理论与实践的深度融合。尽管多数教师对人工智能技术在教育教学中的潜力表示高度认可，但这一认知尚未有效转化为实际行动。面对未来教育的挑战，教师亟须强化自身的人工智能实践技能与实践深度。首要任务在于，教师需提升整合人工智能教育资源的能力，即在坚实的理论基础上，秉持积极实践的态度，运用智能技术优化学习体验，重构教学路径，主动弥合智能技术与各学科教学间的鸿沟，构建两者间的桥梁。通过在实际教学场景中的实战操作，教师不断提升运用智能技术施教的能力，并以批判性思维审视教育过程，及时发现并修正存在的问题。进一步而言，教师应致力于增强人工智能教育应用的开发能力，勇于尝试，敢于实践，充分利用学校资源及平

台优势，积极参与竞赛、项目等活动，主动开发适用于教育的人工智能应用，以此推动人工智能技术在教育领域的应用创新。

（三）强化防范意识，主动承担伦理责任

审视技术演进的轨迹，科技飞跃无疑增强了人类对自然的驾驭力，但在享受技术馈赠、消耗其物质成果之际，人类的批判性思维与否定性视角却悄然褪色。智能技术的应用，犹如一柄双刃剑，其深度依赖无形中削弱了教师的批判性分析与判断能力，使之陷入技术构建的隐形牢笼而不觉。尤为严峻的是，若教师未能洞悉技术背后的意图框架，盲目、错误乃至过度利用技术的特定功能，师生双方均面临沦为技术附庸的风险。因此，在人工智能技术的实践中，教师务必保持清醒头脑与高度警觉，强化自我防护意识。诚然，智能技术能以数字形式映射现实世界，但虚拟构建之域无法完全取代真实的客观世界。教师作为技术应用者的角色，应不断提升数据伦理素养，确保在法律框架内合理运用人工智能，积极维护并倡导智能伦理的实践。面对智能技术潜在的负面效应，教师应主动识别、坚决抵制，以捍卫人类社会的伦理基石与社会风尚。在教育学习领域，教师应具备审视智能产品及设备伦理问题的能力，筛选出安全可靠的智能工具服务于学习过程。而在教学实践中，教师收集学生数据应秉持公开、透明、尊重意愿的原则，严格遵循合法程序，确保学生知情同意。数据应用于学情分析时，隐私保护尤为关键，需防范数据泄露带来的安全隐患。最终，教师应坚守“科技向善”的理念，确保每项技术应用均以增进福祉为旨归，共同推动智能教育健康、可持续发展。

（四）寻求交流合作，培养团队协作能力

人类作为高度社会化的存在，其所有行动均深植于复杂多变的社会环境中。鉴于“术业有专攻”，个人之力终有极限，独自应对一切挑战显得不切实际，故合作与交流成为促进个人与集体共同进步的重要途径。建构主义教育理念深刻揭示了学生间及师生间社会性互动的价值，积极倡导合作学习模式作为深化理解、拓展知识的有效途径。提升人工智能素养这一过程既漫长又充满挑战，仅凭个体独立学习难以达成目标，唯有依托团队的集体智慧与协同努力，方能在不断的交流中实现稳步提升。具体而言，教师在课堂中的交流互动不可或缺。面对人工智能课程的深刻议题，当讲师发起探讨或设置探究式学习任务时，教师应主动融入，积极参与讨论，借此机会激发思想火花，探索解决问题的多元路径。此外，课外的交流合作同样重要。兴趣是最好的老师，教师可通过成立兴趣小组等形式，与志同道合的伙伴共同学习，持续激发学习热情。鉴于人工智能跨学科的特质，组建跨学科学习团队显得尤为关键，它能有效弥合学科界限，形成协同效应，达到“合则两利”的学习成效。例如，与计算机科学、人工智能等领域的学生携手合作，他们可为教师在智能系统研发等方面提供专业指导和技术支撑，引领教师在知识探索的道路上不断前行。

第五章　人工智能背景下教师教学伦理分析

在人工智能迅猛发展的当下，鉴于其作为虚拟智能体深入并广泛渗透至教育场景，依据教师教学伦理的内生演化逻辑，并考量人工智能所带来的伦理发展新课题，教师教学伦理的内涵在人工智能环境中经历了深刻变革。此变革聚焦于教师在融合人工智能的教学实践中，既遵循外部针对人工智能教育的伦理准则，又展现内在因人工智能赋能而升华的高层次教书育人道德素养，从而在与学生的互动教学中展现出独特的教学伦理实践。在此背景下，教师教学伦理的特征显现为虚拟主体间的共生性，教学流程的泛在贯穿性，以及教师、人工智能与学生三者间错综复杂的多元互动性。这一转变促使教师教学伦理的范畴进一步拓宽，不仅涵盖了教师与人工智能结合所遵循的教学伦理标准，深入至教师借助人工智能展现的高级教学品德，还延伸到了由教师内外部素养融合驱动的、与人工智能共存的多元伦理交流情境，形成了更为复杂且丰富的伦理交互体系。

第一节　人工智能背景下教师教学伦理概述

一、人工智能背景下教师教学伦理核心概念界定

本节基于人工智能教育应用背景探讨教师教学伦理，因此本节的核心概念主要如下：教师+人工智能、伦理、教师教学伦理。

（一）教师+人工智能

在当前智能化时代背景下，随着人工智能与互联网、物联网、全息、大数据、云计算等技术的跨界融合与创新演进，人工智能不仅集成了传统文献、电子媒体及基础信息技术的特性，更依托跨媒体智能技术的蓬勃发展，深化并加速了其在教育教学领域的全面渗透。在此背景下，智能教学空间、一体化教学系统、个性化学习（辅导）平台、智能化考试评估与管理系统等正逐步深入并革新传统教学格局。当前，人工智能教学系统已广泛覆盖课程设计、课堂实施、作业批改与个性化辅导乃至教育研究等教师传统工作范畴，部分替代了教师知识传授的功能。随着机器学习、深度学习技术的深化以及知识图谱与知识工程的精进，人工智能在封闭性、精确性知识处理上的认知能力已超越师生常态认知边界；

同时，人工智能与教师、学生的日常认知互动日益频繁，逐步确立了其在教学伦理框架内的虚拟认知主体地位。然而，鉴于人本主义的核心立场及当前弱智能技术的局限，教师与人工智能之间存在本质区别，人工智能尚难全面承担育人的综合使命。基于后主体理论下的交互认可原则，为避免陷入主观主义的认识误区，教师与人工智能应构建一种协同互补、相互促进的共生发展关系。为最大化利用人工智能在教育领域的优势并有效防控其潜在风险，确保教师对人工智能教育应用的价值导向与整合能力，教师与人工智能的结合应成为新时代教学伦理中的新型主体形态，引领并驱动教育教学的智能化转型。

故而，在人工智能背景下，教师与人工智能的融合构成了教师教学伦理主体的新兴形态。尽管人工智能是人类智能的无限拓展与延伸，但鉴于其当前尚处于初级阶段及人类主导的开发原则，人工智能缺乏独立人格，仅能以虚拟认知主体的身份相对于人类存在。相较于人工智能的虚拟认知角色，教师则主要扮演价值主体的角色，通过确立自身作为价值主体的地位，进而奠定人工智能教育应用的价值根基与发展方向。在此背景下，教师作为价值主体、认知主体与人工智能作为虚拟认知主体的共存，共同塑造了人工智能环境下的新型教学伦理主体——“教师+人工智能”。在这一新主体中，教师教学伦理的角色超越了单一认知或价值主体的范畴，实现了人工智能虚拟认知与教师价值主体、认知主体的深度融合与协同。人工智能的虚拟认知能力为教学伦理的探索提供了认知支撑，而教师的价值主体地位则为人工智能的认知判断注入了价值导向。教师在此过程中发挥着引领与整合作用，确保人工智能虚拟认知主体的发展始终遵循教育伦理的轨道，从而确立了“教师+人工智能”这一新型教学伦理主体的稳固地位。

（二）伦理

1. 伦理与道德

伦理与道德是伦理学的两个核心概念，在日常生活情境中伦理与道德经常被等同使用，但在学术话语中，不同学者持有不同论点。

一是认为伦理与道德具有不同的概念范畴与使用领域。德国哲学家黑格尔率先对伦理与道德进行了深刻的界分，他洞见两者在本质层面上的根本差异：道德聚焦于个体的内在品质，是个人主观修炼与追求的展现，属于主观规范的范畴，而伦理则指涉客观存在的伦理关联网络，是社会的客观法则。黑格尔进一步阐述，伦理精神本质为实体精神的体现，或指向伦理共同体的精神内核；道德精神则表现为道德意识的自我觉醒，即一种“伦理意识的自我观照”。有研究者通过追溯伦理与道德的词源，强调两者在根源上的区分：伦理侧重于社会生活中客观存在的社会关系结构，而道德则侧重于社会个体如何将这些由伦理原则衍生的规范内化于心，外化于行；伦理作为客观法则，具有他律性；道德作为主观法则，体现自律性。另有学者通过跨文化视角的比较研究，指出在汉语、英语乃至中西文化背景下，伦理与道德的概念承载着不同的文化意蕴：当代伦理概念蕴含了西方文化的科学性、理性精神与公共意志要素；道德概念则更多地承载了东方文化的人文情怀、情感色彩及个人修养的意味。在学术实践中，两者的界限越发分明，伦理被确立为伦理学理论体系中的基础概念，而道德则被视为伦理之下更为具体化的次级概念。

二是认为伦理与道德虽有一定差异，但可以互换使用。学者普遍认为，尽管伦理与道德在词源层面上有所差异，但两者在广义上趋于一致，可视作同义词的不同表达，均聚焦于社会道德领域的各种现象。若深入探究其微妙区别，道德往往聚焦于个体间实际存在的道德互动关系，而伦理则更倾向于探讨这些关系背后的原则与理据。另有学者指出，不论是在中文语境还是西方语言的对应词汇中，伦理与道德的概念在宽泛意义上相近，常可相互替代。然而，深究其语言起源及历史运用，两者仍存在细微差别。例如，在传统儒家思想体系中，道德概念深刻烙印着自我修养与主体意识的色彩。据此，在探讨理论层面或社会普遍规范时，“伦理”一词更为贴切，而当聚焦具体现象或个体道德实践时，“道德”则成为更为常用的表述。

2. 道德与德性

在伦理学的探讨中，德性与道德常作为相互交织的概念出现。在人类实践活动的广度与深度上，个体差异显著，有人能圆满达成目标，从而展现出相应的美德，而有人则仅在有限范围内努力，故而未能显露出相应的美德。阿尔弗莱德·麦金太尔在对以功利和权势为基石的现代西方规范伦理学进行批判后，提出了德性的三重维度理论：德性是通往个体内在福祉的唯一途径；德性是实践的结晶，且仅能通过持续的实践得以彰显；德性不仅关乎个体的孤立行为，更贯穿并塑造了个体的生活全貌。追溯德性概念的历史演变，其内涵丰富而多元，既指向事物臻于完美的本质属性，也象征着人类卓越的道德品性。在以人为核心的层面上，德性与道德虽细微处有别，但核心意义相近，可视为同一范畴的不同表述。

3. 伦理、道德与德性

基于古今中外学者对于伦理与道德、道德与德性概念及其关系的诠释，本节倾向于对伦理与道德、德性做一定区分上的交互使用。

本节聚焦于“伦理”这一核心概念，但根据论述逻辑，将适时融入道德概念以深化探讨。具体而言，在讨论抽象理性框架与公共意志导向时，将倾向于采纳伦理视角，而在剖析具体行为实践及个人道德涵养时，则更倾向于道德维度。本节提出，伦理与道德之间交织着复杂的相互作用，伦理作为客观外在规范的源泉，为道德演进构筑了坚实的合法性基石，而道德则是在伦理框架内个体品格成长的具象体现，通过个体的道德实践生动展现伦理的内在精神实质。伦理不仅为个体道德塑造指引方向，同时也汇聚了个体道德追求的精髓，两者共同处于一个相互塑造、动态前行的过程中。

本节探讨将德性视为道德之上更为宽泛的概念框架，意指道德乃德性之具体体现，然非所有德性皆可等同于道德，仅当德性体现于人之身时，方可称为道德。因此，在本节论述中，涉及人类德性时，倾向于将道德与德性视为相互融通的概念加以运用；而若论及物之完美属性，则专采“德性”一词，以凸显其独特性与专门性。

（三）教师教学伦理

依据学术界对教师伦理与教学伦理领域内教师行为伦理性研究的既有成果，本节聚焦于教师教学伦理，它体现在教学实施过程中，是外在伦理准则内化与内在教学美德外显的双重作用下展现的伦理实践具体形态。教师教学伦理不仅涵盖外部的教师职业伦理标准，也深植于教师的教学品德之中，更促进了基于内外融合的师生伦理互动关系的建立。作为教师伦理的核心实践，教学伦理的具体体现即教师教学伦理，它不仅是教师个人道德风范的展现，也是教学活动伦理本质的直接反映。教师唯有通过积极践行教学伦理，方能将静态的教师德性素养与外在的职业道德规范转化为生动的伦理实践；唯有如此，教学方能真正展现其伦理性实践的本质，进而促进师生间伦理关系的深化及学生全面发展的实现。道德始终是社会历史条件的产物，受社会变迁与历史进程的深刻影响。同理，教师教学伦理亦是时代变迁中多方因素交互作用的产物。随着教学主体、对象、媒介、方式及环境等要素的不断演变，教师教学伦理也处于持续的动态发展之中，其表现形式随时代更迭而各异。面对生产力进步、教育技术创新的双重驱动，教师教学伦理体系需持续重构，以适应并引领教育领域的变革与发展。

在当前智能化教育浪潮中，鉴于人工智能作为虚拟智能体深入并广泛渗透教学领域的趋势，依据教师教学伦理内在的理论演进脉络，人工智能环境下的教师教学伦理聚焦于教师在运用人工智能辅助教学的实践中，通过遵循外部的人工智能教育伦理准则与展现内部基于人工智能赋能的高层次教育育人德性，所展现的与学生间的教学互动实践。因此，在智能化教育背景下，教师教学伦理的维度不仅涵盖外在的教师与人工智能协同作用下的教学伦理框架，还深入教师融合人工智能技术所展现的高级教育德性层面，并进一步拓展至教师基于内外融合策略，与人工智能共同促进学生参与的多元化、伦理化教学互动过程。从教师个体教学伦理成长的角度出发，人工智能环境下教师教学伦理的萌发，首先根植于教师对“教师+人工智能”新型组合的多层次伦理理解与认同；其次，在教学实践中体现为教师与人工智能共同作用下多维度伦理影响的投射；最后，这一伦理实践导向由教师主导的“教师+人工智能”与学生之间形成的多面向伦理交流网络，促进了教学伦理生态的深刻变革。

二、人工智能背景下教师教学伦理的内涵

随着人工智能以虚拟认知主体的身份深度渗透教学领域，其对教师教学伦理的深刻影

响体现在内涵、特征及结构模型的全新变革上，形成了迥异于传统框架的新面貌。在当前人工智能背景下，教师教学伦理的主体范畴显著拓宽，从单一教师主体迈向了教师与人工智能共融的虚拟主体间性形态；伦理活动的场域实现了从单一课堂到涵盖课前准备、课堂实施及课后反馈的泛在教学全链条的延伸；伦理表现的形式完成了从传统师生双向互动到教师、人工智能与学生间多元互动模式的跨越性转变。

（一）人工智能背景下教师教学伦理的内涵

人工智能背景下的教师教学伦理不仅涵盖了外在的“教师+人工智能”教学伦理准则体系，还深及内在的“教师+人工智能”高层次教育育人美德，更进一步指向教师内外部素养融合后，促进“教师+人工智能”与学生间多元、深度的教学伦理互动。总之，人工智能背景下的教师教学伦理，是教师伦理在教学专业领域的具体实践，是教师作为教学伦理主体在新技术环境中的生动展现。唯有通过切实履行教师教学伦理，方能将人工智能环境下外在的伦理准则内化为教师在教学实践中的深刻体悟与具体体现，进而将教师个体在人工智能背景下的分散美德凝聚为教学过程中的教师德性彰显，促成基于教学实践的教学德性发光发热，最终展现人工智能时代教学作为伦理实践的本质特征，从而超越人工智能的辅助作用，促进师生间深刻的伦理互动，实现学生的全面发展。当前，随着人工智能教学空间、系统、学习（导师）系统、考试评价系统及管理系统等全面而深入地融入教育领域，人工智能作为虚拟认知主体，已悄然成为教学场景中的新成员，促使教师教学伦理的主体边界发生变迁，由传统单一的教师主体拓展为“教师+人工智能”的虚拟主体间性形态。同时，人工智能催生的泛在教学新模式，促使教师教学伦理的作用场域发生深刻变革，由传统的课堂内教学扩展至课前准备、课堂实施乃至课后反馈的全方位教学流程。此外，人工智能与教师、学生间形成的虚拟认知交互，也促使教师教学伦理的表现形式发生根本性变化，由传统的师生双向互动转变为教师、人工智能与学生三者间的多元、动态交互模式。

（二）人工智能背景下教师教学伦理的特征

1. 虚拟主体间性

在人工智能广泛渗透教育的当下情境中，教师教学伦理的主体边界得到了显著扩展，形成了教师与人工智能共存的虚拟主体间性新模式，这一模式赋予了教师教学伦理鲜明的虚拟主体间性特质。因此，在人工智能背景之下，教师教学伦理的显著特点即这种独特的虚拟主体间性。

在传统主体性哲学框架下，主体趋向于自我中心化，企图将外部世界纳入自身架构，构建个体的“自由王国”；主体性概念往往与客体性相对立，它蕴含于对客体性的驾驭与把握之中。在此种主体观念之下，公共领域的人际关系不可避免地陷入了主客体二元对立的框架，导致主体对客体的支配与压迫被视为理所当然。就教师与人工智能的关系而言，若沿用传统主体形而上学的视角，两者便陷入了绝对控制与被控制的僵化格局，要么是人类全面驾驭人工智能，要么是人工智能反转控制人类。然而，随着机器学习、深度学习技术的突破性进展，人工智能的自适应学习能力推动其系统不断自我优化与发展，这从根本上挑战了人类对人工智能的绝对控制理念，与人们期许的人工智能设计与发展愿景相悖。反之，若人工智能反过来控制人类，则彻底颠覆了人类的主体地位，违背了人工智能服务于人类的初衷。因此，在传统主体性哲学的局限内，教师与人工智能的关系陷入了既无法和谐共存又难以相互促进的困境，这显然不利于利用人工智能技术促进学生的全面发展。故而，亟须超越传统主体形而上学的桎梏，探索教师与人工智能协同发展的新路径，以促进学生的全面发展目标的实现。

在此情境下，教师作为价值核心与认知主导者，与人工智能的虚拟认知实体并存，共同构成了人工智能时代教学伦理的新兴主体——“教师+人工智能”复合体。在这一复合主体中，教师的教学伦理角色超越了单纯的认知者或价值持有者范畴，实现了人工智能虚拟认知能力与教师内在价值判断、认知能力的深度融合与协同，展现为一种高度整合的教学伦理主体形态。

在人工智能技术的赋能下，虚拟认知主体与教师自身的认知主体并存，共同构筑了教学伦理演进的认知基石。与此同时，教师作为价值主体的核心，其存在为认知过程中的判断与决策注入了正确的价值取向，进而引领并整合了人工智能虚拟认知主体的发展方向，塑造了“教师+人工智能”这一新兴的教学伦理主体形态。因此，在当前人工智能广泛应用的背景下，教师教学伦理展现出鲜明的虚拟主体间性特质，体现了教师与智能技术间复杂而微妙的伦理互动关系。

2. *泛在性*

在当前人工智能全面渗透的教育生态中，教师教学伦理的涵盖范围显著拓宽，展现出泛在性的鲜明特征。其发生场域已跨越传统课堂教学的界限，覆盖了课前准备、课堂实施乃至课后反馈的全方位教学周期，形成了泛在教学全程中的伦理影响力。随着机器学习、深度学习、自然语言处理及逻辑推理等先进技术的深度融合于各类人工智能系统，人工智能实现了跨媒体与跨时空的飞跃，不仅支撑并塑造了教师的教学行为与能力结构，还同步引导学生学习行为与能力的提升。在这一背景下，泛在学习环境的日益成熟与学生自主学习需求的自然涌现，共同推动了有目的的教学活动挣脱时空束缚，实现教师根据教学规划与意图的无缝渗透以及学生基于个人兴趣与需求的即时响应。因此，在人工智能环境中，教学流程正逐步转型为超越物理限制的泛在模式，成为新时代教学实践的重要特征。

首先，《网络学习空间建设与应用指南》由教育部于2018年4月颁布，其中倡导构建一种无所不在的学习生态系统，旨在实现“学无界限，时地无拘”的泛在学习愿景，以此驱动教育模式的根本性转变。此泛在学习环境，根植于云计算与泛在计算等前沿数字技术的土壤，是一个全面赋能泛在学习的新信息化平台。它不仅促进了学习资源的海量存储与全球共享，还具备高度灵活性，能依据学习者的即时需求智能推送定制化学习资源，实现资源呈现的个性化与适应性。随着泛在学习环境的逐步成型，学生的学习领地正经历深刻变革，集数据智能、资源宝库与服务网络于一体，跨越了传统实体教室的物理局限，迈向了一个集网络信息空间与社会互动空间于一体的综合学习场域。在这一场域中，学习不再受限于特定地点或时间，而是成为一种共享、互动与共同创造的活动，极大地丰富了学习体验与成效。

其次，泛在学习的兴起及其面临的挑战，为构建灵活多样的教学流程奠定了坚实的学习主体基石。随着人工智能导师与助学系统的广泛应用与深化，依托“学生—人工智能”互动的泛在学习模式，已逐步超越传统的师生互动或自学框架，赋予学生依据个人兴趣与目标随时开展学习的自由。然而，泛在学习在其自然演进的过程中亦暴露出若干缺陷与瓶颈，包括资源庞杂无序、学习时间碎片化、学生间学习进度与路径的显著差异以及学习过程的高度个体化与自主性，这些均在不同程度上阻碍了学习效率与质量的提高，限制了泛在学习正面效应的充分释放。因此，亟须教师通过泛在教学的积极引导，既保障学习的个性化发展，又实现教学流程的规范化整合，从而在保持学习灵活性的同时，确保学习成效的最大化。这一过程不仅促进了泛在教学的有效实施，也标志着教学模式向更加高效、定制化方向的转型。

3. 多元交互性

在人工智能技术的深刻影响下，教师教学伦理展现出丰富的多元互动特性。当前，随着人工智能的全面融入，教师教学伦理的展现形式已从传统的师生双向互动扩展至教师、人工智能与学生三者间的多维度、多层面的交互模式，这一转变鲜明地体现了人工智能背景下教师教学伦理所具备的多元交互性特质。

首先，人工智能与教师之间的紧密协作，促使“教师+人工智能”这一复合体成为当代教育场景中教师教学活动执行的核心力量。依托广泛且深入应用于教学各个环节的人工智能备课、教学、评价及管理系统，教师教学工作的效率与效果得到了人工智能认知辅助功能的显著提高，这一成效离不开人工智能与教师间的积极互动。特别是，人工智能备课系统的融入，通过强化人机协同备课过程，不仅极大地缓解了教师在筹备课程时面临的资源搜集与制作压力，还促进了授课时教学资源的无缝衔接与高效利用，为教学活动增添了新的活力与可能。

其次，在人工智能技术的广泛渗透下，“学生—人工智能”的交互已蔚然成风，构成了新时代学生学习活动的主要特征。在这一背景下，学习方式的革新势不可当，超越了传统的师生互动与自学模式，涌现出基于“学生—人工智能”互动的自适应个性化学习、去中心化分布式学习及深度沉浸式学习等多元化新形态。通过人工智能构建的学习者画像技术，不仅能即时解答学习疑惑，更能依据学生的个性化特征，量身打造学习路径与资源推荐，有力推动了自适应个性化学习的深入发展。同时，借助网络的海量资源、多元化的人工智能辅助工具（涵盖翻译、问题解答等）及丰富的在线学习平台与软件（如可汗学院、爱课程、中国大学 MOOC 等），分布式学习模式得以兴起，实现了以学习者为核心，与广泛学习资源高效互动的学习生态。更进一步地，人工智能与全息、虚拟、增强及混合现实等前沿技术的深度融合，依托智能化教学系统的支持，催生了沉浸式学习的新篇章，为学生带来了前所未有的学习体验与效果，标志着学习方式的又一次深刻变革。

最后，在人工智能深入应用的当下，教师、学生以及人工智能三者间的多维互动已成为教学活动的主流模式。在此模式下，师生间的交流不再局限于传统的人际互动，而是融入了“教师—人工智能”“学生—人工智能”的双线交互，共同塑造了教学交往的新常态。依托人工智能算法与教育大数据构建的学生数字画像，教师能够间接获取学生的全面学习轨迹，进而利用人工智能导学系统实施精准、个性化的远程指导，实现了对学生因材施教的个性化定制。人工智能作为媒介，不仅为教师提供了超越时空界限的教学工具，还赋予了学生自主学习的强大动力。学生无须依赖与教师的直接接触，即可通过人工智能即时获得学习中的疑难问题解答，并有效向教师反馈学习进展与概况，从而促进了学习过程的自我驱动与个性化管理。人工智能的广泛介入，让学生能够在任何时间、任何地点解决学习障碍，加速了个体化学习进程，并增强了学习体验的深度与广度。通过这一中介作用，学生的个性化学习之路得到了前所未有的拓展与深化。

第二节　人工智能背景下教师教学伦理价值意蕴

在当前人工智能的广泛应用环境中，鉴于人工智能在知识传授领域的部分替代作用与其在育人工作中难以企及的地位，教师教学伦理的独特价值越发显著。具体阐释如下：教师教学伦理的坚守，首先在于巩固教师在与人工智能共存生态中的核心价值主体地位；其次，它为人工智能辅助下的教师专业成长赋予了鲜明的时代特性，成为教师专业发展的新航标；最后，教师教学伦理作为基石，确保了在人工智能与人类智能重新分配教育职责的背景下，学生全面发展的目标得以实现，为学生的成长保驾护航。

一、基于教师教学伦理确立教师相对于人工智能的价值主体性地位

在哲学史上，主体性始终是其核心议题之一，它强调作为自由、自决与内在动因的创

造主体，在知识建构与道德规范中的奠基作用。然而，时至今日，随着机器学习、深度学习的迅猛进展以及知识图谱与知识工程技术的深度拓展与广泛普及，人工智能以虚拟认知主体的新姿态，深度渗透至教育领域，成为教学场景中的一股不可忽视的力量。鉴于人工智能在教育设计、应用及交互逻辑上的独特优势，师生双方有面临被其牵引，进而产生对人工智能过度依赖的风险。这种趋势若不加以警惕，恐将引发教育教学领域的单向度变迁，即人工智能在不经意间成为主导力量，而教师与学生的主体性地位则可能在这一过程中被削弱乃至边缘化，最终影响教育教学的本质与目的。

教师的价值主体性体现在其作为自由意志的承载者、目的导向的践行者及责任担当的履行者上。人工智能技术的融入，则为教师价值主体性的重塑提供了新契机。首先，在人工智能背景下，教师通过对教学伦理的深刻体认、精准映射及有效交互，强化了自身作为自由主体的地位。教师在驾驭人工智能辅助教学的过程中，展现出高度的主观能动性，不仅应对潜在的伦理挑战，还通过个人美德与师德规范的融合，引领着基于人工智能的教学向更深层次的人际互动迈进，从认知到情感，再到精神层面，均实现了对纯粹技术交互的超越。其次，在人工智能、教师、学生三者构成的动态生态中，教师目的主体性的彰显尤为关键。人的活动是对历史目的的追求，而在教育语境下，学生的全面发展构成了教育存在与发展的根本动因。人工智能作为工具，其核心价值在于促进学生全面发展，而非取代或控制。教师在这一过程中，以学生全面发展为终极追求，同时促进自身专业成长的实现，从而确立了其作为目的主体的地位。最后，教师基于人工智能的教学伦理实践，还赋予了其责任主体的新角色。在人工智能教育应用的探索中，尽管存在道德决策的风险，但鉴于当前弱人工智能的局限性，其无法独立承担道德责任。因此，教师在设计、整合与应用人工智能于教学中的主导作用，使其成为无可替代的责任主体。这一角色的确立，不仅是对教师价值主体性的进一步巩固，也是教育伦理在人工智能背景下的重要体现。综上所述，通过教师在人工智能背景下对教学伦理的深入探索与实践，其自由主体性、目的主体性及责任主体性得到了全面彰显与重塑，进而强化了教师的价值主体性地位。

二、基于教师教学伦理奠定人工智能替代背景下教师专业发展的时代特质

教师这一职业作为社会分工深化与职业专门化的结果，其专业地位在 1966 年国际劳工组织与联合国教科文组织联合颁布的《教师地位建议书》中得以明确，该文件倡导将教学视为专业化职业，强调教师需历经系统且持续的学习历程，以累积并维持其专业知识与专业技能。随后，1986 年，美国卡内基教育与经济论坛携手霍姆斯小组，通过《国家为 21 世纪培养教师》与《明日的教师》两份重要报告，进一步指出，唯有当学校教学达到高度专业化的水准，公共教育的质量方能显著提高，这一论断标志着教师职业专业化发展

的序幕正式拉开。然而，在专业化进程不断推进的同时，过度的组织内部精细化分工却悄然引发了教师职业的异化现象。原本连贯的教学过程被切割成独立的知识传授片段，教师角色不幸被缩减为教学链条上的一个特定环节，沦为知识的机械传递者与熟练的销售者，这不仅有悖于教育“立德树人”的根本宗旨，也限制了教师作为全面教育者潜能的发挥。如果说基于精细学科分工的知识传授模式是工业革命时代对教师职业特征的一种特定要求，那么在当前人工智能深度融入教育的时代背景下，这一模式已不再仅仅是专业化过程中的偶发偏离，而是成为阻碍教师职业全面、健康发展的桎梏，预示着传统教师职业分工模式的局限性日益凸显，亟须探索新的专业发展路径以适应时代变革。

随着人工智能技术的迅猛进步，作为人类智能延伸与增强的人工智能展现出诸多超越人类物理限制的独特能力，尤其是依托其背后庞大的知识图谱与知识工程的构筑，人工智能在知识输出方面展现出前所未有的效能。在教育领域的深入渗透下，人工智能正逐步接管教学流程中曾经由教师单一承担的知识传授角色。具体而言，借助智能教学系统的部署，学生通过与人工智能的多样化互动（涵盖图像、视频乃至虚拟与增强现实等媒介），有效获取并掌握知识精髓，并能灵活运用于解题实践之中。此外，人工智能导师与助学系统的引入，使学生得以享受全天候、即时的学习支持，从而实现了个性化的学习路径规划与即时的学习反馈。更进一步地，人工智能测评系统的应用，使学生作业提交后即刻获得详尽批改，并根据学习表现获得定制化的学习计划与资源推荐，极大地促进了作业的增值效应。

在此背景下，传统基于精细学科分工的教师知识传授角色正面临人工智能的深刻替代，这不仅改变了教学模式的面貌，也促使教师角色需重新定位以适应新的挑战。因此，当前社会分工框架下的教师群体，正遭遇由人工智能技术进步所引发的存在性危机，迫切要求教育界探索教师角色的新定位与职能转型路径。

在当前人工智能浪潮中，为有效应对其带来的替代压力与全新挑战，教师需要深刻剖析并强化其独特的专业素养，聚焦于人工智能环境下的专业知识精进与职业道德重塑。鉴于人工智能在知识累积与运用上的卓越能力，教师传统静态知识体系的优势渐趋淡化，凸显出职业道德在人工智能时代教师专业发展中的不可或缺性。然而，既往教师职业道德的培养模式往往聚焦于静态美德的彰显与外在伦理框架的构建，难以充分适应人工智能替代背景下教师专业成长的新需求。有研究表明，未来智能技术或将逐步接管传统教师承担的12个关键角色，涵盖“心理健康辅导与学生成长指导者”及“智能出题与作业批改助手”等多元职能，预示着人工智能不仅限于替代单纯的知识传授功能，更将涉足育人的广阔领域。但鉴于当前人工智能技术的局限性与人类主导的设计哲学，其尚不能全面替代或主导教育教学的整体规划与实施，仅能聚焦于特定教学环节的认知互动替代。因此，教师在人工智能辅助下的角色转型，应聚焦于如何利用其技术优势优化教学过程，同时强化自身在专业伦理、情感教育及创新能力等方面的不可替代性，以确保教育教学活动的整体性与连贯性。

在当前人工智能迅猛发展并带来诸多挑战与机遇的背景下，教师专业成长的鲜明时代印记日益凸显，其核心在于教师对复杂教育生态的全面审视与深度整合，这一特质根植于教师与人工智能协同共进的教学伦理进化之中。具体而言，教师之所以能在人工智能时代保持其专业不可替代性，并非单纯依赖专业知识的积累、专业技能的精进或静态职业道德的提升，而是源于教师在教学实践中对知识、能力、道德乃至精神层面的高度融合与整体优化。这种综合性的高阶发展，正是通过教师与人工智能深度融合的教学伦理创新得以体现。教师与人工智能教学伦理的演进，首要在于教师对人工智能技术、其在教学中的应用以及两者融合路径的全面理解与精心设计。基于这样的全局视野，教师能够有效驾驭并整合人工智能于教学流程之中，使之成为教学设计的有机组成部分，进而预设并追求学生全面发展的教育目标。在这一过程中，教师与人工智能的多重伦理考量相互交织，共同作用于学生成长的每一个维度。进一步而言，教师在人工智能辅助教学下的专业美德，不再局限于传统师德的外在展现，而是体现为在智能技术辅助下，教师对教书育人的高阶统摄与升华。教师不仅能够依托人工智能实施高效的知识传授，更能在此基础上开展深层次的思维启迪与人格塑造，实现知识教学与全面育人的深度融合，构建起一个集智能教学、专业教学与人文关怀于一体的教育生态系统。此外，在教师与学生、人工智能三者之间的教学互动中，教师不仅促进了认知层面的信息流通，更通过积极的情感投入与精神引领，加深了师生之间的情感联结与精神共鸣，形成了师生与人工智能共同参与的多维伦理交互网络。这种超越单一认知维度的多维互动，极大地丰富了教学过程的内涵，为学生全面发展提供了强有力的支持。综上所述，当前人工智能背景下的教师专业成长，正是通过教师与人工智能在教学伦理层面的不断创新与发展，逐步构建起了适应时代需求的专业特质，为教育事业的持续进步注入了新的活力。

三、基于教师教学伦理促进人工智能与人类新分工背景下学生发展的实现

在大工业背景下，现代工业技术包括机械、化学手段等，持续重塑工人职能与劳动过程的社会整合，伴随生产技术基础的革新，亦深刻影响着社会分工的变革，促使资本与劳动力的跨部门流动成为常态。大工业机械化生产虽在某种程度上将人工具化，限制了人性的光辉，但同时也催生了对个人综合能力的新需求，为全面发展开辟了新路径。时至今日，一场以新技术、新能源、新材料与互联网深度融合创新为驱动的新工业革命浪潮正汹涌而至。在此背景下，伴随人工智能技术的广泛应用与人类劳动的新一轮分工调整，人才

培养的方向与目标已悄然变化。杰里米·里夫金在《第三次工业革命》一书中预见，未来社会将依赖高技能的策略规划团队与高级技工的紧密协作，而支撑传统工业体系的中坚力量——那些在21世纪上半叶投身于经济智能化转型的劳动者，或将在下半叶面临职业转型的挑战。由于人工智能技术的不断精进，诸多原本由人类承担的繁复劳动逐渐被自动化取代，导致传统劳动者逐渐从具体生产流程中抽离，既有的社会分工格局亦遭受前所未有的冲击与重塑。

学生的全面发展是一个多维度的构建，它超越了单一认知能力增长的范畴。人的全面发展涵盖三大核心维度：一是“类本质”的全面觉醒与实现；二是“社会本质”的深刻拓展与融合；三是“个性”的充分绽放与自由。其中，“个性”的充分绽放与自由尤为关键，它体现在个体潜能的充分挖掘、需求的广泛与深化、身心的和谐共进、精神道德体系与自我认知的双重升华以及个性特质的无拘展现。为强化21世纪我国人才的国际竞争力，教育部于2016年发布的《中国学生发展核心素养》明确了以“造就全面发展之人为核心追求”，该框架精心构筑了“自主成长、社会融入与文化根基”三大支柱，细分为“六种核心素养与十八项关键能力”。据此，当前对个体全面发展的追求，已不仅局限于文化基石上的“人文素养与科学理性的双重奠基”，更延伸至自主发展领域内的“学习策略的自主掌握与健康生活方式的积极养成”以及在社会互动中“责任担当意识的强化与实践创新能力的培育”。

在当前人工智能环境下，鉴于其算法逻辑与教育数据驱动的固有特性，人工智能与学生的自主互动往往聚焦于认知学习层面，难以全面覆盖学生成长的多元维度，甚至潜藏着学习异化的风险。在此背景下，教师利用人工智能进行教学的伦理导向，其核心目标旨在促进学生全面发展的达成。教师对外部人工智能教育伦理准则的深刻理解以及对人工智能教学及其整合应用的全面策划，不仅能让教师有效借助人工智能的认知强化功能促进学生认知能力的跃升，还能预见并规避潜在的伦理挑战，保障学生身心的健康成长。进一步地，教师在人工智能辅助下的高阶教书育人实践中所展现的教学道德风范，不仅深化了学生的高级认知能力（通过教师精心设计、以人工智能教学为基础的综合学习路径），还巧妙地将我国传统文化精髓与社会主义核心价值观融入教学之中，丰富了认知学习的内涵。此外，由教师引领的“教师+人工智能+学生”三元积极教学伦理互动模式，不仅深化了师生间的认知共鸣，更促进了师生从认知到情感，再到精神层面的全方位交流，体现了教师“以善育善”的理念，最终推动了学生在认知、情感与精神上的全面和谐发展。

第三节　人工智能背景下教师教学伦理发展展望

在当前人工智能背景下，鉴于“教师+人工智能”这一新兴教学伦理主体的崛起，教师教学伦理的演进亟须构建起坚实的外围保障体系。这一主体应确保合法、合理且稳定地运作，并伴随有系统化的外部伦理规范框架；同时，针对教师在人工智能教育教学中的伦理素养，实施培养与培训一体化的持续强化。从教师个体教学伦理成长的视角出发，随着“教师+人工智能”教学伦理实践的深化，教师的伦理发展根植于对外部伦理规约的深刻领悟与内部高阶教育德性的双重认同。这一认同具体体现在“教师+人工智能”对外部伦理准则与内在教学美德相互映照、共同彰显的实践之中，进而实现“教师+人工智能”与学生间基于多元身体介入的深层次教学伦理互动。

展望未来，随着人工智能在教育领域的后台化趋势，人工智能将无缝融入并静默支撑教学活动，届时，“教师+人工智能”这一复合伦理主体或将回归为单一教师主导的传统形态。然而，无论是由单一教师向“教师+人工智能”的伦理主体转变，还是其反向的复归过程，教师教学伦理的演进始终对外致力于推动学生全面发展的目标，对内则聚焦于塑造教师更加充实、美好的专业生活图景。

一、当前从教师到“教师+人工智能”的新教师教学伦理主体确立

在当下的人工智能时代，鉴于人工智能作为教学互动新介质的全面且深刻的嵌入教育场景，教师角色呈现出一种“隐性在场”的状态；同时，伴随着人工智能向“教师+人工智能”协同教学模式的赋权转变，这一新型组合已确立为当前智能教育环境中教师教学伦理的核心主体形态。

（一）教师的“去存在”发展态势

作为教育职业的承载者与角色诠释者，教师个体的存在并非一种恒定的既成状态，而是持续流动于教师职业演变与教师角色转换的动态过程之中，呈现出一种“动态存在”的发展态势。近代哲学虽将人从自然界中剥离，却倾向于以物质实体的视角审视人，将其视为固定的、既成的存在，进而将人对象化为外在的、可认知的客体，导致了主客体的二元割裂。海德格尔在其哲学体系中，尤其是在《存在与时间》一书中，提出了“此在”的概念，认为其存在方式是“寓于世界之中”。这一表述揭示了“此在”与世界之间不可分割的统一性，强调了存在是一个整体现象，而非孤立的分析。据此，“此在”展现为一种面向可能性的存在，即不断“去存在”的过程；“世界”则成为“此在”自我展现的舞台，而非静态存在物的简单集合。在这一框架下，事物因“此在”的展开而显现，与“此在”相互遭遇，共同构建出活生生的“世界”。海德格尔的这一理论，实质上是对纯粹理论认知的超越，确立了生存实践作为存在之本源的地位。马克思在《关于费尔巴哈的提纲》开篇即指出，旧唯物主义（包括费尔巴哈的唯物主义）的根本局限在于，它们仅从客体或直观的角度理解对象、现实和感性，忽略了这些乃是人的实践活动、感性活动的

产物。由此，人的“去存在”状态被揭示为人类特有的存在方式，同样地，教师的“去存在”也构成了其独特的存在形态。在这一发展态势下，教师与其周遭环境及事物相互依存、共同演进，通过持续的互构过程，不断推动教师自身的成长与超越。

当前人工智能崛起作为教学互动新兴媒介涌现，引领了教师角色向“非静态存在”的转变，促使传统教师主体向“教师+人工智能”这一虚拟主体间性的新形态演变。相较于既往教育技术，人工智能汇聚了大数据、超级计算、云计算与脑科学等前沿科技成就，崛起为新一代的核心驱动力。得益于与物联网、全息、大数据、云计算等领域的深度融合与创新，人工智能展现了其独特的综合优势，超越了单一技术范畴。它不仅集成了传统书籍、电子媒介等教育媒介的精华，更依托跨媒体智能技术的飞跃，推动了与教师、学生之间认知交互的深刻变革，实现了从数据汇聚到信息提炼，再到知识共创的全方位互动。正是基于人工智能在教育领域的卓越应用潜力及其广泛渗透，教师与人工智能得以在共同的教育实践场域中相遇、共生，共同塑造着教育未来的新图景。

（二）从人工智能到“教师+人工智能”的人工智能教学被赋权

在当前人工智能教育生态中，人工智能教学的有效实施，核心在于其能够部分模拟、替代并拓展传统教师传授知识的职能，同时依赖教师对人工智能教学价值的精准引导与整合性运用。这一过程不仅赋予了人工智能教学存在的合理性与正当性，还促使“教师+人工智能”的复合型主体成为当代教师教学伦理领域的新坐标。通过双方的协同作用，教学实践得以在新技术与传统智慧的融合中焕发新的生机。

首先，在当前人工智能技术的推动下，人工智能教学通过模拟、替代并拓展传统教师知识传授的功能，奠定了自身在教育领域存在的合理性基础。随着5G网络、云计算及教育大数据等跨媒体技术的深度融合，以及机器学习、深度学习、知识图谱与知识工程等领域的持续精进，人工智能在知识教学领域展现出前所未有的潜力。特别是在处理封闭性、重复性及精确性知识时，人工智能不仅能够扮演传统教师角色，传授基础知识，更能超越这一范畴，为学生提供无边界的知识资源链接以及基于深度预设的高级知识阐释，为学生构建坚实的知识学习支撑体系。当前，诸如教育机器人等智能化教学辅助系统，已能自主依据预设知识框架推进教学流程，实现作业的自动化批改与即时反馈，并实时在线解答学生的知识疑问。这一系列功能不仅体现了人工智能对教师传统知识传授角色的有效替代，更在深度与广度上实现了对传统教学的延伸与超越，从而为人工智能教学赢得了坚实的学理支撑与认可。

其次，教师的主导性作用对人工智能教学合法性的确立至关重要。人工智能教学的实际运作，植根于精细算法的指引与教育大数据的强大驱动，主要聚焦于预置框架下的片段化、事实及概念知识的传授。然而，教学之本质远超此范畴，它是教育理念的活态展现，蕴含着从认知维度向情感与精神层面的深刻交互。因此，人工智能教学欲求得合法性，必须根植于教师对其价值的深刻塑造与引领，体现为教师意图的承接与传递。换言之，唯有在教师恰当的教育理念引导下，人工智能教学方能高效促进学生学习的演进，进而确立其存在的合理性与正当性。

最后，在人工智能时代的浪潮中，教师对人工智能教学的整体性规划与实施，构筑了“教师+人工智能”这一新兴教学伦理主体的核心地位。当前，人工智能技术对教师传统知识传授功能的模拟、替代及拓展以及教师对人工智能教学价值的导航，均聚焦于教师对人工智能教学的一体化设计与应用实践上。这要求教师不仅要深入理解人工智能教学的内在逻辑，还需灵活驾驭其赋能教学，同时针对人工智能融入的教学流程进行精心策划与深刻反思。通过上述努力，人工智能教学得以无缝融入教师的教育实践中，进而确立了“教师+人工智能”作为教学实践中不可或缺的伦理主体地位。

（三）“教师+人工智能”的新教师教学伦理主体新形态确立

在当下人工智能时代，教师与人工智能在共同构成的新教学伦理体系中，展现出一种独特的拟主体间性关系。鉴于人工智能作为虚拟智能体的存在，它与教师间的认知互动以及为教学提供的策略建议与决策支持，促使教师的主体地位超越了传统单一性的自我主导，形成了开放性的主体间共构。教师的角色由此从认知中心向价值核心转型，而人工智能的虚拟智能体身份，正是在教师的价值引领下获得了其存在的正当性与合理性。正是教师作为价值主体的全面统筹与指导，驱动了与人工智能虚拟智能体之间的双向赋能与协同发展，最终确立了“教师+人工智能”作为新时代教学伦理主体的新形态。

在“教师+人工智能”这一新兴教学伦理主体框架下，人工智能首先扮演的角色是为整体教学提供坚实的认知辅助。依托其内置的知识图谱与知识工程技术，人工智能高效替代了传统教师烦琐的知识检索任务，为教师提供了丰富的事实基础与概念框架支撑。同时，基于庞大的教育大数据资源，人工智能能够精准地为教师提供教学决策辅助，促进教学策略的科学化。更进一步地，随着深度学习的不断进步，人工智能能够依据教师的实时反馈，持续优化其知识服务机制，实现个性化与高效性的双重提升。在此支撑下，“教师+人工智能”组合能够为学生提供前所未有的认知体验：从基础的二维符号、图像展示，到复杂的三维时空沉浸式教学，极大地丰富了学习维度；教学交互得以从低阶知识传授逐步过渡至高阶思维培养，形成渐进式的认知深化路径；同时，借助人工智能的即时反馈与个性化定制能力，教学交互实现了跨越时空的泛在性，确保了每位学生都能获得量身打造的学习体验。

其次，在“教师+人工智能”的教学模式中，教师是情感支撑的核心驱动力。鉴于人工智能在情绪情感层面的局限性，教师需进一步增强对学生情感状态的细腻感知与精准把握，以此强化教学过程中师生间情感交流的深度与广度。教师的角色在于，引导学生正视并接纳自身情绪波动的自然性，辅助学生有效管理情绪，同时培养学生的共情能力，使之能够理解和恰当回应他人的情绪变化。在与学生的情感互动中，教师应致力于激发学生的道德情操、审美意识、理性思维以及实践动力，从而构建出“教师+人工智能”模式下富含情感色彩的师生互动生态，实现情感教育的全面渗透与深度融合。

最后，在“教师+人工智能”教学体系的运行中，教师是不可或缺的精神支柱。鉴于人工智能在精神交流层面的不足，教师需更加聚焦于与学生之间深刻的精神联结，以此促进学生自我认知、社交能力及世界观的全面发展。为深化“教师+人工智能”与学生之间的精神教学互动，教师应秉持主体间性的原则，追求与学生之间的平等精神交流；同时，教师应敞开心扉，展现真我，促进双方精神的真诚互动；更关键的是，教师应以爱为核心，构建基于爱的精神纽带，从而确保“教师+人工智能”能够真正实现与学生之间的深层次精神交互。

二、未来从“教师+人工智能”到教师的教师教学伦理主体复归

随着教师角色向“隐性在场”的转变以及人工智能教育应用日益趋向后台化运作，人工智能将悄然隐匿于幕后，实现无缝且高效的辅助。这一趋势预示着“教师+人工智能”这一复合教学伦理主体将逐步向纯粹教师主体的教学伦理形态回归，教师将重新成为教学伦理舞台上的核心与主导。

（一）人工智能在当下是还没有运行完好的事物

技术的本质，经由多元视角的审视，在学者间不乏各异诠释。凯文·凯利在其著作《技术元素》中汇聚了诸家之见：技术，乃个体生命轨迹之后诞生的创新之物；技术，亦为那些尚待激活其潜能的潜在实体。因此，对于我们这代人而言，光盘、网络、GPS等无疑是技术的典范，但它们或将不再是后代眼中的新奇之物，取而代之的将是新一代的创新结晶。成功的发明，因其完美融入日常，悄然隐退于我们的认知边缘，直至淡出“技术”的标签范畴。故此，技术亦可视为那些尚未臻至完美运行状态之物。技术，遵循着其固有的自然演化轨迹。正如椅子，已从技术的光环中抽离，化作日常生活的寻常之物。循此逻辑，人工智能亦将步入此列，成为幕后静默运行的基石，乃至其存在渐被忽视。尽管人工智能是对人类智能的深度模拟、拓展与延伸，且在特定知识领域内（如封闭环境、精准计算、预设任务）展现出超越人类的智能水平，然而，其与人类之间始终横亘着一条难以逾越的鸿沟。人工智能非人，人亦非人工智能，这是不可撼动的现实。立足于人类中心主义的人工智能发展理念，我们视人工智能为尚待完善的技术形态，仅属当前时代背景下的技术产物。在教育教学的广阔舞台上，人工智能的应用正处于不断深化的进程之中。对于学

生与教师而言，人工智能在本质上仍是一个持续优化、尚未达到理想运行状态的技术实体。

随着智慧城市建设浪潮向校园及教学层面的深入渗透，在当前教育领域内，从国家宏观布局到区域具体实施，再到学校微观操作，均已广泛引入了与人工智能教育相关的设备与软件。然而，对于身处教学一线的众多教师而言，人工智能仍是一个相对较新的领域，他们在此方面的应用能力与素养尚显不足，乃至存在明显缺失。这种不熟悉与素养的欠缺，反而凸显了人工智能在他们教育教学实践中的新颖性与重要性，促使人工智能成为他们提高教学质量、创新教学方法不可或缺的技术助力。

在“教师+人工智能”的教学模式实践中，鉴于教师对人工智能教育应用的运作机理及其背后的教育设计理念、应用逻辑及交互机制的陌生，教师可能不慎陷入技术困境，过度依赖乃至被人工智能技术主导，进而引发教学伦理的失序。在当前人工智能广泛应用的背景下，确保“教师+人工智能”教学的有效性，既依赖教师精心的教学规划、指导与整合，也关键在于学生对此教学模式的接纳、领悟与内化能力，以及学生能否有效转化教师与人工智能共同营造的教学环境为个人的学习成果。这要求双方之间形成积极的教学互动，而这一互动过程则根植于学生所具备的人工智能教育应用素养，即学生对新兴技术的掌握与灵活运用能力。遗憾的是，当前学生在这一领域的教育应用素养普遍不足，甚至存在空白。因此，在人工智能背景下，教师与学生共同面临的挑战在于，人工智能作为一种技术，其成熟度与效能尚未达到完全满足双方需求的状态。

（二）未来人工智能教育应用的后台化想象

展望未来，随着教师、学生、家长及社会各界在人工智能教育应用领域素养的全面提升，人工智能在教育场景中的融入将趋于常态化和最优化，届时，“技术”一词将不再适用于描述其存在状态。人工智能将悄然退居幕后，不再占据我们的注意中心，而是在无意识中成为教学活动中不可或缺的一部分，实现其从外在工具到内在常态的转变。

首先，展望未来，教师教学活动的实施将深深植根于人工智能教育应用后台的无缝运作之中，实现高度自主化。这标志着教育工作的每一环节都将紧密依托人工智能教育技术的坚实基石。鉴于教师职前与职后培训对人工智能教育应用能力培育的强化，以及人工智能教育产品在设计、开发到应用层面的日臻一体化与成熟，教师的教学实践将全面融入人工智能教育应用的范畴。具体而言，教师将立足于人工智能教学设计框架，进一步创新个人教学策略；在人工智能赋能的教学环境中，深化教学实践活动；借助人工智能的力量，推动教育从教书向高阶育人阶段的跨越，实现全方位、深层次的育人渗透。最终，教师的教学有效性将自然而然地植根于人工智能教学的深厚土壤，而人工智能教育应用产品则有望成为教育领域内新的常态，如同粉笔、书本及多媒体技术在当前教育环境中所扮演的角色一般，但其影响将更加深远且不可替代。

其次，在未来，学生学习任务的执行将自然而然地融入人工智能教育应用后台的智能化运作中，实现自我驱动的发展。随着人工智能课程贯穿基础教育至高等教育的全面布局与实施，学生的人工智能素养将迎来显著提升，进而推动其人工智能教育应用能力的全面发展。这意味着，学生解决学习任务的过程将牢固建立在人工智能的强大支持之上，他们将在人工智能的精准辅助下高效完成学习任务。相应地，教师布置学习任务的方式也将深刻转型，以人工智能教育应用产品为基石，设计出既具挑战性又贴合学生能力发展的学习任务。展望未来，人工智能教育应用产品或将步入如同笔、笔记本、电脑等常规教育工具在当前学习环境中被广泛采用的境地，但其带来的变革与影响将更为深远。

最后，在未来，家庭教育的实施也将深度融入人工智能教育应用的后台运作体系之中。随着教师与学生群体在人工智能应用能力上的不断提升，家长群体的相应素养亦将随之增强。届时，家长对子女学习全貌的洞悉将主要依托人工智能对学生学习轨迹的全面记录、智能推送与深入分析；同时，家长在生活与学习指导方面的作用也将借助人工智能的辅助得以更高效地发挥。换言之，家长对孩子学习的支持或将转变为对人工智能教育应用产品的积极采纳与适时更新，这一现象与当前家长积极为孩子置备文具、习题集、书籍及电子产品等教育资源的行为异曲同工。展望未来，随着社会整体人工智能教育应用素养的普遍提升及教育应用产品的日益成熟，人工智能将逐渐淡出前台，成为教育领域虽不可或缺却不再引人注目的支撑力量。

（三）从“教师+人工智能”到教师的教师教学伦理主体复归

随着教师角色在教育场景中的“隐性化”趋势与人工智能教育应用的幕后运作加剧，未来教师教学伦理的核心将重归纯粹的教师个体，而非教师与人工智能的复合体。伦理的本质，自古至今，聚焦于人际的互动规范，教师教学伦理亦然，其核心在于教学过程中教师如何构建并维护与学生的教育性互动。人工智能凭借其高度模拟与拓展人类智能的能力，部分替代了教师执行知识性教学互动的角色，从而打破了传统教育框架内师生二元互动的界限。在此情境下，教师教学伦理的主体性发生了变迁，由单一教师扩展至教师与人工智能共同构成的虚拟交互空间中的主体间性。然而，需明确的是，人工智能在其中并不具备伦理主体的地位，它仅是作为虚拟认知实体存在，其价值的实现离不开教师作为价值导向者的引导和整合。因此，在“教师+人工智能”的教学伦理主体构建中，教师的价值导向与整合作用至关重要，它赋予了人工智能教学以合理性和正当性，使“教师+人工智能”得以作为教学伦理主体被认可。在当前的人工智能教育背景下，提出的“教师+人工智能”新伦理主体概念，并非对传统教师单一伦理主体的简单否定，而是鉴于人工智能教育应用尚存不足及教师技能掌握的不成熟，为强调教师在驾驭人工智能教育应用中的主导地位，预防教育伦理失范风险而特别强调的一种新型伦理主体形态。究其本质，其伦理责任的最终承担者依然是作为人类教育者的教师。

三、旨在学生全面发展与教师美好专业生活实现的教师教学伦理发展走向

教师教学伦理的演进轨迹，无论是自单一教师主体向教师与人工智能结合的新主体转变，还是最终复归至纯粹的教师主体，其外延均聚焦于推动学生综合素养的全面发展，而内核则致力于促进教师职业生涯的丰富与完善，即构建一种理想化的专业生活状态。这一过程不仅体现了伦理规范适应教育技术发展的灵活性，也彰显了教师角色在技术进步中保持核心价值的坚定性。

（一）教师教学伦理的发展向外指向学生全面发展的进程

首先，教师教学伦理的存续基石，根植于对学生全面发展进程的积极驱动之中。教师这一职业作为社会分工的产物，其诞生之初便承载着引导学生成长的使命，而教学伦理则作为教学活动不可或缺的伴生物应运而生。由此，教师教学伦理的外延价值核心，无可置疑地聚焦于促进学生全面发展的实践效能上。无论时代如何变迁，是从传统教育框架下的教师单一主体，到当前人工智能背景下教师与人工智能并行的新型伦理主体，还是到未来可能呈现的单一教师主体或“教师+X”复合主体的各种形态，教师教学伦理促进学生全面发展的根本宗旨始终如一。只有当这种伦理性的教学互动能够切实推动学生全面发展之时，教师教学伦理方能回应其存在的本质诉求，从而获得坚实的外部正当性基础。

其次，学生全面发展的内涵，随着时代脉络的演进而不断丰富与深化。20 世纪中期，教育部颁布的《中学暂行规程（草案）》与《小学暂行规程（草案）》中，学生的全面发展被界定为“掌握现代科学基础知识和技能”。时光流转至 21 世纪初，第八次课程改革浪潮涌起，学生的全面发展被赋予了新的维度——“知识与技能、过程与方法、情感态度与价值观”并重。而今，面对人工智能时代带来的全新职业分工挑战，为铸就我国 21 世纪人才的国际竞争力，2016 年教育部发布的《中国学生发展核心素养》进一步指出，学生全面发展应聚焦于“自主发展、社会参与及文化基础”三大核心领域。鉴于学生全面发展内涵的时代变迁，教师教学伦理亦需适时调整与进化，以精准对接学生成长的新需求，从而更为有力地驱动各时代学生全面发展的进程。

最后，教师教学伦理与学生全面成长之间存在着一种紧密相连、相互促进的共生关系。换言之，学生全面成长构成了教师教学伦理存续的关键外部动因，而其实现则仰仗于教师教学伦理的动态支撑与有力驱动。学生全面成长的实现，是教师职业（专业）价值的彰显，也是教师教学伦理赖以生成的土壤。通过教师教学伦理所激发的师生间积极伦理互动，教师不仅能够借助认知层面的交流深化学生的知识底蕴与技能水平，更能通过情感维

度的联结关注学生的情绪发展与情感培育，甚至通过精神层面的沟通深入学生的心灵世界，引领学生追求精神的升华与品格的完善，进而助力学生全面发展的目标达成。学生全面成长的实现，为教师教学伦理赋予了坚实的现实基础，而教师教学伦理则成为学生全面成长道路上的重要外部支柱。鉴于这两者间的共生关系，教师教学伦理随时代变迁而不断革新，持续向前发展。

（二）教师教学伦理的发展向内旨在促进教师美好专业生活的实现

教师教学伦理在演进历程中，不仅致力于外部驱动学生的全面成长，更内在地塑造了教师个人职业生活的美好愿景。这一过程，实为教师自我实现与专业成长的双重路径。具体而言，教师教学伦理的深化不仅推动了学生综合素养的提升，也同步构筑了教师自身专业生活的理想图景。

一方面，教师教学伦理的滋长历程紧密交织于教师的日常教学生活中。在教育实践的广阔舞台上，师生间的伦理互动不仅是知识传递的桥梁，更是教师个人生命体验的延伸。这种互动不仅丰富了教师的教学实践，也深刻影响着教师的内心世界，使其生活因之而更加饱满与多维。因此，教师教学伦理的每一次发展，都是教师生活轨迹中不可或缺的篇章，是教师生命历程的重要注脚。

另一方面，教师教学伦理的演进过程，实质上是教师不断追求美好生活与专业成长的旅程。它要求教师以积极的姿态，通过与学生之间的多维度伦理交往，促进学生的全面发展，同时也在此过程中实现自我价值的确认与升华。这种追求，超越了生存层面的简单满足，直指人类存在的深层意义——追求有意义的生活。对于教师而言，这种生活的意义，在很大程度上就蕴含在他们对学生成长的促进与自身专业发展的融合之中。

更进一步地，教师教学伦理的发展，是教师迈向美好专业生活的关键所在。作为专业从业者，教师的幸福感与成就感往往来源于其专业实践的成效与认可。而教师教学伦理的完善，正是教师专业素养提升的重要标志，也是其专业生活品质提升的重要驱动力。因此，教师教学伦理的不断发展，不仅是对学生全面发展的有力支撑，更是教师实现个人职业理想、享受美好专业生活的必由之路。

（三）学生全面发展与教师美好专业生活的互促式发展实现

在教师教学伦理不断演进的道路上，学生全面发展的达成成为其外在价值彰显的关键所在，而教师个人美好专业生活的构建则赋予了其内在追求的明确方向。这一过程，实则是学生全面发展与教师自我实现双重目标的和谐统一，体现了两者相互促进、共同进步的内在逻辑。换言之，教师教学伦理的进化轨迹，就是学生综合成长与教师专业生活美满并进的同频共振，展现了教育伦理在学生与教师两个维度上的交互提升与协同发展。这一互促式发展实现进程主要体现在以下两个方面。

首先，在教师教学伦理的持续进步中，学生全面发展的成就深深植根于教师美好专业生涯的构建之中。作为社会中独一无二的专业群体，教师是推动学生全方位发展的关键驱动力，学生全面发展的进程离不开教师专业的深耕细作。具体而言，一位能在职业实践中寻得生活真谛的教师，更可能成为学生全面发展的强大助力。换言之，当教师在其专业实践领域内领悟生活的价值，其专业活动自然而然地成为学生全面发展的加速器。反之，若教师对其职业缺乏热情，未能在专业探索中找寻到生命的意义，其教学投入或将大打折扣，难以期待这样的教师能引领学生实现全面发展。因此，普遍而言，学生全面发展的达成与教师美好专业生涯的实现紧密相连。教师若能以专业实践为媒介，发掘并享受生活的美好与意义，那么其专业能力也将成为学生全面成长的有力保障。

其次，在教师教学伦理的演进历程中，学生全面发展的达成是教师美好专业生涯建构的基石。唯有当学生的全面素养获得显著提升与实现，教师方能以此为契机，实现其职业生涯的圆满与满足。这一进程，实则是学生全面发展与教师美好专业生活相互交织、共同推进的同一过程，两者相辅相成，呈现出一种动态的、螺旋上升的互促态势。具体而言，当教师成功地在教育实践中促进学生的全面发展时，其个人价值得以实现，从而享受到职业带来的美好体验，进一步丰富了其专业生活的内涵。反之，当教师沉浸在美好的专业生活之中时，这种积极的情感体验又会激励其更加投入地投身于教育事业，为学生全面发展创造更加优越的条件。因此，学生全面发展与教师美好专业生活的这种交互作用、螺旋上升的发展模式，不仅推动了教师教学伦理的持续进步，也赋予了其存在的重要外在价值与内在动力。

因此，在教师教学伦理的演进历程中，无论是从传统教师主体向“教师+人工智能”新型主体的拓展，还是由“教师+人工智能”模式向纯粹教师主体的回归，其核心均聚焦于学生全面发展的外在导向与教师美好专业生活实现的内在追求。这一过程展现了教师教学伦理在内外双重价值驱动下的螺旋式互动与协同发展，推动其持续经历变革与升华。随着教学伦理边界的不断拓宽与深化，教师的专业生活与学生全面发展之间形成了紧密而动态的联系，共同驱动着教育伦理体系的不断进化。

第六章　人工智能背景下教师教学能力提升策略

第一节　人工智能背景下教师教学能力概述

在全球互联网技术迅猛发展的浪潮中，信息技术尤以计算机网络与现代通信技术为先锋，正以前所未有的深度与广度，深刻渗透并重塑着教育领域。移动互联、智能技术、海量数据等多媒体手段的广泛应用，不仅为教育教学开辟了广阔的发展空间，也向传统教学模式提出了更为严峻的考验与挑战。教师的施教能力作为教学质量乃至整个教育品质的核心驱动力，其重要性不言而喻。在此背景下，人工智能等现代化信息技术的深度融入，无疑为教师施教能力赋予了全新的时代内涵与特征。因此，对于高校及其教育工作者而言，精准而深刻地把握人工智能时代教师施教能力的本质与特性，是提升该能力的逻辑基石。这不仅有助于我们清晰界定人工智能环境下教师施教能力的范畴，为构建完善的教师能力标准体系提供支撑，还能促进教师树立与时俱进的教学理念，加速其在人工智能背景下教学能力的全面升级与飞跃。

一、人工智能背景下教师教学能力的内涵

在探讨人工智能背景下教师教学能力的界定时，学术界视角多元，定义纷呈，尚未达成共识。部分学者立足于心理学视角或教学流程视角，将人工智能背景下的教师教学能力划分为通用能力与专业能力两大维度，其中涵盖了先进教学理念、信息技术与教学方法的深度融合能力以及现代化教学实践操作等要素。此后，有研究者进一步拓宽视野，强调人工智能背景下的教师教学能力还需兼顾对学生成长及教育环境的积极影响，涉及组织管理、引导学生自学、教学实践执行力、现代教育技术的有效运用、教学过程的全面监控、教育科研能力以及终身学习的持续动力等方面。本书在综合分析既有文献与专家见解的基础上，提出：人工智能背景下教师教学能力的概念远超单一的知识传授或教学活动表现，它是随着信息时代教学理念的持续革新，教师在利用移动互联网、大数据、云计算、人工智能等前沿技术手段辅助教学过程中所展现出的综合素养，是包括认知层面、态度取向、操作技能及行为艺术等多方面能力的集合体，具体可凝练为六大核心能力：教学认知能力、教学设计能力、

教学调控能力、教学评价能力、教学媒介运用能力以及实践教学能力。

（一）教学认知能力

在数字化教育生态中，教师的教学认知能力以课堂教学系统为认知焦点，主动构建新颖的认知框架，自发地审视并解析课堂体系的特性及其构成要素间的内在联系，深刻领悟并提炼课程的核心概念与原则，敏锐洞悉学生的学习心理状态，并精准把握所运用教学策略的有效性。这一能力具体展现在教师对教学目标设定的精准性、教学资源调配的合理性以及对学习者特性深度理解的全面性上。在互联网环境下，教学认知能力不仅关乎教师对教学内容的精挑细选与深刻剖析，还涉及知识点的系统化构建与高效传达策略，它是提高教学质量不可或缺的先决条件，也是教师整体教学能力架构中的核心要素。此能力根植于教师长期教学实践中理论智慧的积淀与实践经验的凝练，是推动其设计出高效有序教育教学活动的基石。

1. 对教学目标的理解力

在教学目标体系之中，教育目标与课程目标是具体学科教学目标制定的指导性纲领，而学科教学目标则是对前述两者在具体学科层面的细化与体现，三者间形成动态交织、相互影响、相互渗透的复杂关系。在教育实施过程中，课程目标的设定需紧密贴合人才培养的核心理念与未来趋势。然而，教育目标的达成路径依赖具体学科课程目标及专业教学总体目标的精准落实。若教育目标与学科教学目标之间出现偏差，即便教师投入大量心血，课堂教学成效也难以实现质的飞跃。因此，对教师而言，准确把握课程培养的核心要求，在课堂教学的组织过程中发挥正向引导作用，灵活且恰当地设定并实现课堂教学目标，使教学活动能够积极促进学生的成长与发展，是衡量其教学认知能力水平高低的核心标准。

2. 对教学资源的分析力

在对教学资源进行解析时，教师需深刻洞察各类教学资源，诸如课程体系、辅助教学资料等，深入剖析其独特属性、作用因素及构成成分。随着人工智能时代网络技术的蓬勃发展，信息资源获取的边界被极大拓宽，信息的采集与流通变得前所未有的便捷高效。在此背景下，教学资源的形态超越了传统纸质媒介的局限，互联网中的教学资源展现出信息量的浩瀚、形式的多样以及价值的多元化特性。这促使教师必须深入理解并把握教学资源的内在结构框架与外部表现形式，确保在授课过程中能够智慧地整合与运用各类资源，同时依据学校具体情况灵活调整策略，最大化发挥教学资源的潜在效能。教师应当秉持超越资源本身、创新利用资源的理念，主动探索并实践教学资源的最佳应用方式，旨在促进学校的整体进步与发展。为此，教师需要对教学资源进行全面的质量剖析、效果评估、阐述解析及综合审视，通过深入细致的研究筛选出高质量的教学资源，以支撑更加专业、高效的教学活动，从而精准对接学生的学习需求与发展目标。

3. 对教学对象的知觉力

在教学实践中，教师若未能充分把握教学主体（学生）的实际状况，常会导致教学实施受阻，课堂成效不彰，即使教学方向正确，教学模式与手段精心策划，也难以达到预期效果。古语云："知人者智，自知者明"，此理同样适用于教学领域。教师首要之务，是对学生的个体特性、身心发展阶段、家庭教育背景以及社会关系网络进行全面而深入的洞察与理解。唯有如此，教师方能基于对学生全方位、立体化的认知，提升教学设计方案的客观性、操作性与针对性，进而确保课堂教学任务得以高效、顺利地执行，最终促进课堂效果的显著增强。

（二）教学设计能力

教学设计能力是教师应具备的核心技能之一，在当前信息化时代背景下，该能力面临新的挑战与要求。具体而言，教师需具备构思基于信息技术环境的协作学习框架、策划融合网络资源与工具的教学任务、依据互联网环境下学生心理特质设定教学目标，并擅用计算机技术的智能化功能诊断教学难题的能力。此外，现代技术的课堂融入，不仅重塑了传统的师生二元互动模式，更引入了媒体作为课堂教学的第三维度，促使教学范式发生根本性变革。在此情境下，促进学生的课堂主体化成为关键，即让学生转变为积极的参与者，教师则转变为解决问题的引导者与知识顾问。这一转变驱动教师创新教学方法，追求教学流程的高效优化，旨在促进学生知识汲取的深入、思维能力的培养以及创新潜能的激发。

1. 借助网络课程资源合理设计教学内容

在网络环境中获取的教学资源，其课堂内的有效运用要求教师拥有卓越的资源编排与设计教学内容的能力。首先是资源筛选力，即教师需从海量信息中剔除冗余与无效内容，精确评估资料的价值、真伪及品质，精选出适宜课堂教学的素材。其次是资源融合力，即教师能够巧妙改造、加工外部资料，并创造性地整合，构建出契合个人教学风格的个性化教学材料。高效的资源整合者擅长在分类筛选基础上，萃取精华，融入自身教学体系，优化教学资源配置。最后是网络资源驾驭力，体现为教师运用教学资源创设教学情境、解决教学难题、提供实践平台及评估教学效果，充分利用教育技术手段、工具与平台，实现教学资源多元化运用的能力。整合教学资源的终极指向在于精心设计教学内容，而教学内容的合理规划不仅是资源价值最大化的关键路径，也是指导资源整合实践的重要指南针。

2. 利用互联网技术革新教学模式

现代信息技术尤以互联网为中枢，与教学领域深度融合，引致教学模式的全面革新。这一变革广泛渗透于教学内容、方法、时间分配及评价体系等多个维度，并促使教师教学能力面临新的转型要求。在人工智能的浪潮下，新兴教学模式更加彰显"学生中心"的教育哲学，聚焦于每位学生的个性化学习、成效提升及全面发展。为践行“学生主体，教师引导”的教学原则，激发学生的自主学习潜能，教师应依据教学目标、学生特征及教学内容的独特性，灵活选取并优化教学方法。同时，教师应积极拥抱互联网信息技术，创新教学策略，巧妙融合探究式、讨论式、合作式、混合式及项目式等多元教学方法，并勇于尝试翻转课堂、对分课堂、一对一教学等新型教学模式。这一系列举措旨在构建以学生为中心的课堂生态，让学生在知识的探索与实践中占据核心地位。

（三）教学调控能力

在数字化教育场景中，教师的教学调控能力特指其在网络授课过程中展现的系列能力，涵盖了利用大数据反馈教学信息的能力、根据反馈信息调控教学进程的能力以及在网络平台中高效管理课堂的能力。这些能力共同构成了互联网环境下教师有效实施课程、优化教学体验的关键要素。

1. 利用大数据反馈教学信息的能力

在数字化教育背景下，教师的教学反馈效能显著提升，这得益于充分利用互联网教学平台与软件功能，结合大数据与云计算等尖端信息技术，实现对学生作业情况的即时收集、精准统计与深入分析，从而快速洞悉学生学习动态。相较于传统的手动批改书面作业模式，该方式不仅效率倍增，更突破了形式限制，尤其对于口头作业、实践操作等难以即时验证的任务类型，通过人工智能赋能的互联网、大数据与云计算网络体系，教师能预先设定反馈窗口与形式，学生则按时上传图片、视频或音频资料，使教师能够迅速捕获并处理来自学生的教学反馈，确保信息的真实性与时效性，有效弥补了传统反馈机制的不足。

2. 根据反馈信息调控教学进程的能力

依托教学平台与大数据分析技术获取的学生学习反馈，为教师迅速且精准地把握学生学情奠定了坚实基础，进而为后续教学调控策略的制定提供了有力支撑。教学进程的优化调控涵盖多维度能力：一是教学内容的动态适配，旨在增强教学与学生接受度的契合度；二是教学流程的灵活调整，确保学生能够高效掌握知识要点；三是教学方法的精准施策，依据学生反馈采取诸如启发式、问答式等互动教学策略，以激发学习动力；四是技术应用的智慧融合，如引入 Flash、Focusky、希沃白板等工具，融合动画设计丰富教学课件与视频，或优化校本网络教学平台资源，使之更贴近教学实际。综上所述，教学进程的灵活调控旨在优化学习体验，确保教学内容的有效传递，最终达到理想的课堂教学效果。

3. 课堂管理能力

在互联网教育生态中，教师的课堂管理能力体现为基于教学需求与学生特性的深刻洞察，采取有针对性的策略，确保课堂流程顺畅无阻的能力。作为现代信息技术与课程体系深度融合的核心场域，网络课堂对师生双方均提出了革新性要求，尤其对教师而言，面临的挑战不仅限于技术层面的掌握，更在于如何有效管理学生的学习活动。传统课堂以教师为中心，新知识、新信息、新任务均源自教师，黑板作为信息传递的主要媒介，强化了教师的权威与课堂的秩序。然而，在人工智能赋能的课堂中，信息来源的多元化打破了这一格局，学生能够通过个人电脑、智能手机等多种渠道即时获取丰富资源，学习不再受限于物理空间与时间框架，教师与黑板的中心角色逐渐淡化，学生自主学习成为主流趋势。面对这一变革，教师难以再沿用传统的集中管理与统一指挥模式，部分教师因应接不暇而倾向于放任学生的自我探索，但这种“放任自流”往往导致学生学习效率低下。因此，掌握网络课堂的管理精髓，灵活运用适应人工智能时代的教学策略以及真正构建起网络环境下高效的课堂管理能力，成为新时代教师不可或缺的专业素养。这要求教师不仅要精通技术工具，更要深刻理解学生需求，创新管理方法，以引导和支持学生的自主学习，实现教学效率与质量的双重提高。

（四）教学评价能力

互联网环境下的教师教学评价能力，是指对教学遵循标准多样化、手段多样化、重视教育过程的原则，把定量评估与定性评判结合，以建立一个多元、系统、注重过程的教育评估框架，包含教和学两个方面：一方面是指教师教学自我评价能力；另一方面是指对学生学习的评价能力。

1. 教师教学自我评价能力

在高等教育体系中，强化教师教学自我评价机制是教学评价不可或缺的一环，其重要性不容忽视。鉴于高校教师通常享有较高的学术独立性和自主权，其自我评估往往能提供更真实、更客观的视角，对于促进教师个人教学能力的成长具有举足轻重的意义。教师教学自我评价能力在本质上是指教师依据既定标准，对自身教学活动及其成效进行客观评判的能力，这一能力亦可视为教师在课堂实践中的自我审视与反思能力。具体而言，它涵盖了教师对教学流程的深刻反思、对课程设计合理性的评估、对教学模式适用性的考量、对课堂管理有效性的审视以及对教学成果全面而深入的分析等多个维度。

2. 对学生学习的评价能力

在人工智能技术的赋能下，信息技术与教育评价的深度融合显著增强了对学生学习成效评估的精准度。当前，互联网环境已促使教师超越传统口头测评、笔试及考查等单一模式，转而采用更为丰富多元的评价手段。具体而言，这包括：通过日常交流、作业审查及书面测试等途径，洞悉学生对教学内容的理解与接纳程度；借助作业考核，如学习任务、实验活动及总结报告，评估学生在实践中的学习效能；实施实操检验，全面考查学生的专业技能掌握情况；利用课堂讨论、开卷考试等形式，检验学生理论应用与问题解决的综合能力。在此背景下，教学平台依托人工智能与大数据分析技术，能够全方位捕捉并记录学生的学习轨迹，如预习成效、课堂参与度、师生互动、答题表现、作业质量及学习成效检测等，为每位学生构建详尽的数据画像与个性化学习报告。这一转变不仅便于教师依据学生具体情况推送定制化学习资源，还促进了精准教学指导的实施。通过大数据分析驱动的全景式教学评估，教师能够优化作业设计，实现减量提质，进而在多元评估结果的支撑下深刻反思教学，并依据学生动态的反馈灵活调整教学节奏，实施精准干预，最终达成以评促教、提升教学实效性的目标。

（五）教学媒介运用能力

教学媒介作为课程内容的载体与展现形态，扮演着师生间信息交流的桥梁角色，其运用效力深刻影响着学生的学习成效。在教师的教学工具箱中，口头表述、文字记录与体态语言构成了基础且关键的教学媒介。伴随计算机科技的飞跃，教学技术手段日益成为教师不可或缺的施教与传播媒介，其不仅拓宽了信息传递的边界，也丰富了教学互动的层次。具体而言，教学技术手段指的是高等教育领域内，教师用以传递教学信息的多样化物质媒介与基础设施，其范畴横跨传统与现代化两大领域，前者如经典的教具与方法，后者则涵盖了一系列依托先进科技的教学手段。

1. 运用常规教学手段能力

传统课堂教学方式侧重于教师借助直观教学辅助工具，诸如黑板与粉笔，来实现知识传授。现代课堂教学方式则是由教师运用现代教学技术手段来承载与传递教学资讯。现代教学技术体系由硬件基础与软件应用两大支柱构建而成。其中，硬件层面涵盖了支持教学信息传递的各类技术与设备设施，包括但不限于无线网络覆盖、移动互联网络环境以及电子计算机、多媒体展示系统等实体装备，具体实例有幻灯演示机、投影放映设备、音频视频录制装备、多功能多媒体电脑、沉浸式虚拟实验室、集成式多功能放映空间，乃至可穿戴式教育技术设备。而软件方面，则广泛涉及一切蕴含教学内容的数字化载体，诸如在线教学系统平台、流媒体教学视频、大规模开放在线课程以及各类专为教学设计的移动应用程序等，它们共同构成了现代教学技术手段的丰富软件生态。

2. 运用现代化教学手段能力

现代教学技术方法的核心聚焦于视听媒介的运用，相较于传统手段，其信息承载量更为庞大，教学形式更显多元且充满活力，为学生直接认知经验的累积提供了有力补充。恰当运用教学媒介技术的关键在于教师需依据教材精准整合各类媒介资源，实现现代技术与传统手段的深度融合，从而优化学生的学习成效。此外，教师还需紧密围绕现代化教学内容的实际需求，精通各类教学设备与辅助教学软件的运用之道，确保在合理选择及有效实施现代教学技术时，能够深度融合知识讲解、激发学生自主思考等教学环节，以达成提升学生学习效能的终极目标。

（六）实践教学能力

在评估地方本科教育质量的过程中，毕业生的实践能力与创新能力已跃居为核心考量要素。当前，全国各地的地方本科院校均将培育兼具实践技能与创新精神的高层次应用型人才视为己任。实验与实践教学体系作为强化学生实践能力与操作技能的关键环节，对于提高整体教育质量发挥着不可小觑的作用。由此，增强地方本科院校教师在实践教学领域的专业能力显得尤为迫切。在人工智能的背景下，高校教师的实践教学能力被重新定义为：一种融合了网络等现代科技手段，专注于生产实践导向教学的特殊素养与能力集合，其核心要素包括实操教学能力与实践教学思维品质。

1. 实操教学能力

实操教学能力强调教师在遵循既定流程或标准下，能够娴熟地执行一系列实践活动，如设备操控、维修、实验演示、数字绘图及产品制作等。在课堂情境中，教师通过亲身示范与实际应用，不仅锻炼学生的动手技能，还促进其实践能力的提升。教师需在课程设计中融入更多实验内容，增加实践课时，以培养学生的综合实验与设计能力。此外，通过引导学生积极参与真实或模拟的实践活动，让他们在实战中加深对操作环境的理解与掌握，从而显著提升其实操能力。

2. 实践教学思维品质

实践教学思维品质是指教师所具备的一种高质量实践思维模式，旨在通过实践思想引导学生形成系统化的实践思维习惯与素养。教师需基于学生当前的实际情况，借助虚拟现实、仿真实验室等现代技术手段，模拟真实环境，确保实践教学过程的完整性与有效性。在培养学生实践技术与思想素养的同时，紧扣实践性与应用性两大核心，力求在增强其实践操作能力的同时，激发其创新思维与社会实践能力，最终保障应用型人才培养目标的高质量实现。

二、人工智能背景下教师教学能力的特征

在人工智能浪潮席卷之际，现代通信技术如移动互联、大数据、云计算及虚拟仿真等深度融入教育环节，对教师的教学技艺提出了前所未有的挑战，促使各高等教育机构加速步入应对这些变革的快行通道。由此，关于人工智能时代教师教学能力的理论架构与实践路径研究蔚然成风，并取得了瞩目成就，不仅有效推动了教师教学能力的革新，还极大地促进了人工智能技术在教育领域的应用深化与融合发展。同时，在各个高校结合实际广泛开展提升教师教学能力的实践研究过程中，人工智能背景下教师教学能力呈现出显著的特征。对人工智能背景下教师教学能力呈现出来的特征进行总结提炼，归纳出其具有融合

性、演进性和情境性等主要特征。

（一）融合性

在人工智能的语境下，教师教学能力的融合性是指教师普遍的教学素养与在深度融合移动互联、云计算、大数据等现代科技于教学流程中所展现出的专项教学能力交织互融，共同构筑成一个独具特色的能力综合体，这一综合体鲜明地展现了融合的特性。在互联网生态中，教师教学能力则全面渗透至每一个教学细节与流程之中，是教师在高效执行教学活动、评估教学效果等环节中，将一般性教学能力与特定技术环境下的教学能力深度融合后所孕育出的全新能力形态。遵循“网络化课程与教学知识”的分析框架，互联网情境中的教师教学能力不仅涵盖了分析教学资源、掌握学科知识、运用信息技术授课及构建教学情境等基础能力，还涵盖了由教师实战经验与个人体悟所持续催生的教学设计创新力、教学执行力和教学评估力，这些能力相互交织、彼此作用，构成了一种非简单叠加而是深度融合的关系，从而形成了一个独特且紧密的教师教学能力系统。在此意义上，互联网环境下的教学能力凸显了其独特的融合性特质，强调了能力的整体性与协同性。

（二）演进性

伴随着人工智能时代的到来，新兴科技特别是大数据、云计算、物联网等现代通信技术的课堂融入，对教师专业发展构成了新的考验与挑战。教师在应对这些挑战中，其教学能力逐步转型与成长。因此，在人工智能背景下，高校教师的教学能力展现为一个持续演化的过程，即体现了其演进性的本质。此演进性具体表现为三个维度：其一，教学能力构成要素的互动、演化与整合，呈现出一种动态变迁的态势；其二，伴随教师个体教学实践智慧的累积与经验的深化，教学能力逐渐内化为教师独具个性、稳定而深刻的教学品质，进而自觉地转化为一种教学程序化的行动指南；其三，面对多样化的教学环境、课程内容与技术媒介，教师教学能力能自发适应并转化为解决实际教学难题的能力，从而驱动教学创新能力的不断进阶与深化。

（三）情境性

网络环境中的教师教学能力具有显著的情境依赖性，意味着所有知识与能力均根植于特定的时间脉络、空间维度、价值框架、理论模式及语言符号等多重文化构件之中。知识与能力的内涵，并非孤立于其表述形态，而是深深嵌刻于其所属的更广泛系统之内。剥离了这一系统或情境，知识与能力便失去了其存在的土壤，相应的行为也无法成立。在此基础上，网络环境下教师教学能力的情境性特征可从两方面解析：其一，教师教学能力的形成有赖于真实而具体的教学场景，即“现场实践”的教学情境；其二，教师在网络环境中施展教学能力亦需匹配特定的情境背景，即该能力须由特定教学情境激发并导向具体教学需求的满足。

正如安格里与瓦兰奈德所阐释，网络环境下的教学能力是针对特定主题与情境构建的知识技能综合体，教师凭借自身的教学经历与积累，可不断拓展并创新其教学能力。这一过程既要求教师在实际教学情境中汲取养分，又强调其能力需精准对接具体学科内容及课程主题，以解决实际教学难题为目标。进而，我们可以推断，在人工智能赋能的背景下，教师教学能力蕴含着深刻的情境智慧，它依托以互联网为核心的现代信息技术构建的教学情境而萌芽发展，并在这一特殊领域内不断深化，始终聚焦于“信息技术辅助教学”这一核心情境之中。

第二节　人工智能背景下教师教学能力现状

一、人工智能背景下教师教学能力提升的主要问题及成因

近年来，在教育部门及相关政策文件的积极引领下，各高校日益增强了对教师教学能力提升的重视度，并付诸实践，成效初显。这一趋势体现在各高校纷纷设立教师发展中心等机构，系统规划并实施了教师教学能力提升计划，具体涵盖新教师试讲、导师制跟踪辅导、院系层级跟踪评估等多元化举措。同时，还广泛开展了教师入职培训、现代教育技术应用培训、教学竞赛及进修研修活动。这些综合措施在人工智能背景下，有效促进了教师教学能力的稳步增强。然而，地方本科院校在推进教师教学能力提升进程中，仍面临一系列共性问题。为精准助力高校解决这些难题，本节在深入剖析现存问题的基础上，进一步探索了其背后的深层次原因，旨在为提升高校教师教学能力提供更为坚实的理论支撑与实践指导。

（一）主要问题

1. 学校对教师教学能力了解不够

在人工智能时代，多种现代信息科技（包括移动互联网、大数据与数字多媒体等）与教学流程的深度交融，极大地重塑了教学模式，为教师群体的教学能力带来了前所未有的挑战。在此背景下为有效提升教师的教学能力，高校不仅需要深刻洞察人工智能所赋予的新时代要求，还需全面审视本校教师队伍的教学能力现状，精准识别每位教师的优势与待提升之处，从而实施更加精准有效的能力提升策略。然而，针对部分地方本科院校的调研结果显示，当前部分高校在把握教师队伍教学能力的全貌上尚显不足，未能深入剖析教师能力结构中的具体短板，这直接导致了在教师培训过程中难以做到有的放矢，进而削弱了教师能力提升计划的成效。因此，明确教师队伍的能力现状，成为优化培训策略、提升教学能力的关键前提。

2. 教师教学能力培训效果不佳

在我国高等教育体系中，对教师职业培训的重视程度已显著增强，多数高校均实施了教师定期培养计划。然而，审视现状，教师教学能力提升过程中仍面临诸多瓶颈。具体而言，培训形式与内容尚待优化，过于偏重教师的学术背景与专业知识积累，而相对忽视了教学实践能力、专业素养及现代教学技能的培育，导致培训内容未能紧密贴合人工智能时代的需求变迁；培训模式的单一性难以适应不同学科教师的个性化需求，尤其是岗前培训的设计，往往流于形式审查，未能有效促进教师专业素养的实质性提升；当前培训体系偏重短期成效的评估，缺乏长远、系统性的成长规划，限制了教师持续发展的潜力。综上所述，高校在教师教学能力培训方面仍存有较大改进空间，亟待通过策略调整与创新，全面提高培训效率与质量。

3. 教师教学能力考评作用不明显

在教师整个职业生涯的成长轨迹中，持续而高质量的考核评价扮演着至关重要的角色，它犹如一盏明灯，引领教师不断精进教学能力，是驱动教师专业成长与发展的核心动力。这一评价体系不仅能够精准识别教师在教学能力上的短板与提升空间，还能为其后续的自我完善提供明确的方向指引。因此，强化教师教学能力考核评价的效能，确保其公正性、科学性与有效性，成为提升教师教学能力不可或缺的一环，也是推动教师专业成长与发展的关键举措。通过对高等教育机构的深入调研与分析，我们注意到当前部分高校在教师教学能力考评实践中仍存在若干问题，这些问题直接制约了考评机制在促进教师专业发展方面的积极作用。具体而言，考评体系的某些缺陷未能充分激发教师的潜能，限制了其在教学实践中的创新与突破，进而影响了教师整体教学能力的有效提升。因此，针对这些问题进行深入剖析与改革，对于构建更加科学、合理的考评体系，从而更好地服务于教师专业成长，显得尤为迫切与重要。

（1）考评主体职责划分不合理。广泛调研发现，当前高校在教师教学能力评估体系中，虽然涵盖了督导员、管理层、同僚及学生四大评价维度，但唯有学生群体能够贯穿教学全程，成为主导性评价力量，其意见对教师的教学成效具有显著影响。相比之下，督导团队、教师同伴及院校领导的潜力尚未得到充分挖掘与利用。此外，教师自我评估作为评价体系不可或缺的一环，在某些高校的教学能力考核中却遗憾地缺失，进一步削弱了评估的全面性。需要注意的是，学生作为核心评价主体，其视角的局限性可能导致对教师教学能力的评判存在偏差，难以全面反映教师的专业素养、教学成果及发展潜力，进而危及考核评价的公正性与客观性。因此，构建一个既包含多元评价主体又强化教师自我反思的综合评价体系，对于确保教师教学能力考核的全面性、公正性和有效性具有重要意义。

（2）考评结果运用失当。当前高校广泛采用奖惩性考评模式来评估教师的教学能力，其核心体现于将考评结果和教师教学业绩的衡量与认定直接挂钩，深刻影响着教师的职称评定与职业晋升轨迹。然而，对于考评机制在实质上是否有效促进教师教学技能的提升及专业成长路径的拓展，却鲜有深入探讨与足够重视。这一现状导致考评制度逐渐演变为单一的监督与管理工具，使得教师群体往往陷于被动应付与表面迎合的境地，难以激发其基于考评反馈进行深刻教学反思与优化的内在动力。因此，考评结果未能充分发挥其作为提升教学效能催化剂的潜在作用，与旨在促进教师专业成长的根本宗旨相去甚远，构成了评价结果运用上的偏差与不足。

4. 教师教学活动交流分享不充分

加强教师间深入而高效的教学交流活动，是推进教师个体及群体教学能力稳步提升的关键途径。此类交流不仅能促使教师在教学实践中相互启迪，分享宝贵经验，还能促进彼此间的相互学习与优势互补，共同迈向更高的教学境界。然而，调研结果显示，当前高校在促进教师间教学互动与分享方面尚存明显不足，具体体现在教学交流平台的匮乏以及交流模式的单一性上，这些问题在某种程度上制约了教师间自然顺畅的教学对话与合作，进而削弱了相互学习的成效与教学能力的整体提升。

（1）缺少教师教学交流平台。教师间的教学互动与经验共享作为指导教学实践、深化教育理解及推动教师专业成长的关键途径，其重要性不言而喻。然而，现有调研揭示出我国部分高校在教师教学活动交流体系建设上的显著不足。具体而言，某些高校虽设有线下交流平台，却未能同步构建专业的线上交互空间，致使交流渠道单一且局限。另有部分高校更是对此重视不足，线上线下均存在显著短板，阻碍了教师间交流互动的畅通无阻。因线上专业交流平台的缺位，众多教师转而依托广泛普及的社交媒体自发组织教学研讨，此类活动虽显灵活，却难免零散无序，难以形成系统性、规模化的学习效应，对提升教师教学能力的助益有限。此外，教师在信息技术运用方面的能力差异，特别是在电子媒介操作与多媒体教学手段的应用上，亦成为其有效利用互联网分享教学心得的瓶颈。综上所述，教学交流平台的缺失，无论是线上还是线下，均导致教师间经验交流受阻，难以实现有效的知识传递与技能互补，从而制约了教师群体的共同进步与能力提升。因此，构建全面、专业的教学交流体系，促进教师间的高效互动与深度学习，成为当前亟待解决的问题。

（2）教师教学交流方式单一。多元化的教学互动模式能够积极推动教师间教学活动的深度交流，促进相互合作与学习，为全体教师教学能力的提升注入强劲动力。在传统框架下，教师交流常采用教学竞赛、教学研讨会以及教学示范课等形式，但步入人工智能时代后，现代通信技术的迅猛发展为教学交流开辟了更广阔的途径，实现了交流方式的多样化与革新。具体而言，教师可借助网络学习平台，依托线上资源的丰富性与便捷性，与全国乃至全球的同行展开即时互动，极大地拓宽了交流范围与深度。然而，针对特定地方本科院校的深入调研揭示，当前这些院校在利用线上平台促进教学交流方面尚显不足。多数教师仍主要依赖传统的线下活动进行经验分享与交流，更有甚者，部分高校连基本的线下交流活动都难以保障，这一现状严重制约了教师间的有效沟通与相互学习，进而阻碍了整体教学能力的提升。因此，如何充分利用现代信息技术，构建线上线下相结合的高效交流体系，成为地方本科院校亟待解决的问题。

5. 教师发展组织机构职能不清

近年来，在教育部及相关政策的积极引导下，高校致力于强化教师教学能力，满足其个性化发展需求，并整体提高教育教学质量，纷纷设立专门的教师发展部门。然而，据调研分析，当前教师发展机构在职能划分上呈现出模糊性，具体表现为责任归属不明确。具体工作中，如教师教学能力培训，其执行权可能分散于教师发展中心、教务处及人事处等多个部门之间，这种多头管理的现状往往导致实际执行中责任悬空，难以有效推进教师培训活动，从而削弱了培训效果，更难以构建长效且常态化的教学能力培训机制。此问题亦蔓延至教师专业发展的其他关键领域，如专业教学咨询、职业生涯规划指导及教学研究能力培养等，均存在职责界定不清的问题，各部门间缺乏清晰的责任界定，极大地制约了教师专业成长的进程与成效。因此，明确教师发展机构的职能定位，细化责任分工，对于促进教师全面发展、提高教育教学质量具有至关重要的意义。

6. 数字校园建设不全面

数字校园架构以高度发展的计算机网络技术为核心引擎，借助信息资源与知识库的高效流通与共享，彰显了协作、传递与共创的特性，是集数字化、网络化、智能化为一体的先进的学习、教育及研究综合性教育生态系统。此创新型的开放教育模式，旨在为每位学习者量身打造个性化的成长与学习空间，赋予其自主选择多媒体集成学习资源的自由，激发其创造性地利用与生成新资源的潜能。数字校园建设主要包含两大支柱：一是校园基础信息化教育环境的构建，涉及校园网络基础架构、信息网络布局、信息化终端设备配置及智能化教室打造；二是校园应用服务平台与系统的开发，涵盖在线教学平台与多功能应用系统的集成。在人工智能快速发展的当下，教师教学技能的精进高度依赖数字校园的支撑，这既体现于教学实施对网络环境的深度依赖，也凸显在教学提升过程对网络平台与数字资源的紧密捆绑。因此，数字校园的建设是教师教学能力提升不可或缺的基石。需要注意的是，数字校园构建作为一项宏大而复杂的系统工程，涉及巨大的物力、财力与人力资源投入。然而，对若干高校的调研结果显示，当前数字校园建设仍面临若干挑战，大致可归结为硬件基础设施建设不足与软件应用系统开发滞后两大方面。在硬件层面，诸如多媒体教室、微格教学室、虚拟仿真实验室及虚拟现实教学平台等关键设施，或存在数量短缺或面临使用效率低下的问题；在软件层面，则突出表现为缺乏自主研发的高质量网络教学平台与功能丰富的应用系统。这些问题均在不同程度上制约了教师教学能力的提升。

（二）成因分析

在系统收集并深度剖析高校提升教师教学能力现状的相关资料后，我们识别出了一系列共性挑战。为精准施策，对这些挑战背后的根源进行详尽的探索与分析显得尤为关键。经过细致审视与剖析，我们归纳出以下核心原因，以期为高校制定更为精准的教师能力提升策略提供参考依据。

1. 学校管理人员对教师教学能力研究不够深入

高校教师教学能力进步的管理效能作为影响教师能力发展的核心要素之一，其优化至关重要。为有效促进教师教学能力的实质性提升，学校管理层需深入调研，全面把握每位教师的具体教学能力状况，确保培训方案与评价体系能够精准对接教师实际需求，从而保障各教学环节在提升教师能力上的实效性。当前部分高校在教师教学能力方面存在短板与局限的根源之一就在于管理层对教师能力状况的分析不够细致深入，导致难以及时察觉教师教学能力的欠缺之处，进而无法制定并实施精准的改进策略，最终制约了教师教学能力的持续提升。

2. 缺乏常态化教师教学能力培训制度

教师教学能力培育是一项持久且繁复的任务，然而，基于对所调研高校数据的细致剖析，我们观察到，部分高校在该领域的实践显得颇为局限。具体表现为，其培训活动往往聚焦于短期效应，目标群体偏重于新入职的青年教师群体，未能全面覆盖并顾及全校教师的个性化发展需求。更进一步地，这些高校在培训内容的设置上，也未能紧跟时代变迁与教育改革的步伐，适时调整与优化，导致培训内容的时效性与针对性大打折扣。此外，缺乏一个系统化、常态化的教师教学能力培训机制，无疑是对培训成效的一大掣肘，限制了教师教学能力的持续提升与深化。

3. 教师教学能力评估体系不完善

教师教学能力评估体系作为教师能力发展的关键因素之一，其科学性与合理性对于教师自我反思与成长具有深远影响。一个健全的教师教学能力评估体系，能够促使教师精准识别自身短板并迅速采取改进措施，进而加速其专业成长步伐。审视当前部分高校在教师教学能力评估实践中遭遇的困境，诸如评估主体职责界定模糊、评估结果应用不当等，其根源可归结为评估体系的不完善。鉴于此，高校亟须构建并持续优化教师教学能力评估机制，以强化教师教学能力，推动其专业领域的纵深发展。

4. 对教师教学能力提升工作的资金投入不足

无论是教师教学技能培育、教学互动平台的构建，还是数字校园的建设项目，均面临庞大的资金需求。然而，鉴于多重现实约束，众多高校在促进教师教学能力提升方面的资金投入显著不足，这一现状直接制约了数字校园建设的完善程度，进而削弱了教师利用云计算、大数据等前沿互联网技术革新教学手段的能力。同时，这也导致了教师教学技能培训成效有限，以及教学互动与经验分享活动的受限。综上所述，资金短缺已成为制约部分高校教师教学能力全面提升的关键因素。

二、人工智能背景下教师信息化教学能力提升的必要性和重要性

（一）必要性

人工智能背景下教师亟待重塑角色，提升信息化教学能力也成为教师必须掌握的技能。换言之，人工智能背景下需要教师转变角色，提升信息化教学能力是其必然的选择。

第一，在人工智能时代浪潮中，教师的角色正悄然从单纯的知识传授者转变为引导者与协助者。沿袭传统教学法已难以契合社会对于人才培养日益增长的多元化需求。智慧教育生态倡导学生的自我探索与学习主导权，教师在这一转型中，其角色定位深化为辅助学生构建知识体系的伙伴。鉴于学生个性化学习需求的凸显及学习模式的灵活多变，教师应积极拥抱这一趋势，以学生为本，深入了解其学习状况与需求，据此量身定制教学规划，旨在全面激发学生的潜能，促进其综合素养的均衡发展。

第二，在传统高校教育框架内，教师的“教”逐渐边缘化，而学生的“学”则跃居核心。在传统模式下，教学互动以面对面的直接交流为主，教师往往占据主导地位，通过预设的教学流程、任务与目标来框定学习路径，这种以“教”为中心的模式无形中割裂了教与学的内在联系，忽视了学生的个性化需求与兴趣激发。然而，随着人工智能技术的渗透，教育生态发生了深刻变革，学生获取信息的途径越发多元化。在智能化教育的新场景下，教师的角色转变为学习动力的激发者与自主学习引导者。教师在教学实践中，不仅要关注知识的有效传递，更需深入洞察学生的学习需求、认知特点与能力基础，据此精准推送适宜的学习资源，以助力学生高效达成学习目标。因此，在人工智能背景下，教师需强化自身的信息化教学能力，即灵活运用人工智能、大数据等前沿技术整合优质教育资源，实施个性化教学指导，从而实现教学效能的质的飞跃。

（二）重要性

部分高校教师尚未在理念层面给予信息化教学以足够的重视，在教学实践中仍固守传统教育模式与方法，缺乏主动创新的驱动力。其深层原因在于，这些教师未能充分认识到强化信息化教学能力对于教育变革与自身专业成长的关键意义，从而在这方面的意识构建上显得尤为薄弱。步入人工智能时代，教师信息化教学能力的提升已跃升为不可或缺的一环，其重要性不言而喻。

第一，提升教师信息化教学能力是顺应教育政策的必由之路。近年来，教育改革重心聚焦于信息技术的广泛应用与信息化建设的强化，呼吁教育领域深度融入现代化信息技术元素。为响应此号召，国家层面密集出台了一揽子政策措施，诸如微课竞赛的举办、精品课程构建政策的出台等，均为信息化教育的推进构建了坚实的政策基石。这些举措不仅强调教师需精通专业知识与技能，更将信息素养置于了前所未有的高度。鉴于此，面对人工智能技术的蓬勃发展，教师群体亟须自我革新，不断提升信息化教学能力，以紧密契合智慧教育的政策导向与未来发展趋势。

第二，提升教师信息化教学能力能够满足学生个性化学习需要。教育信息化的浪潮颠覆了传统的“教师讲授、学生聆听”的教学模式，转而聚焦于学生主体地位的彰显，鼓励学生走向自主化与个性化的学习路径。随着线上学习平台的蓬勃兴起，这些平台为学生自主学习构筑了坚实的资源基石，让学生能够依据自身能力状况与兴趣偏好，灵活选择学习内容与技能锤炼方向。同时，通信技术的日新月异为移动学习插上了翅膀，学生得以充分利用这些技术手段，实现学习场景的无缝切换，与教师及同学保持即时沟通，共同探讨知识海洋的奥秘。在此背景下，教师在人工智能的赋能下，提升信息化教学能力成为不可回避的时代课题，旨在更高效地引导、辅助学生学习，最大化地满足其多元化的学习期待与个性化发展需求。

第三，提升教师信息化教学能力能够推动智慧校园建设。随着信息技术的现代化进程，教育教学模式正经历着深刻的智慧化转型。在此浪潮中，增强教师的信息化教学能力成为关键一环，有助于充分挖掘信息化教学的潜在优势，为课程改革注入强劲动力，进而推动育人质量的全面跃升。同时，在“教育+互联网”的新生态下，高校将信息技术深度融入日常教学，不仅能够促进教师信息化教学能力的飞跃，还极大地丰富了课程的探究性、多样性与趣味性，有效应对线上线下混合教学模式的兴起，为智慧校园的构建奠定了坚实的基础。

第三节　人工智能背景下教师教学能力提升策略

面对教师教学能力发展中的多重瓶颈，诸如培训内容的老旧化、培训手段的单一性、考评体系的不完善、教学互动平台的匮乏、发展组织架构的模糊界定以及数字校园环境的不充分构建，我们需依据人工智能时代对教师教学能力提出的新挑战，采取一系列针对性的举措。这些措施涵盖确立与时俱进的现代化教学思维、强化教师教学能力培训的实效性与考评机制的科学性、深化教师间教学交流互动的广度与深度以及优化教师发展组织的职能布局与运作效率。通过这一系列综合施策，旨在全面提升高校教师教学的专业能力，以更好地适应并引领教育智能化的新趋势。

一、树立现代化教学理念

教学理念作为教师对于教学活动所秉持的核心理念与态度，深刻塑造了教师的教学策略与行为导向。在人工智能的赋能下，现代化教学理念焕发出新的活力，它视教学活动为各教学要素间动态交织、形成实质关联的过程，倡导教师以互联网思维的独特视角审视并应对教学挑战。现代科技特别是以互联网技术为驱动力的科技进步，与教育的深度融合，已深刻重塑了传统教学模式的面貌。在传统模式之下，教师往往占据课堂的中心地位，主导着教学流程。然而，在人工智能时代，随着各类现代化通信技术与应用的日新月异，这一格局发生了根本性变革。教学内容的展现形式日益丰富多元，教学过程也跨越了传统学校与课堂的界限，呈现出前所未有的开放性与灵活性。学生据此得以依据个人兴趣、学习需求及掌握程度，自主选择学习内容与路径，实现了从“教师主导”向“学生中心”教学模式的深刻转变，这一变革标志着教育生态的一次重大飞跃。

在教学模式的深刻转型中，教师需坚定确立以学生成长为核心，致力于每位学生全面发展的现代化教育哲学。这一转型呼唤教学格局的深刻调整，即强调学生在学习过程中的主体地位，而教师则扮演引领与辅助的关键角色，旨在充分激发学生的内在动力与潜能。

为此，传统的师生角色定位亟须革新，取而代之的是一种充满活力、相互尊重的师生关系新模式。在此模式下，教师不再是知识殿堂的独裁者，而是知识传播与启迪智慧的引路人。教师的角色定位转变为学生学习旅程中的指导者、启发者、辅助者与同行者，其职责重心从单一的知识灌输转向教学过程的精心设计与优化。在教学过程中，教师致力于运用多种技术手段，如计算机、多媒体及教学平台等，以新颖的方式激发学生探索知识的热情，维持其学习的主动性与持续性。在这一过程中，教师更加注重培养学生的自主学习能力与终身学习意识，确保学生能够在自我驱动下积极学习、全面发展，从而实现其作为学习主体的根本性成长。

（一）多措施并举，提升教师教学理论素养

教师专业成长的核心引擎在于教学理论素养的深厚积淀，它不仅是教学策略与行为的指南针，更是教学效果优化的关键。为增强这一核心素养，学校宜采取“引智入校与走出校门”并行的策略体系。“引智入校”即邀请国内外知名教育学者与一线教学专家，开展以现代化教学理念为核心的专题报告与讲座，借助名家的引领效应，深化教师对前沿教学理论的理解与内化。“走出校门”则倡导教师主动融入更广阔的教育交流网络，通过参与多层次的教研活动，包括线上线下的培训学习，与校际同仁广泛探讨教学理论与观念的革新，促进思想的碰撞与融合。此外，学校应设立教师自学社群，鼓励教师每日坚持自学，

精选教学理论专著、期刊及教育名家关于教学理论素养提升的论述作为学习资料，构建持续学习的文化生态。同时，强化校内教学理论培训体系，确保教师能够紧跟时代步伐，不断吸纳最新教学理论成果，从而丰富并更新个人的教学理论体系，最终实现教学理论素养的整体跃升。

（二）提升领导重视度，倡导鼓励教师参与教学科研

学校领导在塑造教师现代化教学理念的征程中扮演着至关重要的角色，其前瞻性的教学视野与卓越的领导力直接营造了校园内教学理念的革新氛围。教师个体的教学观念革新，根植于对教学问题的深刻洞察与有效反思之中，这一反思机制的核心旨归在于问题的解决，从而自然引领教师步入教学科研的殿堂。教学科研活动在本质上是一场持续的教学问题解决之旅，亦是教师现代化教学观构建的必由之路。鉴于此，学校领导需秉持“科研强校、科研促师”的理念，积极构建多元化的支持体系与激励机制，全面激发教师投身教学科研的热情与动力。各学科应依据自身特色，量身定制研究课题，确保每位教师都能围绕具体而微、针对性强的教学问题展开探索。课题的选择应紧密贴合学校教学实际，追求小而深的研究价值。通过营造浓郁的科研文化，学校旨在使教学科研成为教师职业生涯中不可或缺的一部分，让教师在实践中深刻体悟“教中有研，研以促教”的精髓。教学为科研提供了鲜活的问题土壤，而科研则赋予教学以更深远的洞察力与实效性。如此，教师参与教学科研的过程，便成为其教学观念深刻变革与持续升华的强大推手。

二、增强教师教学能力培训效果

当前高校师资队伍中，教学能力的不均衡性凸显，亟须强化教师培训的有效性以弥合差距。培训内容的精准定位作为提高培训质量的基石，应紧密围绕前期剖析出的教师教学能力短板，实现内容的动态调整与优化，以增强培训的靶向性与实效性。同时，教学方法的创新亦是提升培训成效的关键一环，传统单一模式的局限已不容忽视，高校应积极探索多元化的培训路径，通过引入新颖的教学模式与技术手段，激发教师参与热情，从而促进教学能力培训效果质的飞跃。

（一）更新教师教学能力培训内容，提升培训针对性

为有效提升教师教学能力培训成效，首要任务是精确界定并持续优化培训内容，确保其紧贴时代脉搏，针对教师能力短板实施精准施策。具体而言，应聚焦于互联网背景下的课堂驾驭力、现代化教学工具运用能力以及依托信息技术创新教学模式的能力等关键领域，作为培训的核心议题。培训初期应强化教师对信息技术、教学技术创新及网络课堂管理等基础理论知识的系统学习，奠定坚实的理论根基。随后，通过增设模拟教学场景、增强实践演练环节，促使教师在实际操作中深化理论理解，逐步将理论知识转化为实战技

能，具体包括但不限于运用信息技术灵活调整教学策略、高效管理网络课堂环境以及娴熟运用现代教学技术手段等。这一系列举措旨在全方位锻造教师在人工智能时代所需的教学能力，实现能力素养的质的飞跃。

（二）创新教学能力培训方式，提高培训质量

教师教学能力培训策略的选择作为优化培训质量与成效的关键环节，其多样性至关重要。单一培训模式的采用往往限制了培训效果的最大化，因此，高校应当致力于创新教学能力培训途径，以此增强培训实效。

一是融合岗前培训与在职研修机制。对于新晋教师实施前置性教学能力培训，旨在明确培训目标，助力其快速掌握学科教学的基础技能，有效对接教学实际需求。培训内容应紧密围绕新教师入职初期的普遍性挑战，以增强培训的靶向性与实效性。此外，对在职教师实施持续性、常态化的专业培训，构建成长型学习体系，不断激发并提升其教学能力的潜能，确保教师队伍的整体素质与教学能力稳步提升。

二是差异化分层培训策略。鉴于教师群体在教学能力上的多层次、多水平差异以及各学科教学的独特需求，实施细致化的分级分类培训方案。具体而言，分别针对骨干教师、优秀教师及普通教师群体，定制化地开展不同级别的教学能力培训。同时，依据教师的从业年限与教学经验，灵活设计成就深化培训、能力进阶培训以及基础巩固培训等多个培训维度。这一策略可增强培训的针对性和实效性，为确保教学能力培训成果的最大化奠定坚实基础。

三是融合专项精进与综合拓展培训模式。为深化教师教学能力培训的品质，应采取专项精进与综合拓展培训相结合的方式。综合拓展板块广泛涉猎教学能力基石构建、国际教学视野拓宽、骨干教师精英进阶等内容，旨在奠定坚实基础并拓宽国际视野。而专项精进板块则聚焦于教师个人修养与专业细节的雕琢，包括教育理念深化、职业信仰塑造、教师形象优化、人文素养提升以及教学流程核心环节的精准把握，旨在促进教师个性化成长与综合素质的全面提升，实现全面发展与个性张扬的和谐共生。

四是融合线上自学与线下集中培训模式。在线上学习环节，教师依托互联网平台及丰富的线上教育资源，自主开展学习活动，涵盖观看优质教学录像、参与网络研修课程及接受名师在线指导等多元形式。在此过程中，教师能充分利用网络平台的便捷性，即时反馈学习成效，并向指导专家发起咨询，有效促进教学互动的深化与培训成效的巩固。互联网技术的加持，不仅极大地增强了学习过程的互动性，还确保了培训效果的高效达成。此外，线上学习还赋予教师灵活自主的复习空间，通过终端设备随时回顾知识，增强了培训的灵活性与个性化。而线下培训则侧重于学校精心策划的培训班与专家讲座等活动，强调面对面交流的深度与广度。在此模式下，教师能够直接参与先进教学理念的探讨，分享与

借鉴彼此的教学经验，形成知识的碰撞与智慧的交融。线下培训以其独特的现场氛围，为教师专业成长搭建了更加直观、深入的学习平台。

三、提升教师教学能力考核评价的质量

教师专业成长历程全面融入评估考核机制，秉承发展性教师评价核心理念，即将评价视为助推教师专业精进之动力源泉。构建高质量且高效的评价体系，不仅能够为教师职业规划指明清晰路径，还能显著激励教师不断提升教学能力。鉴于当前高校在教师教学能力考评体系中的不足，改进策略应聚焦于明确评估标准、清晰界定各考评主体职责范围，并科学运用考评成果，以此综合提升教师教学能力考核评价的质效与精准度。

（一）明确考评指标，使考评更科学规范

确立详尽、明晰的教师教学能力评估指标体系，旨在增进评价过程的公正性、客观性与透明度，有效规避因考核而生的争议，并助力教师精准定位自身教学能力短板，为后续能力提升确立清晰导向与目标。评价本身非终极目的，而是策略性工具，其核心在于通过科学评价激励教师实质性地提升教学能力，加速其专业发展进程。因此，高校在构建教师教学能力评价机制时，务必重视评估指标体系的完善工作，明确以提升教师教学能力为核心宗旨。具体而言，应围绕互联网环境下的多维度教学能力设计考评内容，包括但不限于教学认知能力、教学设计能力、教学调控能力、教学评价能力、教学媒介运用能力及实践教学能力。在此基础上，细化考评指标，将诸如教学目标理解力、教学资源分析力、网络资源处理能力、基于网络资源的课程设计能力、教学模式创新力等作为一级指标，并进一步将设计合理教学目标、融合传统与现代教学手段、秉持先进教学理念等作为细化指标，逐层构建一套结构清晰、逻辑严密、科学合理的教师教学能力评估指标体系。此举旨在规范评价流程，确保教师教学能力评价工作既精准又高效。

（二）合理划分考评主体职责，确保考评结果公正客观

在综合评判高校教师教学能力时，应巧妙融合督导评价、学院管理层评估、学生反馈与教师自我反思的多元视角，科学界定各评价主体间的职责边界，确保评价内容的均衡分配，以充分发挥各评价主体在教师教学能力评估中的独特贡献。此举旨在纠正当前学生单一评价过度影响考评结果的偏颇，力求构建一个更加公正、客观、全面且有效的评价体系。此外，还应细致考量学科差异、教师职称与岗位特质的实际状况，灵活采用聚焦关键与全面覆盖并重的评估策略，结合定性与定量分析的方法，多维度、多层次地提升教师教学能力考评的精度与效度。这一系列综合举措旨在全方位促进教师教学能力的提升，确保考评结果的真实性与有效性。

（三）合理运用考评结果，调动教师提升教学能力的积极性

有效利用考评成果，需将教师教学能力评估的反馈不仅作为职称评定与职位晋升的参考基准，更需审视其是否切实驱动了教师教学能力的提升与专业成长。对于积极基于考评反馈进行自我反思与优化的教师，学校应给予表彰与奖励，以此激发其不断提高教学质量的内在动力。同时，为增强考评的区分度与激励效应，可对优秀表现者实施物质奖励或职业发展优先权，而对未达标者采取相应管理措施，如年度教学业绩非优评定及未来教学评优资格限制，以此激励全体教师积极进取。此外，学校应确保考评结果及其改进建议能即时、全面地反馈给每位教师，促进教师对自身教学实践的精准诊断与即时修正，同时也便于优秀教学经验的交流与推广。唯有如此，考评机制方能摆脱形式化桎梏，真正发挥其效能，成为推动教师专业成长与教学质量提高的关键驱动力。

四、加大教师教学活动交流力度

教师间的教学互动与经验分享机制，是加速教师专业成长、深化专业发展的有力杠杆。此类活动不仅促进了教师间的深度教学对话与协作学习，还实现了教学成果的互鉴与教学理念、方法的跨界融合，对教师教学能力的全面增强具有显著催化作用。鉴于当前高校在构建教师交流分享体系上的短板，院校应聚焦于构建多元化教学交流平台、拓宽交流路径等策略，以强化教师间的教学互动频次与质量，从而进一步提升教学交流活动的实效性与影响力。

（一）搭建教学交流平台，增进教师互相学习

鉴于高校间教学交流平台缺失，阻碍了教师间的交流互鉴与学习共进，高等院校亟须强化对教学互动活动的重视，主动构建多样化的交流平台，促进教学经验的流通与教学活动的交流，鼓励教师间的相互学习、优势互补。高校应构建涵盖教学沙龙、教学竞赛等多维度的交流分享体系。诚邀校内外杰出教师及教学领域的权威专家担任主讲，举办教学专题沙龙，借助其教学成果的展示、教学经验的传授、前沿教学理念的交流及实践教学能力的展现，增强教师间的互动与启发，解答教学困惑，激发教学研究热忱，进而提升教学能力。同时，推行定期的教学竞赛机制，覆盖学院与校级两个层次，先由各学院内部组织初赛，优胜者再推荐至校级决赛。这一过程不仅能让参赛教师自我审视，明确提升方向，也促进了教师间的观摩学习、相互启迪，并对优秀表现者给予表彰，以激发全体教师的教学热情与积极性。

（二）整合线上线下资源，拓宽教学交流渠道

革新教师交流机制，融合线上线下优势资源，开辟多元路径以强化教师间的相互学习与经验互鉴。除邀请专家进行讲座指导、问题解答及举办教学竞赛等传统手段外，学校还

应充分利用网络平台与技术，拓宽教师教学活动交流与分享的领域。具体而言，可自主研发一个专业性强、功能完备的教学经验分享云端平台，该平台需针对教师个体差异，提供定制化、高效且简洁的在线交流工具。该平台不仅应涵盖基本的网络互联与资源获取功能，为教师创造跨越时空限制的学习提升环境，还应嵌入名师教学视频库，让教师能直观学习前沿教学理念与实践技能。同时，实施严格的教师实名注册制度，确保分享内容的质量与深度，提高经验分享的准入门槛，营造一个秩序井然、专业氛围浓厚的在线交流空间。此举不仅能促进教师对优质教学经验的汲取与转化，还能支持其进行模拟教学实践，深化对教学精髓的理解与应用，从而通过线上线下资源的深度融合，有效提高教师交流的质量与效率。

五、优化教师发展组织机构

在高等教育的组织架构内，若某机构职能界定模糊，其核心价值与持续存在的意义便难以彰显，难以有效贡献其应有之力。相应地，为切实推进教师专业成长与教学能力的飞跃，高校首要任务是构建并完善一套组织体系，明确界定机构及其子部门的角色与职责，辅以健全的制度框架，确保教师发展机构不仅得以顺畅运作，更需凸显其专业性特色。在这一过程中，关键在于强化教师发展机构在促进教学能力提升与教师专业发展方面的核心职能，确保其能够真正成为驱动教师成长与教学质量提高的关键力量。

（一）健全组织机构，明晰职能职责

当前高校普遍面临教师发展组织架构不完善、部门职能界定模糊的困境，对此，各高校应深刻意识到，教师是驱动学校长远发展的关键力量，其成长与学院、学校的未来休戚相关。因此，亟须将教师教学能力的培育与强化置于战略高度，精心规划并落实相关举措，构建一个涵盖人事、教务、信息技术教育、质量管理监控及教师教学发展中心等多维度的健全教师发展体系，并明确界定各部门的职责边界。具体而言，人事部门可担纲教师教学能力提升的培训重任，涵盖多样化、长短结合的培训项目，聚焦教学理念、方法及现代教学技术的传授；教师教学发展中心则专注于教师教学的深度研究，包括各年龄段、学科教师的特性与需求分析以及教学能力提升路径的探索；教务处承担教学指导与咨询职能，为教师提供个性化教学设计与实施的策略建议以及职业发展的全方位指导；信息技术教育部门作为技术支持力量，为教师教学能力提升提供必要的设备与技术援助；而质量管理与监控部门则扮演监督与评估角色，确保教师教学能力的持续提升，通过全面、客观的监控考核与反馈机制，为教学质量保驾护航。

（二）建立健全相关制度，提高工作效率

健全的制度架构是驱动教师发展组织高效运作、加速教师教学能力提升及深化专业发

展的基石。因此，教师发展组织需构建一套包括管理、培训、评价与激励在内的综合制度体系，旨在提升机构效能，确保教师专业成长的质量与持续性。

一是管理体系构建。确立全面覆盖的教师教学发展规划，紧密结合学校办学特色，创新实施策略；建立学习促进机制，依据教师专业成长需求，定期举办教师论坛，促进知识共享与技能互鉴；规范教学流程，明确课前准备、课时安排、教学手段与课堂管理标准；强化教研活动，成立专项小组，系统规划并执行教学研讨活动，提炼经验，强化专业能力，将教师教学能力培育视为学校发展的基石，持之以恒，成效显著，为学校的长远发展奠定坚实的人才基石。

二是培训体系优化。设计教师教学能力提升培训体系，实施分层次、分学科的多元化培训策略，融合岗前培训、在职培训、线上线下混合培训等多种形式。动态调整培训内容，融合先进教学理念与实操技能培训，全面提高教师教学水平与质量。

三是评价机制创新。建立教师教学能力综合评价体系，融合自我评估、学生反馈、同行评审及教学督导等多维度视角，对教师在互联网环境下的认知能力、设计能力、调控能力、评价能力、实践教学能力及媒介运用能力进行全面深入的评估，精准定位问题，引导发展需求，确保教学能力的稳步提升与专业发展的有效推进。

四是激励机制强化。构建教师教学能力激励机制，将教学能力表现与培训成果纳入职称评定与职业晋升的考量范畴，建立专业发展档案，记录教师参训及评价结果，作为教学工作绩效评价的重要依据。通过正向激励，激发教师自我提升的内生动力，调动其在教学能力发展上的积极性与创造力，进而加速教师专业成长的步伐。

（三）配置专家团队，凸显专业性

针对当前教师发展组织在专业性上的不足，可采取策略强化其专业性，即通过遴选校内享有盛誉的国家级教学名师及各学科杰出教授，组建为核心教学专家团队，并广邀国内外学术卓越、教学经验丰富的国家级、省级教学名师及教育领域的资深专家，以兼任专家身份加入，共同构筑起教师发展组织的权威专家阵容。此团队将专注于教学培训设计、教师专业成长规划及教学理论探索等关键领域，旨在显著提升教师专业发展机构的专业深度与广度，全面促进教师专业技能与教学能力的双重飞跃。此外，高校应深刻认识到管理人员作为教师专业发展活动的直接推动者，其管理效能直接影响着教师教学能力提升计划的有效实施与活动的高质量开展。因此，强化管理队伍建设，提升管理人员的现代化管理理念与实践能力，成为推动教师教学能力持续提升不可或缺的一环。这要求高校加大对管理人员的专业培训力度，引入先进管理方法，提升其团队协作与项目管理能力，以确保教师教学能力提升工作能够高效、有序地推进。

首先，管理人员需精准把握教师教学能力的全貌，洞悉其优势与短板。基于此，合理规划工作任务，诸如精准定制并更新教学能力培训内容、科学构建教学能力评估指标体系等，以确保每项工作均与教师能力现状紧密对接。同时，需明确界定各岗位职责，确保提升教师教学能力、推动教师专业发展的各项举措得以精准实施，从而实质性增强教师的教学实力与管理效能。

其次，应加大对管理人员现代化管理技能的培训力度，设计贴合实际的培训方案，涵盖广泛且科学的培训内容。通过多元化的培训手段，有效提升管理人员的现代管理能力，并依据培训成效灵活调整其工作职责，实现能力与岗位的最佳匹配。

最后，组建由院校资深专家构成的督导团队，强化对管理流程的监管与指导。对管理实践中出现的问题进行即时汇总与反馈，确保问题得以迅速整改，从而构建一种持续优化的管理机制，确保管理工作不断迈向新高度。

六、有效推进数字校园建设

数字校园构建作为一项深远影响学校整体发展的长期战略，广泛渗透教学与管理的各个维度，深刻影响着全体师生的教学实践、管理活动及日常生活。其成功推进的核心，在于领导层对数字化转型的坚定支持与资源投入，尤为显著的是对建设项目的资金保障力度。该工程涵盖了基础设施的信息化改造、应用平台与系统的综合建设两大支柱。基础设施层面聚焦于构建全面的网络化环境及一系列核心信息化装备，诸如完善校园网布局、引入多媒体设备、电子计算机配置、虚拟仿真实验室建设、多功能演播厅与数字教室等硬件设施的部署；而应用平台与系统层面则聚焦于搭建网络教学平台与多样化的功能应用服务，以支撑教学互动与管理创新的需求。鉴于人工智能浪潮下，教师教学能力的持续提升高度依赖数字校园的坚实支撑，因此，无论是基础设施的信息化升级，还是应用平台与系统的创新构建，均亟须学校领导层的高度重视与资源倾斜。这意味着需增加专项资金投入，并配备专业的技术团队，以高效推进数字校园建设的步伐，确保教育信息化的深入发展。

（一）校园基础信息化环境建设

构建数字校园的首要基石，乃在于铺设校园网络并配备多媒体设备、电子计算机、虚拟仿真实验室、多功能演播厅等一系列基础设施。这一系列的硬件设备不仅是数字校园建设的先行条件，也是不可或缺的物质基础。唯有当高校成功部署了这些关键技术装备，方能确保教师教学活动拥有充足的教学媒介资源，进而为教师教学能力的持续攀升奠定坚实的物质基础。

（二）校园应用平台及系统建设

在教师专业发展的征程中，数字化教学资源、网络教学平台及信息化管理系统等软件工具扮演了至关重要的支撑角色。作为互联网时代教学资源的核心组成，数字化信息资源不仅是推动教学现代化与信息化的关键基石，更以其多样化的形态与丰富的内涵，在吸引学生目光、激发学习热情的同时，深度优化教学内容，为高效教学活动铺平道路。尤为重要的是，这些资源在赋能教师教学能力提升上展现出巨大潜力，教师能借此探索先进教学理念，观摩名师教学视频，精进实践技能，通过自我反思与创新，实现教学能力的飞跃。网络教学平台作为线上教学与自我提升的桥梁，赋予教师前所未有的教学自由度与互动性。它支持教师创作并分享教学课件，搭建在线答疑与交流的平台，实施精准的教学管理与评价策略，极大地便利了教师的教学活动，也激发了学生的学习动力。此外，该平台还拓宽了教师间教学交流的边界，通过虚拟的研修社区、专业发展联盟及交流论坛，促进了教师间的知识共享与经验交流，共同推动教学能力的持续提升。综上所述，高校应当加大投入，汇聚专业力量，积极研发或引进先进的网络教学平台，加强校园网络应用系统与平台的建设，从而为教师提供坚实的客观支持，不仅促进教学活动的顺利开展，更助力教师在教学能力的道路上不断攀登新高峰。

七、营造重视教学的校园氛围

高校教学环境的文化积淀，尤其是营造一种推崇教学的积极氛围，同样是提升教师教学能力不可或缺的一环。营造这种氛围，旨在激发教师内在动力，促使他们主动投身于教学能力的自我精进与成长之旅。为此，高校可采取多样化策略，如举办教学观摩活动，通过展示杰出教学案例，树立榜样力量；同时，强化宣传攻势，广泛传播教学的重要性，引导教师群体形成对教学工作的深刻认同与高度重视。这些举措相辅相成，共同营造出一种浓郁的尊师重教、追求卓越教学的校园文化，为教师教学能力的提升奠定坚实的心理基础与社会环境。

（一）开展教学观摩活动，发挥榜样示范作用

为构建积极的教学导向型环境，学校可规划实施定期的教学展示与研讨活动，依据教学阶段与学科特性，精心设计多元化主题，并分组进行细致探讨。此类活动特邀校内资深教学典范或学科带头人担纲示范教学，引领同行教师观摩学习。通过此过程，教师群体能够深刻激发学习热情，直观领略到榜样教师在教学风格、环节构思、方法运用、师生互动及教学技巧等方面的卓越表现，从而有效促进对优质教学实践的吸收与内化。参与观摩的教师需撰写详尽的观摩笔记与心得报告，旨在提炼主讲教师的独特教学亮点与自身学习感悟，并借此机会进行自我教学反思。这一系列举措，不仅彰显了优秀教师的引领效应，激发了教师自我提升的主动性，还在无形中强化了教师间以教学为核心的文化交流，为全校范围内形成尊崇教学、追求卓越的良好风尚贡献了积极力量。

（二）加大宣传力度，推动教师形成重视教学意识

一是学校应凸显其在宣传领域的引领作用，以增强宣传效能为核心目标。作为提升教师教学能力及营造重教氛围的核心组织者与导航者，学校需携手各院系、宣传部、组织部、外联部等关键部门，在统一战略部署下，精准定位各自职责，把握时机，创新策略。各部门间需紧密协作，形成合力，确保宣传工作的深入实施与高效联动，共同强化宣传的广泛影响力与深远效果。

二是革新宣传策略，拓宽传播路径。学校应充分利用新闻媒体的舆论导向力，精心策划宣传内容，力求深入人心。具体而言，针对校内教学竞赛中脱颖而出的卓越教师，可授予“教学楷模”称号，并依托多元化的新媒体矩阵，如校园电视、广播、校报、官方微博、微信公众号及小程序等，构建立体化的宣传网络，实现宣传效果的最大化。通过组织一系列以教学楷模为核心的示范宣传活动，能够极大地激发师生群体的工作与学习热情，激励更多教师加大教学投入，积极投身于教学实践活动，进而在教师队伍中树立起重视教学的鲜明导向，共同营造一种崇尚教学、追求卓越的良好校园氛围。

参考文献

［1］伯恩·查克劳，王卉卉，宋佳．数字和人工智能时代教师数字技能和教学能力的复杂性及应对措施［J］．教育国际交流，2023（5）：5-8.

［2］曹玉娜．人工智能背景下的教师智能素养提升探究［J］．安徽商贸职业技术学院学报，2022，21（3）：72-76.

［3］陈亮．内容创造：面向人工智能时代的育师之路［J］．教育科学，2024，40（3）：82-89.

［4］高雪薇．人工智能赋能教育评价改革的优化策略研究［D］．黄石：湖北师范大学，2024.

［5］葛动元，韦建军．人工智能时代高校教师在线教学能力发展研究［J］．继续教育研究，2023（11）：23-27.

［6］顾宇涵．关怀取向的教学伦理研究［D］．芜湖：安徽师范大学，2023.

［7］胡伟．人工智能何以赋能教师发展：教师人工智能素养的构成要素及生成路径［J］．教师教育学报，2024，11（2）：39-47.

［8］黄悦，邓涛．教师教育教学改革：通用人工智能时代的应为、难为与可为［J］．电化教育研究，2024，45（8）：97-104.

［9］贾保先．人工智能时代职业教育范式变革研究［J］．职教发展研究，2024（3）：94-99.

［10］兰希，韦小婵．人工智能时代高校教师智能素养的培养路径［J］．广西广播电视大学学报，2023，34（5）：63-67.

［11］李可会，刘海龙．有效性与伦理性：人工智能视域下的课堂教学［J］．中国教育信息化，2023，29（7）：30-37.

［12］李鑫．智能时代家长对教师角色的期待研究［D］．南昌：江西师范大学，2023.

［13］李雪．思维培养导向下人工智能课程教师教学能力指标体系研究［D］．上海：华东师范大学，2023.

［14］梁瑞，苏君阳，杨聚鹏．人工智能时代师范院校教师教育的发展机遇、现实困境及突破路径［J］．教师教育研究，2023，35（3）：25-31.

[15] 林敏，吴雨宸，宋萑．人工智能时代教师教育转型：理论立场、转型方式和潜在挑战［J］．开放教育研究，2024，30（4）：28-36.

[16] 刘赶超，袁媛．新工科背景下高校青年教师教学能力培养路径探究［J］．高教学刊，2024，10（29）：168-171.

[17] 卢佳，陈晓慧，杨鑫，等．智能技术教学应用伦理风险及其消解［J］．中国电化教育，2023（2）：103-110.

[18] 路梦帆．智能时代教师角色的转型向度及路径研究［D］．武汉：华中师范大学，2023.

[19] 罗莎莎．智能时代教师角色的建构研究［D］．重庆：西南大学，2020.

[20] 罗生全，王素月．人工智能背景下的大学教学伦理重建［J］．大学教育科学，2020（5）：96-102.

[21] 吕晓敏．智能时代教师责任的伦理审视［D］．济南：山东师范大学，2024.

[22] 齐少波，江闪闪．人工智能背景下“互联网+智慧教育”新生态系统构建研究［J］．科教文汇，2024（18）：6-9.

[23] 乾亚会．反思与展望：人工智能时代教师角色研究［D］．武汉：华中科技大学，2019.

[24] 任苗苗，孙瑜，季吴瑕．生成式人工智能嵌入教育治理的基本逻辑和风险防范［J］．教学与管理，2024（27）：28-33.

[25] 任念慈，刘泽．人工智能在教师教育中的应用：以提升应用型本科师范生培养质量为例［J］．创新创业理论研究与实践，2024，7（16）：184-186.

[26] 斯坎德尔·木拉提，阿力木江·依米提·塔尔肯．“人工智能+教育”视域下的教师教学水平能力提升路径研究［J］．当代体育科技，2022，12（21）：109-112.

[27] 孙田琳子，金约楠，寇笑迪．跨学科视域下人工智能伦理教育重构：知识观、学生观与教学观［J］．中国电化教育，2024（4）：45-51.

[28] 王懿霖，丁国明，赵霞．人工智能提升未来教育［J］．求贤，2024（9）：34-37.

[29] 魏长骄．新工科背景下高校教师教学能力发展研究［D］．大庆：东北石油大学，2021.

[30] 杨灵婷，于浩．近二十年我国教师素养研究现状、热点及趋势［J］．继续教育研究，2024（7）：22-29.

[31] 杨喜刚．人工智能时代教师角色的“变”与“不变”［J］．中国新通信，2023，25（24）：152-154.

[32] 杨霞．人工智能背景下教师专业伦理规范的构建研究［D］．重庆：西南大

学，2021.

［33］张鸿儒．人工智能背景下对教师“主体性”的反思［J］．教学与管理，2024（12）：10–15.

［34］张杰．人工智能时代大学教学伦理困境及其治理［J］．重庆邮电大学学报（社会科学版），2021，33（6）：89–96.

［35］张莎莎．人工智能背景下高校教师教学能力提升路径［J］．当代教育实践与教学研究，2020（4）：39–40.

［36］周悦．人工智能背景下教师的角色困境与转变［J］．科教导刊，2024（24）：67–69.

［37］朱国义．人工智能时代教师角色的重构［J］．教师教育论坛，2024，37（2）：27–29.